KB250513

퍼펙트 인터뷰 스킬

Perfect Interview Skill

취업을 위한 면접전략을 완벽하게 마스터하라!

퍼펙트 인터뷰 스킬

발행일	2015년 8월 31일		
지은이	임 기 호		
펴낸이	손 형 국		
펴낸곳	(주)북랩		
편집인	선일영	편집	서대종, 이소현, 권유선
디자인	이현수, 윤미리내, 임혜수	제작	박기성, 황동현, 구성우, 이탄석
마케팅	김회란, 박진관, 이희정, 김아름		
출판등록	2004. 12. 1(제2012-000051호)		
주소	서울시 금천구 가산디지털 1로 168, 우림라이온스밸리 B동 B113, 114호		
홈페이지	www.book.co.kr		
전화번호	(02)2026-5777	팩스	(02)2026-5747

ISBN 979-11-5585-711-3 13320(종이책) 979-11-5585-712-0 15320(전자책)

이 도서의 국립중앙도서관 출판예정도서목록(CIP)은 서지정보유통지원시스템 홈페이지(http://seoji.nl.go.kr)와 국가자료공동목록시스템(http://www.nl.go.kr/kolisnet)에서 이용하실 수 있습니다.
(CIP제어번호 : CIP2015023642)

퍼펙트 인터뷰 스킬

Perfect **Interview Skill**

취업을 위한 면접전략을 완벽하게 마스터하라!

임기호 지음

북랩book Lab

Recommend + 추천사

오랜 벗, HR First 컨설팅의 임기호 대표가 그동안 필드에서 쌓은 면접 관련 노하우를 책으로 펴냈다. 지난 수십 년간 체험한 지식과 사례를 함께 나누고 전파하고자 많은 공을 들인 책이기에 원고를 받아 들고 보니 본인이 구직활동을 할 당시의 감회가 밀려 왔다.

나는 공직으로 사회에 첫 발을 내디뎠는데 당시 수십 대 일의 경쟁을 뚫고 입사했다. 첫 직장을 얻을 때는 물론이고 이후에 이직할 때도 가장 떨리고 긴장된 순간은 면접이었던 것 같다. 지금처럼 면접에 대한 가이드를 주는 책이 있었다면 면접 준비 기간을 당기고 훨씬 쉽고 안정되게 임할 수 있지 않았을까?

다가오는 면접을 준비하고 있거나 예상질문을 알아보기 위해, 실제 채용의 모범 사례를 알고 싶어서 또는 기업이 원하는 인재상에 조금이라도 근접하기 위하여 우연하게라도 서점의 구직 코너에서 이 책을 발견했다면 그것은 큰 행운이라고 말하고 싶다. 왜냐하면 면접을 위한 의상 준비에서부터 그것이 1차 면접이든 2, 3차 면접이든 그룹식 토론이든 심화 면접이든 심지어 외국계 회사를 겨냥한 영어 면접일지라도 실질적인 도움을 받을 수 있도록 면접의 모든 것을 담고자 한 책이기 때문이다.

인사가 만사라는 말이 있다. 직장이라는 테두리에서 30년 세월을 보내다 보니 인사가 만사임을 더욱 느낀다. 만약 여러분이 취업의 정답을 찾기 위하여 이 책을 펼친 구직자라면 'Perfect Interview Skill'을 갖추기 위한 답을 이미 얻었다고 감히 말해 본다.

윤민선 한양에너지 대표이사 사장

* * *

면접을 하다 보면 다양한 지원자들을 만날 수 있다. 아쉬운 사람들을 예로 들자면 의욕만 앞서서 논리가 결여된 사람, 자신의 능력과 장점을 표현하는 데 서투른 사람, 준비는 많이 했지만 방향이 잘못된 사람들 등 많은 사례를 열거할 수 있다.

이 책의 본문에도 나와 있지만 지원자는 '무조건 뽑아 주세요.'라고 열의를 앞세울 것이 아니라 자신이 지원한 직무가 요구하는 지식과 스킬을 이해하고 자신을 어필할 필요가 있다. 그리고 짧은 면접시간 안에 효과적으로 자신을 알리고 면접관과 상호 소통해야 하기 때문에 충분히 면접을 준비해야 한다.

이 책의 가장 큰 장점은 채용 주체의 입장에서 지원자에게 무엇을 원하는지를 알려줌으로써 지원자로 하여금 '제대로' 면접을 준비하게 한다는 점이다. 또한 기업을 분석하는 방법, 자신의 적성을 알아보는 방법

등 실전에 적용해 볼 수 있는 면접 준비 사항들을 꼼꼼하게 저술했다. 저자가 면접관으로서 쌓은 다년간의 경험과 인력관리의 경력을 고스란히 담아 공개하는 실전대비용 책이라 할 수 있을 것이다.

박경규 서강대학교 경영학과 교수

컨설팅, 대기업, 스타트업 등 어느 곳에 입사하더라도 면접이 채용을 결정하는 데 가장 중요한 역할을 한다. 하지만 누구에게 배우기도 또한 스스로 학습하기도 어려운 것이 면접이다. 이 책은 면접을 준비하는 모든 이들이 실전에서 사용할 수 있는 내용을 담고 있다.

첫째, 인지심리학을 적용하여 면접 이론을 정립했다는 데 큰 의미가 있다. 사람 간에 어떻게 서로 인지해 가는가를 규명함으로써 면접이 스킬이 아니라 서로의 가치체계를 인식해 가는 과정임을 보여준다.

둘째, 면접에 초점을 맞추면서도 면접을 준비하는 과정이 자신의 세계관, 가치관, 인생관을 돌이켜 보고 성찰하는 관문임을 깨닫게 해 준다. 그리고 이를 통해 인생을 바르게 성찰하는 것이 취업 성공의 밑바탕임을 알려준다.

마지막으로 기업이 채용하고자 하는 인재가 어떤 인재인가에 대해서 분명한 해답을 얻을 수 있다. 높은 지식과 스킬을 보유한 인재도 중요하지만 기업이 궁극적으로 요구하는 인재는 자신을 존중하고 타인과 회사를 존중할 줄 아는 인재이다.

이선웅 現 ASD Technologies 대표이사 사장 · 기술공학 박사 / 前 Accenture 전략 컨설턴트

Prolgue + 서문

취업과 전직을 준비하는 많은 사람들이 취업 준비를 하면서 느끼는 공통점은 면접을 어렵게 느낀다는 점이다. 이것은 면접을 이론적으로 체계화시킨 시도가 부족하다는 점에서도 기인한다. 그래서 필자는 이 책을 통해서 면접에 대한 정의와 방법론을 제시하고 면접을 어떻게 준비해야 하는가에 대한 전략을 제시하고자 한다.

면접은 무엇인가에 대한 문제를 풀기 위해서는 "사람들이 서로 인식할 때 서로 간에 어떤 것을 알고 싶어 하고 어떠한 관계를 원하며 서로 어떻게 신뢰하게 되고 지속적인 관계를 유지하게 되는 것인가?"라는 질문을 먼저 규명하는 것이 필요하다. 왜냐하면 사람 간에 서로 이해하는 과정이 면접에서도 똑같이 적용되기 때문에 서로를 인식해가는 프로세스를 알면 지원자는 면접위원에게 자신을 보다 잘 이해시킬 수 있기 때문이다. 그리고 이러한 프로세스를 이해함으로써 인간관계에서 상호 간에 잘 소통하게 되어 궁극적으로 이상적인 관계와 조직을 만들 수 있다.

안타까운 것은 취업을 준비하는 많은 사람들이 면접을 스킬(skill)로 터득하여 자신을 포장하고 자신이 아닌 사람으로 이해시켜서 면접에서 탈락으로 가는 오류를 저지르는 경우가 많다는 것이다. 이 책은 면접을 사람 간의 인식의 프로세스를 규명하여 면접을 정의하고 면접의 프로세스, 면접의 질문구조와 유형을 제시하고자 한다.

사람이 서로를 이해하고 관계를 맺어가는 단계는 'Knowing' → 'Wanting' → 'Linking'의 세 가지 단계로 형성 발전된다.

첫째, 'Knowing'은 상호 간의 정보를 파악하고 인식하는 단계이다. 상대방의 나이, 학교와 학력, 살고 있는 곳, 친구관계, 취미 등을 파악하고 교류의 교두보를 만드는 단계이다. 그래서 이 단계는 상대방의 사생활을 해치지 않는 선에서 상대방의 정보를 파악한다.

둘째, 'Wanting'은 상호 간의 정보를 기초로 자신이 갖고 있는 것과 상대방이 갖고 있는 것을 서로 교환하면서 상호 간의 이해관계를 증진시키는 단계이다. 상호 교류를 통해서 교차적인 이익을 취하며 물질적인 교환이 발생하게 된다. 이 단계는 경제적으로는 거래관계, 무역관계가 형성되는 단계이다.

셋째, 'Linking'은 상호 간의 이해관계가 신뢰감을 확고히 하여 심리적으로 보다 친밀한 관계(rapport)로 발전하고 정신적인 교류를 원하는 단계이다. 물질적인 관계를 초월해서 신뢰를 바탕으로 정신적으로 서로를 긴밀하게 결속하는 단계이다.

이러한 인간 상호 간의 인식 형성 단계는 면접에서도 동일하게 적용된다. 왜냐하면 면접은 면접위원과 지원자가 동일한 목적 하에서 서로의 목적에 부합하는가를 일정한 절차에 의해서 파악하는 것이며 이러한 과정은 근본적으로 서로 간에 이해하는 과정과 동일하기 때문이다. 그래서 면접은 구조화되고 의도된 조건에서 긴박하게 시나리오를 만들어서 서로를 신속하게 인식하고 알아가는 프로세스로 진행된다. 면접은 피면접자의 정보를 파악하고 능력을 시험하고 회사에 충성할 수 있는 사람인가, 그래서 주주들과 오너들의 이익을 증진시키고 궁극적으로 파트너십을 맺을 수 있는가를 검증한다. 따라서 면접은 복잡하게 얽혀있는 스핑크스와 같은 수수께끼로 피면접자를 시험하지만 이 수수께끼는 사람들이 서로 알아가는 단계와 우리의 인식 구조를 이해한다면 해결할 수 있는 과제들이다.

피면접자들이 어렵게 여기는 면접질문은 사람들이 인지해 가는 인식 구조 'Knowing' → 'Wanting' → 'Linking'으로 구조화하여 대치하면 해답을 찾을 수 있다.

첫째, Knowing에 대한 질문들은 지원자의 정보를 면접위원이 탐색하기 위하여 지원자의 학교, 전공, 지원자가 보유한 지식과 기술, 그리고 경력에 대한 사항들을 파악하는 질문이다. 이 단계의 면접질문들은 면접위원들이 지원자가 제공한 정보를 검증하고 지원자의 답변에 반론을 제기하지 않는다. 이것은 이 단계의 질문들은 지원자의 정보에 대해서 검증 차원으로 이루어지기 때문이다.

둘째, Wanting에 관한 면접질문들은 지원자가 합리적인 사고체계를 갖고 있는 사람인가를 파악하는 질문들로 구성되어 있다. 일을 하는 데 있어서 가장 필요한 자질은 합리적인 문세해결 능력이기 때문이다. 이러한 합리적인 문제해결 능력이 있을 때 회사는 지원자를 채용하기를 원한다. Wanting의 질문들은 지원자와 면접위원이 상호 토론할 수 있는 질문들이며 면접위원은 지원자가 이러한 문제들을 어떻게 풀어 가는가를 분석하여 그들의 사고체계를 들여다보려고 한다. 왜냐하면 만약 지원자가 이러한 문제에 합리적인 사고체계와 문제해결 능력이 없다면 회사에 들어와서도 똑같이 그러한 역경과 문제를 해결하지 못할 것이기 때문이다. 그래서 면접에서 합격을 좌우하는 중요한 질문들은 이 둘째 단계에서의 질문들이다.

셋째, Linking에 관한 면접질문들은 지원자의 가치관과 태도를 파악하는 질문들로 구성되어 있다. 지원자를 회사의 식구로 영입하기 위하여 함께 기업의 가치관을 공유하고 상호 간의 결속관계를 원하기 때문이다. 그래서 이 단계의 질문은 지원자의 가치관, 태도, 입사 후의 포부 등에 대한 미래에 대한 질문으로 이루어진다.

직업을 갖는다는 것은 삶의 존재를 담는 그릇을 만드는 과정이다. 따라서 취업전략은 자신의 삶을 어떻게 담을 것인가에 대한 질문과정이며 '참된 인식(Episteme)'이다.

이 책은 실제 면접 사례를 제시하여 기업에서 어떻게 채용전략을 수립하고 진행 평가하여 인재를 선별하는지에 대한 전 과정을 제시했다. 기업이 인재상에 원하는 사람을 채용하기 위해서 어떻게 면접질문을 구성하는지에 대해서 이해할 수 있을 것이다.

다음으로 선별된 이력서의 데이터를 통해서 성공 또는 실패 경험을 추적하여 경력관리와 이직에 대한 해법을 제시했다. 이력서의 정보들은 많은 사람들의 직장 생활에 대한 실증적인 기록이며 이를 종합하면 경력관리를 어떻게 할 것인가에 대한 원칙들을 찾을 수 있다. 후보자들의 다양한 데이터와 인터뷰를 통해서 이직의 성공과 실패에 대한 공통분모를 찾고 경력과 이직관리에 대한 원칙을 제시했다.

인생 낱낱의 경험들은 성장의 밑거름이다. 이러한 경험은 취업 준비생과 이직을 원하는 지원자에게 좋은 지침이 될 수 있다. 이 책은 취업 준비생과 이직을 준비하는 많은 사람들에게 중요한 정보와 가치를 제공할 것으로 생각한다.

취업하기 어렵다고들 한다. 어렵게 취업했음에도 불구하고 25% 이상이 1년 내에 전직을 한다. 이러한 현상은 자신이 선택한 직업이 자신이 원하는 자아상과 일치하지 않기 때문이다. 자신이 원하는 일이 무엇인가를 파악하고 자신의 비전을 수립하여 원하는 회사를 선택하고 보람된 직장 생활을 하는 데 이 책이 조금이나마 일조했으면 하는 바람이다.

마지막으로 이 책을 쓸 수 있도록 격려해 주신 한양에너지 윤민선 사장님과 서강대학교 경영전문대학원의 원우님께 감사드린다. 그리고 항상 용기를 준 가족과 아내에게 사랑한다는 말을 전하고 싶다.

2015년 8월

HR First컨설팅 취업면접연구소에서

CONTENTS

Chapter 2

이력서와 자기소개서 작성

Chapter 3

면접전략

Chapter 4

지원 회사별 면접전략

Chapter 5

LG CNS 면접 사례 스터디

Chapter 6

경력관리

+

Chapter 1

취업 지원전략

+

01 + 우리가 원하는 것은 무엇인가?

어떤 철학자는 인간의 탄생을 '던져짐'이라고 했다. 알고 보면 우리의 인생이 수많은 필연의 산물이겠지만 우리는 말 그대로 이 세계에 던져진 채 우리 삶의 의미와 소명을 찾아가는 여정을 시작한다고 할 수 있다. 보이지 않는 필연이 작용해서 부모 형제와 만나긴 했겠지만, 던져졌기 때문에 우리는 부모나 형제를 선택할 수 없었다.

그렇다면 우리가 선택할 수 있는 것에는 무엇이 있을까? 부모만큼, 아니 오히려 때로는 그보다 오랫동안 인연을 맺는 배우자와 직업은 어떠한가? 결혼과 직업 선택에도 역시 이해할 수 없고 거역할 수 없는 운명 같은 요소가 있기는 하지만 혈연보다는 인간의 의지가 큰 비중을 차지한다고 할 수 있다. 배우자를 만나기 위해서 여러 사람을 소개받고 만나보는 것처럼 직업을 선택하는 것도 다양한 시도를 해 보고 깐깐하게 고르고 선택할 필요가 있다.

지금 직업을 구하는 사람들에게는 이미 직장을 구한 사람이거나 좋은 스펙(spec)을 갖고 있는 사람, 혹은 돈이 많거나 능력 있는 부모를 가진 사람이 선망의 대상일 것이다. 실제로 이런 사람들이 성공과 행복에 가까이 갈 수 있는 많은 가능성을 갖고 있기는 하지만, 사람들 대부분은 직장과 자신의 인생이 같이 가지 않는 경우도 있고, 직장을 다니면서 다른 일을 꿈꾸기도 하며, 혹은 애초부터 직장을 구하는 것에 열의가 생기지 않는 사람들도 있고, 자신이 아니라 부모 혹은 주위의 여건에 의해 직업이 결정되는 경우도 상당하다.

인생은 흔히 말하듯 장거리 경주이다. 반환점을 돌기 전에 선두였던 사람이 반환점 이후에도 언제나 선두일 것이라고 장담할 수는 없다. 선두 그룹에 있든지, 뒤처진 경우이든지, 그 어떤 경우이든 장거리 레이스의 승자라 할 수 있는 사람은 멀리 보면 하고 있는 일이나 다니는 직장에 만족도가 높거나 하고자 하는 일이 분명한 사람이다.

그래서 직업을 구하려는 사람이나 이미 직업을 구한 사람이라 할지라도 누구나 시작하는 출발점에서 다시 생각해 볼 필요가 있다. 왜냐하면 직업은 혈연과는 달리 자신이 직접 선택할 수 있고 어쩌면 부모보다도 더 오랜 세월을 함께할 가능성이 높기 때문에 직업을 선택하기 전에 자신이 서 있는 곳과 가려고 하는 곳을 돌아보아야 한다. 길을 찾고 있거나 길을 잃었다고 생각이 되면 당연히 좌표를 훑어보아야 하는 것과 마찬가지이다.

지금 직업을 구하려는 사람에게 가장 필요한 것이 무엇인지, 또한 사실상 가장 전도양양한 사람이 누구인지를 되묻게 하는 아서 왕의 일화가 있다.

사자 왕으로 이름을 떨치기 전에 젊은 아서 왕은 복병을 만나 이웃나라 왕에게 포로가 된 적이 있었다. 이웃나라 왕은 아서 왕을 죽이려 했으나, 그의 혈기와 능력에 감복하여 아서 왕의 목숨과 나라를 걸고 시험해 보기로 한다. 이웃나라 왕은 해결하기 힘든 문제를 하나 내고 아서 왕이 1년 안에 답을 찾아오지 못할 경우 처형하는 것은 물론 그의 나라도 침략하겠다고 포고했다.

그 문제는 "여자들이 정말로 원하는 것은 무엇인가(What do women really want)?"라는 질문에 대한 답을 찾아오라는 것이었다. 이러한 종류의 질문은 매우 추상적이고 난해해서 오히려 답을 구하기 쉽지 않은 것이지만 나라를 구하기 위해 아서 왕은 1년 동안 그 질문에 대한 답을 찾아 나서지 않을 수 없었다. 그는 왕국의 백성이라면 지위고하를 막론하고 답을 구하기 시작했다. 귀족들, 승려들, 현자들 그리고 심지어 광대들과 창녀들에게까지 물어 보았다. 하지만 그 누구도 만족할 만한 답을 주는 사람이 없었다.

속절없이 시간은 흘러 1년을 하루 앞두게 되었고, 이제 아서 왕에게는 모든 답을 안다고 알려진 북쪽 산에 사는 불길한 늙은 마녀에게 물어보는 것 외에는 선택의 여지가 없게 되었다. 늙은 마녀는 답을 안다고 말했지만, 말도 안 되는 대가를 요구했다. 마녀의 요구는 아서 왕이 거느린 원탁의 기사들 중 가장 용맹하고 용모가 수려한 거웨인과의 결혼이었다.

아서 왕은 받아들이기 어려운 거래 앞에서 주저하지 않을 수 없었다. 늙은 마녀는 꼽추였고 섬뜩한 기운이 감돌았다. 이빨은 하나밖에 없었고, 하수구 찌꺼기 같은 냄새를 풍겼으며, 항상 이상한 소리를 내고 다녔다. 그는 이제까지 이렇게 더럽고 추한 생물은 본적이 없었고 아무리 급할지라도 가장 충성스러운 신하인 거웨인에게 이런 마녀와 결혼하라고 명령할 수는 없었다. 그러나 거웨인은 충성을 바치는 왕과 왕국의 목숨이 달려있는 만큼, 주저 없이 그 마녀와 결혼을 하겠다고 자원했다. 결국 결혼식이 끝난 후 마녀가 아서 왕에게 준 답은 다음과 같은 것이었다.

여자들이 정말로 원하는 것은 바로 "자신의 삶을 자신이 주도하는 것, 곧 자신의 일에 대한 결정을 남의 간섭 없이 자신이 내리는 것(What women really want is to be in charge of her own life)"이었다.

마녀의 대답은 아서 왕과 그의 신하들 뿐 아니라 이웃나라 왕까지 손바닥을 치며 정답이라고 인정하지 않을 수 없는 것이었다. 그러나 이 이야기는 여기서 끝나지 않는다.

목숨과 나라를 구한 아서 왕에게는 근심이 남아 있었다. 자신이 가장 총애하는 거웨인의 결혼에 대한 것이었다. 그러나 거웨인은 대단한 사람이었다. 늙은 마녀는 결혼하자마자 최악의 매너와 태도로 거웨인을 비롯한 모든 사람을 힘들게 했지만 그는 성냄이나 멸시 없이, 한결같이 자신의 아내로서 마녀를 대했다.

모두가 우려하는 첫날밤을 앞에 두고 거웨인은 침실에 들어갔다. 그런데 놀랍게도 침실에는 지금까지 한 번도 본 적 없는 최고의 미녀가 그를 기다리고 있었다. 놀란 거웨인이 미녀에게 어찌된 일이냐고 물었다.

미녀는 자신이 추한 마녀임에도 거웨인이 항상 진실한 마음으로 그녀를 대했고, 아내로 인정했으므로 그에 대한 감사의 표시로, 이제부터 삶의 반은 추한 마녀로, 나머지 반은 아름다운 미녀로 살겠노라고 했다. 그러면서 마녀는 '낮에 추한 마녀로 살고 밤에 아름다운 미녀로 있을지 아니면, 낮에 아름다운 미녀로 살고 밤에 추한 마녀로 있을지'에 대한 결정권을 거웨인에게 주었다. 만일 거웨인이 마녀가 낮에 아름다운 미녀로 있기를 바란다면 주위 사람에게는 부러움을 사겠지만, 밤에 둘만의 시간에 추한 마녀와 지내야 할 것이고 반대의 경우에는 밤에 아름다움 미녀와 지낼 수 있겠지만 낮에 추한 마녀로 변한다면 주위 사람의 눈총을 피할 수 없게 될 것이다.

해결책을 찾기 쉽지 않은 마녀의 제안에 대한 거웨인의 대답은 놀랍게도 "당신이 직접 선택하세요!"였다. 이 말을 듣자마자 마녀는 반은 마녀, 반은 미녀 할 것 없이 항상 아름다운 미녀로 있겠노라고 말했다. 거웨인이 마녀의 삶과 결정권, 그리고 마녀 자체를 존중해 준 것에 대한 보답이라고 했다.

이웃나라 왕이 낸 문제와 마녀의 대답은 '여성'에게만 해당되는 것이 아니다. 모든 인간은 자신이 원하는 것을 '알' 때, 그리고 원하는 것을 '선택할' 수 있을 때, 그래서 원하는 것을 위해 '매진하고' 있을 때, 가장 행복하다.

놀라운 사실은 의외로 사람들은 자신이 원하는 것을 잘 모른다는 것이다. 해야만 하는 것, 혹은 멋있어 보이는 것, 혹은 자신이 아닌 부모나 주위의 친지들이 원하는 것, 당장 필요로 하는 것에 복잡하게 얽혀 있어서 자신이 진정으로 원하는 것을 인식하지 못하는 경우가 많다. 자신이 원하는 것을 아는 것이 일차적임을 인식하지 못하는 것은 먹고 살기 바빠서 원하는 것을 미뤄두는 것이나 원하는 것을 찾지 못해서 헤매는 것과는 다르다.

다시 한번 강조하지만 먼저 자신이 '무엇을 원하는지'를 아는 것이 모든 것에 우선한다. '누군들 원하는 것을 몰라서 못하나, 여건이 안 되는 거지.'라고 생각하는 사람도 많을 것이다. 가정형편이나 본인의 능력이나 기타 여러 가지 요인들이 원하는 것을 할 수 없도록 가로막고 있을지도 모른다. 그러나 원하는 것을 알고 있다면 그 다음에 그것을 얻기 위한 여러 경로를 지금 당장, 혹은 천천히, 때로는 삶의 어느 시점에서 밟기 시작할 수 있다. 조금 우회할 수도 있고 더 많은 시간이 필요할 수도 있고, 좀 더 복잡한 경로를 밟을 수도 있다. 그것이 아무리 긴 시간이 요구되는 것이라도 자신이 원하는 것이 무엇인지를 알고 있다면 견딜 수 있고, 헤매더라도 목표를 잃지 않을 것이다.

자신의 처지와 자신이 원하는 것이 너무 복잡하게 뒤엉켜 있어서 잘 모르겠다면 사고 과정에 '오컴의 면도날'의 법칙을 적용해 보자. 논리학자 오컴의 명제는 '필요하지 않는 경우에까지 많은 것을 가정하면 안 된다. 필요 이상으로 복잡하게 만들지 마라.'이다. 이것은 사고 절약의 원리로서 가장 불필요한 것부터 하나씩 제거하면 가장 중요한 핵심만 남게 된다는 것이다. 주위의 시선이나 시대의 유행, 가정형편이나 자신의 처지와 같은 것을 하나씩 벗겨내다 보면 자신이 원하는 것, 좋아하는 것에 도달하게 되고 그것이 실현 가능한 것인지 타진해 보고 어떤 방법으로 쟁취할 것인지 단계를 설정하기 시작하게 될 것이다.

원하는 것이 무엇인지 알아야 한다. 알기 위해 길고도 험한 오디세이의 여정을 피하지 말아야 한다. 원하는 것이 무엇인지를 어린 시절부터 알고 있거나 일찍부터 알게 된 사람, 우연한 기회에 알게 된 사람이 진정 부러운 사람이다. 그렇지 않은 많은 사람들은 원하는 것을 알기 위해 다양한 경험에 도전해야 하고 원하는 것을 얻기 위해 치열하게 고군분투를 해야 할 것이다. 이때 필요한 최고의 덕목이 용기이다. 바로 거웨인이 보여준 용기.

위의 이야기의 주인공은 아서 왕이라기보다 사실은 거웨인이다. 충성을 바치는 왕의 목숨과 왕국의 존망 앞에서 기사로서 마녀의 거래를 수락하고 마녀의 대답에 담긴 뜻을 실천에 옮기는 거웨인은 용기의 전형일 것이다. 마녀가 낮과 밤 가운데 어느 시간에 미녀로 있을지를 결정하라고 거웨인에게 결정권을 주었을 때, 마녀를 존중하는 거웨인이 마녀에게 다시 그 결정권을 주는 행위는 아는 것(원하는 것을 선택할 권리를 내가 가져야 한다는 것만큼 그녀도 가져야 한다는 것)을 실천하는 용기의 모범 사례이다.

마녀의 삶은 마녀가 결정하게 하는 것, 다른 말로 하자면 우리의 삶은 우리가 결정해야 하고 그러기 위해서는 진정한 용기가 필요하다. 그리고 진정한 용기에는 치러야 할 대가도 크겠지만 돌아오는 보답도 그에 못지않게 클 것이다.

직업을 고르고 선택하고 직장을 얻으려는 모든 이들에게 첫 번째로 해야 할 일이 원하는 것을 알고 '자신의 삶을 자신이 주도하는 것, 곧 자신의 일에 대한 결정을 남의 간섭 없이 자신이 내리는 것'이라는 마녀의 대답을 들려주고 싶다.

02 + 인생에서 태도는 왜 중요한가?

어떤 성당을 짓고 있던 벽돌공 셋이 있었다. 누군가가 그들에게 어떤 생각을 하면서 그 일을 하는지를 물었다.

한 사람은 이렇게 말했다. "하루하루 먹고 살기 위해 벽돌을 쌓는답니다. 이 일은 나한테는 의미가 없지만 먹고 살기 위해서 마지못해 하는 일일 뿐입니다. 이 일에 전망이 있는 것도 아니고 좀 더 나은 일이 있으면 다른 일을 찾을 겁니다."

또 다른 사람은 이렇게 말했다. "이 일은 나에게 소중한 일이며 여기는 나의 일터입니다. 내 가족의 생계를 위해서 열심히 일할 것입니다. 그래서 회사에서 인정받아서 반장으로 승진하고 좀 더 많은 급여를 받고 싶습니다. 그것이 내가 바라는 것이고 그러면 더 행복해질 것입니다."

마지막 사람은 이렇게 대답했다. "제가 종교를 믿지는 않지만 신의 성전을 만드는 데 벽돌 쌓는 일은 매우 중요한 일입니다. 이 일을 맡게 돼서 매우 기쁘고 세상에서 가장 훌륭한 성전을 세우기 위해 최선을 다할 것입니다."

위의 세 벽돌공의 자세는 직업을 대하는 사람들의 태도를 유형화한 것이다. 누군가는 직장에서의 위치나 작업의 종류, 대우, 보수 등에 불만을 가지고 늘 이직이나 전직을 꿈꿀 수도 있고, 누군가는 큰 보람은 없어도 몸담고 있는 곳에서 최선을 다하고자 하거나 가족을 부양할 수 있는 것에 책임과 보람을 느끼고 만족할 수 있으며, 또 누군가는 하는 일에서 사명감을 찾아내기도 한다.

여기서 누군가의 태도를 놓고 우위를 논하는 것은 의미가 없다. 그들의 처지는 각자 다를 것이고 그것을 고려한다면 누군가의 자세가 더 옳다거나 더 낫다고 말하기 쉽지 않다. 적성에 맞지 않거나 직장이 맞지 않아 이직하는 것이 더 좋았음에도 참고 일하는 편을 택하라고 할 수 없고 직업에서 의미를 찾기 어려움에도 사명감을 가지라고만 할 수도 없으며, 어떤 경우에는 가족을 부양하기 위해 일만 하다가 어느 순간부터 자기 일에서 보람을 얻기도 한다.

그럼에도 위의 세 벽돌공 가운데 성실하게 일하는 사람이 누구일지, 신나서 일하는 사람이 누구일지, 결국 무엇인가를 이루는 사람이 누구일지를 예상해 볼 수는 있다. 중요한 것은 '태도(attitude)'이다.

항상 자신이 무엇을 원하는지를 알고 있어야 하고, 무엇을 잘하는지,

스스로가 어떤 사람인지를 쉬지 않고 탐구해야 한다. 자신에 대한 지속적 문제 제기와 탐구(내가 왜 이 일을 하고 있는가)는 하고 싶지 않은 벽돌공을 그만두고 무엇을 할 것인지, 벽돌공을 계속 하지는 않을 것이지만 매 순간 최선을 다하고 지금 하는 일을 마지막까지 성실하게 마무리하는 것이 자신의 인생에 주는 의미는 무엇인지, 벽돌공을 하고 싶지 않은 것과는 별개로 자신이 만들고 있는 상품 혹은 기획이 다른 사람들에게는 무슨 의미를 갖는지를 알게 할 것이다.

자신에게는 단순반복에다 지겨운 벽돌 쌓기일 뿐이고 오로지 돈만을 위해 하는 일이었지만 그 노동의 결과 성당이 세워지고 그 성당이 누군가에게는 안식과 기쁨을 줄 수도 있음을 깨닫는 것, 바로 그러한 '태도'는 그가 앞으로 하려는 '다른' 일 혹은 '지금까지 하던 일'에 영향을 끼칠 것이다. 원하는 것을 아는 것만큼, 때로는 그보다도 중요한 것이 '태도'이다. 자신의 인생과 일을 대하는 태도는 가장 잠재력 있는 덕목이다.

원하는 일을 하기 때문에 일을 즐기면서 하는 사람을 아무도 당해낼 수 없다. 이천여 년 전의 공자조차도 같은 말을 했다. "천재는 노력하는 자를 이기지 못하고, 노력하는 자는 즐기는 자를 이기지 못한다[知之者는 不如好之者요, 好之者는 不如樂之者라(지지자는 불여호지자요, 호지자는 불여락지자라).]" 공자의 말은 뒤에서부터 해석하자면 성공하고 싶고 목표를 이루고 싶다면 일을 즐기라는 것이다. 왜냐하면 즐기는 자는 알아서 노력하는 사람이기 때문이고 알아서 노력하는 사람은 재능 넘치고 운이 좋은 천재보다 더 낫기 때문이다.

논어의 말을 바꿔 말하면 즐기는 태도, 자발적 노력이 모든 일의 근본이라는 것이다. 원래 노력하는 것은 힘들다. 힘들기 때문에 자발적으로 하지 않으면 끌려가는 것이 되고 그러면 싫고 짜증나는 것이 되고, 결국 지속적인 것이 되기 힘들고 무엇인가를 이루기 전에 그만두게 될 것이기 때문이다. 그래서 도달하는 결론은 단순 명료하고 누구나 알고 있는 사실, 즉 '자신의 직업에서 성공하려면 본인이 좋아하는 일을 해야 한다'는 것이다. 좋아하는 일을 하다 보면 좋은 결과를 얻게 되고 자기 일과 노동의 결과가 갖는 의미를 고민하게 되고 자기 외의 사람들과 세상에 그 의미를 돌려주고 싶어 하게 된다. 그렇게 이른바 소명의식을 갖게 되는 것이다.

소명의식, 혹은 직업의식, 사명감, 보람과 같은 여러 말로 부를 수 있는 것은 노동의 결과물에 대한 일종의 자부심의 다른 표현이다. 이와 같은 것들이 복잡하기 짝이 없고 덧없고 보람을 찾기 힘든 이 세상에서 우리가 길을 잃지 않게 해 준다. 그리고 소명의식은 주어지는 것이 아니라 우리가 직접 찾아야 하는 것이다.

자신이 그 일을 그만두게 될지라도 성실하게 마무리하는 자세, 쉬지 않고 노력하는 태도는 대단해 보이지 않지만 실천하기 쉽지 않은 것이다. 그러한 태도를 견지하는 것이 한 사람을 대단하게 만들기도 하는 것임을 잊지 말아야 한다.

우리가 학교에서 한 번쯤은 배우고 사극에서 한 번쯤은 등장하곤 하는 맹사성이란 인물이 있다. 그는 열아홉에 장원급제하여 스무 살에 군수에 올랐을 뿐 아니라 학식과 인품, 공명성대한 일 처리로 역사적 인물이 되었다. 우리나라 역사에서 재상이 되거나 과거 시험에서 장원을 한 능력 있는 인재들이 두 자리 수 이상은 되지만, 그들 가운데 우리가 별도로 기억하는 인물은 몇 되지 않는다. 그중에 맹사성이 있다. 무엇이 그를 역사적 인물로 만들었을까? 젊은 시절의 맹사성에 대한 한 일화는 비결은 먼 곳에 있지 않고 어려운 일이 아님을 깨닫게 해 준다.

> *젊은 나이에 높은 자리에 오른 맹사성은 보통 사람과 다르지 않게 자만심으로 가득했다고 한다. 그러던 어느 날, 그는 그 고을에서 덕망 높은 선사를 만나게 되었다. "스님이 생각하기에, 이 고을을 다스리는 사람으로서 내가 최고로 삼아야 할 좌우명이 무엇이라고 생각하시오?"*
>
> *스님은 이렇게 답했다고 한다. "그건 그렇게 어렵지 않습니다. 나쁜 일을 하지 않고 착한 일을 많이 하는 겁니다." 스님의 대답에 크게 실망한 맹사성은 자리에서 일어나며 이렇게 말했다. "그건 삼척동자도 다 아는 이치인데, 먼 길을 온 내게 해 줄 말이 고작 그것뿐이오?"*
>
> *그러자 스님은 차나 한잔 하고 가라며 붙잡았다. 그런데 스님은 맹사성의 찻잔에 찻물이 넘치는데도 계속 차를 따르는 것이었다. 이게 무슨 짓이냐고 불쾌해하는 맹사성에게 스님은 말했다. "찻물은 넘쳐 방바닥을 적시는 것은 알고, 지식이 넘쳐 인품을 망치는 것은 어찌 모르십니까?" 부끄러웠던 맹사성은 황급히 일어나 방문을 열고 나가려다 문지방에 머리를 세게 부딪치고 말았다. 그러자 스님이 빙그레 웃으며 말했다. "고개를 숙이면 부딪치는 법이 없습니다." 크게 깨달은 맹사성은 훗날 큰 인물이 되었다.*[1]

• • •

1) 『멈추면 비로소 보이는 것들』 혜민, 쌤앤파커스(2012), 69~70쪽

나쁜 일을 하지 않고 착한 일을 많이 하는 것, 조금만 고개를 숙여서 자신을 살짝 낮추라는 조언은 쉽고 너무 단순해서 일부러 찾아가서 말씀을 구하기에는 하찮아 보이기까지 한다. 그러나 그 단순한 말들, 다른 말로 하면 그러한 태도들에는 커다란 울림이 있고 길이 있다. 그러한 자명하고 근본적인 태도를 조언한 스님도 대단하고, 그 말씀들에 크게 깨우친 맹사성도 대단하다. 맹사성을 역사적 인물로 만든 요인은 그의 재능도 있겠지만 끝까지 교만하지 않고 마음을 열어 단순한 가르침을 받아들인 것에 있다고 할 수 있다. 운동을 해본 사람들은 잘 알 것이다. 사용하지 않은 근육을 써보는 것도 중요하지만 늘 사용하던 익숙한 근육을 지금까지와는 다르게 새롭게 사용할 때의 느낌은 경이롭다. 그리고 그것은 뇌의 근육에도 마찬가지이다. 그렇게 자신의 길을 개척해보자

03 + 전략의 중요성을 알아야 한다

성공한 많은 사람들이 손자병법을 추천 도서로 권한다. 왜 전쟁에서 승리하는 법을 가르치는 손자병법이 인생의 지침서가 될 수 있을까? 굳이 적자생존, 생존경쟁, 승자독식이 기본인 자본주의식 삶이란 말을 들먹이지 않아도 아주 오랜 옛날부터 우리의 삶은 사실은 전쟁과 유사한 측면이 많았다.

인간이라면 누구나 생존하기 위해서, 성장하기 위해서, 그리고 제대

로 살기 위해서 자기 자신과 싸워야 하고 세상과 싸워야 한다. 자기 자신과 싸워서 자신이 원하는 것이 무엇인지, 자신이 갖고 있는 무기가 무엇인지, 자신의 약점과 강점이 무엇인지를 파악하고 상대 혹은 세상과 싸울 때 그것을 적절하게 활용할 줄 알아야 한다. 세상이 무엇을 요구하는지, 어떤 방식으로 돌아가고 있는지, 자신이 어떻게 이길 수 있는지를 고민해야 한다. 이 모든 것, 즉 자신의 무기를 알고 단련하고 약점을 보완하고 강점을 강화하면서 그때마다 세상과의 전투에서 계획을 세워 전투에 임하는 것이 전쟁에서 승리하는 길이다. 바로 손자병법의 전략이 필수적이다

때로는 무조건 맨몸으로 돌진하는 맹목이 필요할 때도 있지만 아마도 필패를 면하기 힘들 것이다. 전쟁에서 가능한 한 가장 효율적으로 많은 승리를 이루기 위해서 전략과 전술은 필수적이다. 그것이 입시이든, 취업이든, 연애이든, 인생 그 무엇이든 전략과 전술은 전쟁에서 기본이다.

그러나 우리는 불완전한 인간이므로 언제나 승리하는 전략을 짤 수는 없고 간혹 우리의 전략이 우리의 인생을 오도하는 경우도 있다. 불충분하고 결핍이 있는 우리가 수립한 전략이 매번 만능이 아닐지라도 실패조차 거름이 될 수 있기 때문에, 그리고 적어도 하나의 가능성은 타진을 해 본 것이기 때문에 좌절한 시도임에도 불구하고 의미를 가질 것이다. 아무 것도 하지 않는다면 실패와 좌절은 겪지 않아도 되지만 인생에 남아 있는 가능성은 변함없이 그대로인 채 남을 것이다. 반면에 뭔가를 시도해서 그것이 실패로 판명되면 좌절의 고통을 댓가로 그러한 시도가 혹은 그러한 전략들이 실패임을 깨달을 수 있게 될 것이다. 그 결과 우리는 다른 가능성, 혹은 다른 전략을 갖고 시작할 수 있는 것이 아닐까

싶다. 그래서 전략 없는 시작을 두려워할지언정 잘못된 전략을 두려워하지 말라고 많은 선배들이 조언하고 있는 것이다.

'무전략 보다는 차라리 잘못된 전략이 낫다'는 말이 있다. 잘못된 지도로 목숨을 구한 조난당한 등반가들 이야기는 우리에게 전략이 무엇인가를 숙고하게 한다.

> *어느 날 알프스 깊은 산중에서 훈련 중이던 산악대원들이 갑자기 닥친 폭설에 길을 잃고 조난을 당했다. 한 치 앞이 안 보일 정도로 펑펑 쏟아지는 눈 때문에 길을 잃고 여러 날을 헤맨 끝에 모두 기진맥진해서 더는 한 발자국도 내딛기 어려운 상태에 빠졌다. 탈진한 대원들이 절망하며 죽음에 직면했을 때, 누군가가 뜻밖에도 자기 배낭에서 지도를 발견했다. 대원들은 그 지도를 바탕으로 가장 가까운 마을 방향으로 무작정 걸었고, 결국 모두 구조됐다. 나중에 구조대가 도착해 이들의 생명을 구한 지도를 살펴본 결과 놀라운 사실이 밝혀졌다. 알고 보니, 그 지도는 스위스 알프스가 아닌 스페인의 피레네 산맥 지도였다는 것이다.* [2]

이 이야기는 전략이 위급한 상황에서 어떤 역할을 하는지를 생각하게 한다. 아니 위급한 상황이 아니어도 우리의 생활과 경영에서 전략이 어떻게 중요한가를 일깨워 준다. 대원들 중에 한사람이 엉뚱한 곳의 지

…

2) 조선 biz, 장세진 교수의 전략&인사이트, '무전략보다 차라리 잘못된 전략이 낫다', 2014년 1월 11일

도를 가지고 있었음에도 구조된 이 이야기의 주인공들은 두 마디 말이 필요 없을 정도로 신의 가호가 있었고 운이 좋은 사람들이다. 이 이야기에서 그 누구도 선뜻 말하기 어려운 확신은 만약 그들이 절망에 빠져 희망이 없다고 생각하고 가만히 있었음에도 오로지 너무나 운이 좋아서 구조될 수 있었으리라는 것이다. 반면에 누구나 동의할 만한 확신은 만약 잘못된 것일지라도 지도가 없었다면, 그래서 아무것도 하지 않았다면 등반가 일행은 살아서 돌아올 수 없었으리라는 가정일 것이다. 눈보라 속에서 길을 잃은 등반가들이 절망에 빠져 아무런 행동도 하지 않고 그 자리에 주저앉아 있었다면 그들은 동사했을 가능성이 높다.

그렇게 눈보라 속에 앉아서 죽음을 맞이하는 것과 잘못된 지도를 보고 전진하다 혹여 낭떠러지로 떨어지게 되었다고 가정했을 때를 놓고 비교해 보면 죽음이라는 동일한 결과를 맞는 것이기 때문에 행위를 하나 안 하나 똑같다고 판단할 수도 있다. 그러나 아무런 행위를 하지 않는 경우는 운을 기다리는 것이고 잘못된 지도라도 들고 무언가를 시도하는 경우는 운을 찾고 만드는 것이다. 잘못된 지도였음에도 희망을 주고 가능성을 실현시킬 수 있다. 무엇인가를 이루려는 사람에게는 승리하는 전략이 필수적이지만 그것이 좋은 전략인지 여부는 결과가 나와봐야 알 것이다. 전략이 없이 인생을 사는 것보다 전략을 갖고 인생을 사는 것이 성공할 확률이 조금이라도 낫다. 취업에서도 전략이 없이 취업전쟁에서 싸우는 것보다 잘못된 전략이라도 가지고서 싸우는 것이 조금이라도 성공할 확률이 높다.

성공한 사람들의 인생이 알려주는 몇 가지 교훈들이 있다. 제일 먼저 말할 수 있는 것은 성공한 사람들의 인생은 유형화를 하기 힘들 정도로 참으로 다양한 경로를 밟는다는 것이다. 일찍부터 한 가지 재능을 뚜렷하게 보이면서 그 방면으로 성공한 사람도 있지만 대부분은 그렇지 않다. 스티브 잡스는 입양에 괴로워하면서 질풍노도의 청년 시절을 보냈는가 하면 빌 게이츠는 일찍부터 컴퓨터에 대한 관심을 직업과 연결시킨 경우이다. 오바마 대통령은 조부모 밑에서 자라면서 삐뚤어진 청소년 시절을 거쳐 빈민가의 자원봉사를 하면서 변호사로서의 소명의식을 정치인으로 연결시킨 경우이다. 이들이 보이는 유형화하기 어려울 정도로 다양한 인생 경로는 사람들은 자기 자신만의 인생이 있고 자기만의 발전 경로가 있음을 알려준다. 그럼에도 그들의 인생 전략은 공통점들을 보여주기도 한다. 전쟁이든, 취업이든, 인생이든 성공하기 위해서는 전략을 짜야 한다. 전략은 빨리 세우면 세울수록 좋다, 둘째 장기적인 전략을 세워야 효율적이다, 셋째 좋은 전략을 짜기 위해서는 삶의 목표가 뚜렷해야 한다는 것이다.

04 + 승리하기 위한 전략을 수립하라

취업전략의 원칙들은 맹사성 이야기가 보여주는 것처럼 알고 보면 누구나 알고 있는 것들이다. 자명해서 간과하기 쉽고 놓치기 쉬운 것들, 단순해서 실천하지 않는 것들이 진리에 가장 가깝다. 취업에 성공하기 위해서는 자신만의 전략을 수립해야 한다.

결코 포기하지 말라. Never give up

어떻게 하면 취업에 성공할 수 있을까? 자신이 취업에 성공할 수 있는 원칙을 세워야 한다. 깊이 팠는데도 물이 안 나온다고 해서 우물파기를 포기하지 말아야 한다. 우리 속담에도 한 우물을 파라는 속담이 있다. 세상의 어떤 회사이든 자신을 원하는 회사가 있다. 다만 자신을 필요로 하는 회사를 아직 찾지 못할 뿐이다. 자신을 원하는 회사가 어떤 회사인지 어떻게 찾을 것인가에 대한 전략을 수립해야지 포기해서는 안 된다. 포기하지 않는 것, 이것이 취업의 첫 번째 성공 원칙이다.

준비하라. Preparation

취업은 어려워도 준비된 사람에게는 자리가 있다. 특히 면접에서 탈락하여 취업에 실패하는 원인 중 가장 큰 원인은 준비부족이다. 미래는 준비된 자의 것이다. 면접을 철저히 준비해서 다른 사람과 차별화된 자신을 보여주어야 한다. 면접 예상 질문을 작성하고 면접 답변서를 만들어서 완벽한 면접이 될 때까지 연습해야 한다. 취업에 성공하기 위해서는 목표를 세우고 준비를 해야 한다.

주도적인 취업전략을 수립하라

취업시장에서 자신이 주도적이 되어야 한다. '주도적 취업 전략'의 의미는 취업시장에서 자신의 일을 찾는 것이 아니라 자신이 하고 싶은 일을 먼저 결정하고 취업시장에서 원하는 회사를 선택하는 것이다. 이렇게 해야 취업시장에서 헤매지 않게 된다. 취업시장에 주도적이 되지 않으면 미궁 속으로 자신이 빠져들게 된다. 비주도적으로 이리 저리 취업을 위해 헤매다 보면 결국에는 자신의 목표가 무엇인지, 자신이 원하는 일이 무엇인지를 놓치게 된다.

자신의 역량을 객관적으로 평가한 후 취업에 나서야 한다. 자기를 알고 적을 알면 백전백승이다. 주도적으로 취업 전략을 세워서 원하는 일, 원하는 직장을 찾는 것과 취업 시장의 트렌드를 쫓아다니면서 자신의 일거리를 찾아 나서는 것은 큰 차이가 있다. 능동적인 취업전략을 통해서만이 자신이 원하는 일을 선택할 수 있다.

다음의 표는 취업을 대하는 태도를 '주도성'을 중심으로 간단하게 비교 분류해 놓은 것이다. 표를 보면서 자신의 태도를 한번 점검해 보자.

〈주도적인 취업전략과 비주도적인 취업전략의 비교〉

구분	시장을 따라가는 취업	주도적인 취업
원하는 것	취업. 일	진정으로 원하는 직업 자신의 가장 잘하는 기술과 지식을 활용할 수 있는 일
준비	고용시장에서 무엇을 원하는가 그리고 고용시장이 어떤 직업을 원하는가를 파악한다. 자신의 최고의 전략과 무기는 시장에 자신을 맞추는 것이다.	자신이 가장 잘할 수 있고 사랑하는 일이 무엇인가를 인식한다. 그리고 하고 싶은 일이 무엇인가를 찾는다. 자신의 전략과 무기는 열정이다.
자신을 어떻게 바라보는가	취업을 구걸 취업을 하게 되는 것은 행운이 따르는 것	자신은 인적 자산 회사가 나를 얻는 것은 행운
기본계획 수립	자신을 어떻게 팔 것인가에 초점	자신이 하지 않으면 죽을 것 같은 일이 무엇인가를 파악함.
구직방법	회사가 오픈된 포지션이 있으면 자신을 발굴해 주기를 기다림.	회사가 그들의 오픈 포지션을 홍보나 구인 광고를 하지 않더라도 자신이 원하는 조직을 찾아서 자신의 정보와 얼굴을 알림.

구분	시장을 따라가는 취업	주도적인 취업
컨텍(Contact) 방법	이력서를 내면 기업이 나를 찾아주기를 원함.	Linkedin을 통해서 연결해줄 사람(bridge person)을 찾아서 채용하는 조직의 책임자를 만남.
이력서의 의미	왜 자신이 그들에게 고용되어야 하는지를 셀링(selling)하기 위함.	회사와 처음 인터뷰를 갖기 위해서
인터뷰했을 때 주목적	왜 자신이 그들에게 고용되어야 하는지에 대한 말하기 위함.	그 회사에 또 다른 인터뷰, 2차, 3차 인터뷰를 하기 위해서
면접에서 말할 것	자기 자신, 자기의 자산, 자신의 경험	50%는 면접질문에 대한 답변, 50%는 지원한 회사에서 자신이 할 일과 궁금한 사항에 대해서 질문
알고 싶은 것	회사가 나를 필요로 하는가?	회사가 나를 원하는가 뿐만 아니라 이 회사는 내가 원하는 회사인가?
인터뷰를 끝내는 방법	언제 면접 결과에 대한 결과를 들을 수 있을지를 질문함.	자신이 인터뷰한 이 회사가 자신이 일하기를 원하는 회사라면 이 회사에 내가 진정한 자원이기를 믿는다고 말함. 그리고 이 직무에 대해서 오퍼(offer)를 달라고 말함.
채용 오퍼(offer)를 받고 난 후	이제까지 수집한 채용 정보와 자료를 삭제함. 휴식을 취함.	예기치 않은 환경으로 인해 받은 채용 오퍼(offer)가 취소될 수 있으므로 조용히 구직 활동을 지속함.

05 + 취업전략을 수립하기 위한 로드맵

희망 직무를 분석한다

좋아하는 업무가 무엇인지를 점검하자

사람들은 나름대로 좋아하는 일이 있고 좋아하는 일을 하면 잘하고 오래할 수 있고 어려움이 있더라도 견뎌낼 수 있다. 당연한 것이지만 좋아하는 일을 하면 일에서 성공할 수 있는 가능성도 높아진다. 자신의 업무선호를 알면 개인뿐 아니라 팀 또는 단체의 업무성과 향상에 기여할 수 있다. 업무 선호에 대한 이해는 개인, 팀, 단체 업무 성과에 있어서 핵심 요소이다.

Magerison–Mccann 팀 관리 모델을 중심으로 선호하는 업무를 파악해 보자[3)]

Team Management System의 팀 관리 프로파일 설문은 60개 문항으로 된 평가지로 개인의 업무 접근법을 잘 이해하도록 하는 데 초점을 맞춘 것이다. 이것은 프로파일 설문 응답을 기초로 구성된 것이며 개인적으로 선호하는 업무와 이들이 소속 팀에 가져다줄 수 있는 강점을 알려주어서 생산적인 업무 기반 정보를 제공한다.

208개 프로파일 조합으로 이루어진 팀 관리 프로파일(Team Management

···

3) 출처: *Team management profile Accreditation handbook*

System Profile)은 지금까지 나온 개인 프로파일 중 가장 포괄적인 것으로 알려져 있으며 특히 선호하는 개인 업무 부분을 중점적으로 보여준다.

팀 관리 프로파일은 개인적 장점과 리더십 강점, 의사결정, 대인관계 기술, 팀 빌딩의 항목으로 구성되어 있다.

〈The Margerison–McCann Types of Work Model〉

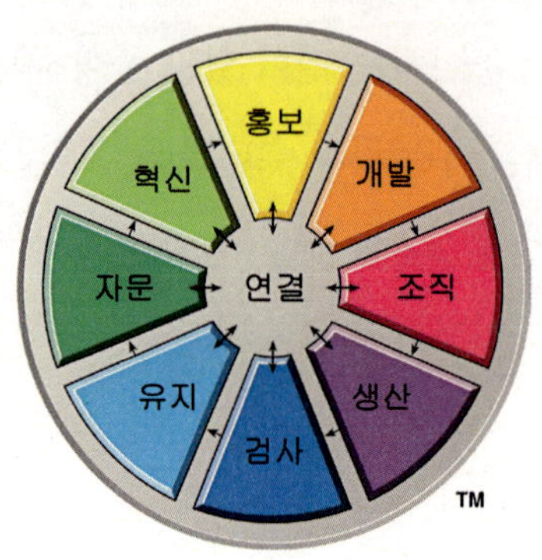

업무 선호도를 조사하기 위해서는 네 가지 방식, 즉 개인이 타인과 관계를 맺기 위해 선호하는 방식, 개인이 정보를 수집하고 사용하는 방식, 개인이 의사를 결정하는 방식, 개인이 자신과 타인을 조직하는 방식으로 나누어 조사한다.

타인과 관계 맺는 방식

외향적 — 내향적

정보를 구하고 사용하는 방식

실용적 — 창의적

결정을 내리는 방식

분석적 — 신념위주

자신과 타인을 조직하는 방식

조직적 — 유연한

팀 관리 모델에서는 설문 응답을 통해 다음과 같이 개인의 업무 선호를 분류하고 있다.

- **보고자-자문가:** 서포터나 조력자, 정보 수집자 스타일로서 관용적이며 지식이 풍부하고 탄력성 있는 사고를 하며 상황 때문에 서두르는 것을 싫어하는 특징을 갖고 있다.
- **창조가-혁신가:** 상상력이 풍부하고 미래지향적이며 복잡한 것이나 창의적 연구를 좋아한다.
- **탐험가-홍보가**: 설득가 스타일이며 다양하고 흥미진진한 일을 선호하고 쉽게 지루함을 느낀다. 나름 영향력 있고, 사교적인 특징을 보인다.
- **평가자-개발자**: 분석적 스타일로서 객관적 아이디어 개발자이며 프로토타입이나 프로젝트 업무를 선호하는 실험가이다.
- **추진가-조직가**: 조직하고 실행하는 능력, 시스템 셋업의 능력을 보여주며 신속하게 결정하는 스타일로서 결과 지향적이고 분석적이다.
- **결론가-생산자**: 실질적이고 생산 지향적 스타일이다. 스케줄과 계획 수립, 같은 일을 반복하는 것을 선호하고 효과와 효율을 중시한다.
- **통제자-검사자**: 표준과 절차 검사자 스타일로서 통제력을 행사하는 것을 선호한다. 대인 접촉 빈도가 낮은 편이며 세부 지향석 득징을 보인다.
- **지지자-유지자**: 보수적이고 충성형 혹은 지지형 스타일이다. 목적에 따른 업무에 동기를 부여한다.

〈The Margerison-McCann Team Management Wheel〉

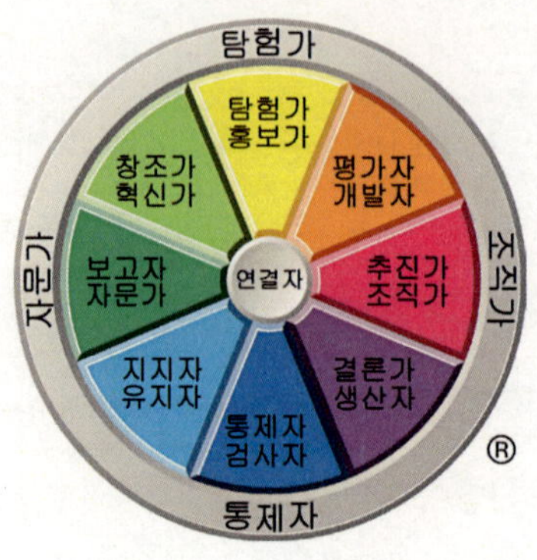

희망하는 직업을 분석한다

설문이나 구성표, 구성 요소들의 분류와 분석은 얼핏 보면 피상적으로 느껴질 수도 있다. 그러나 사람들은 자신의 취향과 적성과 직업을 막연하게 고민할 수 없다. 다음에 분류된 직업선택의 요소들은 스스로를 분석하는 중요한 도구가 될 것이다.

관심이 있는 직업, 선택하고자 하는 직업에 대해서 충분히 이해할수록 그만큼 더 그 직업에 가까워질 수 있다. 그 직업의 일상적인 업무는 무엇이며 성공하기 위해선 어떻게 해야 하는지, 누가 이 업종에서 성공했는지 그 비결은 무엇인지, 실패했다면 누가 그랬는지 그 이유는 무엇인지 등에 대해 연구해 보아야 한다.

취업을 결정하는 요소에 대한 분석은 직업에 대한 구체적 접근을 가능하게 해 줄 것이다. 추상적으로 직업이나 직장에 대해 접근하거나 막연하게 고민하기 보다는 다음의 카테고리를 바탕으로 현실적으로 알아

볼 필요가 있을 것이다. 사람마다 중점을 두는 카테고리가 다르고 점검한 결과 의외로 자신에 대해 잘 알고 있다고 생각했던 것들이 뒤집힐 수도 있다. 때로는 자신이 스스로를 속이기도 하기 때문에 분석의 도구를 가지고 파악해 볼 필요가 있다. 아래의 범주들은 직업을 구하는 이들에게 현실적이고 구체적인 도움을 줄 수 있을 것이다.

직업의 선택 요소

- **삶의 목표, 목적 및 소명, 일의 가치**: 원하는 업무가 자신의 꿈이나 야망, 신념, 목표와 얼마나 긴밀하게 연관되는 것인가, 그 업무를 통해 의미 있는 일을 하고 있다고 생각하는 것, 나아가 그것을 수행함으로써 세상이 좋아지고 있다고 느끼는 것 혹은 세상에 일조를 하고 있다고 느끼는 것과 관련이 있는 항목
- **산업**: 어느 산업군에서 취업하여 일할 것인가에 관한 항목으로 크게 제조, 유통, 금융, 서비스, 정보통신으로 분류할 수 있다.
- **일의 선호 영역**: 사람들과 일하기를 좋아하는지, 물건과 관련한 일을 좋아하는지, 정보 또는 아이디어를 내는 일을 더 좋아하는지에 대한 선호도
- **일의 책임, 권한, 역할**: 혼자서 근무하는 일을 선호하는지, 팀원으로서 일하는 것을 희망하는지에 대한 것, 관리하는 인원의 수, 관리 인원수에 따른 책임과 권한. 그리고 그것이 자신의 스킬, 성격과 열정과 얼마나 부합하는가의 정도
- **희망연봉**: 일을 함으로써 자신이 지급받는 연봉
- **지식, 경험, 기술**: 자신이 하는 일에 필요한 지식, 경험 및 기술의

보유 여부. 자신이 하는 일을 즐기고 그것을 잘할 수 있어야 한다. 그리고 그것을 함으로써 시간의 즐거움을 갖아야 하고 자신의 행동과 결과에 몰두해야 한다.

- **함께 일하고 싶은 사람들**: 의외로 중요한 항목. 알고 보면 모든 종류의 일들이 사람과 관련이 있고 능력보다 사람과의 관계에서 오는 문제가 큰 경우가 많다. 함께 일하고 싶은 사람들의 부류, 즉 나이, 같이 근무하고 싶은 기간, 회사의 지리적 위치에 따른 구성원의 특징, 회사의 분위기와 관련한 항목으로서 같이 일하는 사람과 잘 협조하고 서로가 서로에게 봉사할 수 있는 사람들일수록 직업의 만족도 역시 높아진다.
- **조직:** 도전할 수 있는 다양한 일을 주는 작은 조직에서 일하기를 원하는지, 또는 자신이 독립적으로 일할 수 있는 조직에서 일하기를 원하는지, 또는 잘 조직된 큰 조직에서 일하기를 원하는지 여부에 관한 항목
- **회사의 유형:** 대기업과 일반회사, 외국계 회사, 컨설팅 회사, 공무원, 중견기업과 중소기업 그리고 벤처기업 등, 자신이 일하고 싶은 회사의 유형
- **근무 조건**: 근무하는 회사의 위치, 출장을 가는 횟수, 근무하는 건물의 유형, 근무하는 사무실의 방향, 식당 위치, 오픈된 창문이 많은 사무실인지 또는 폐쇄된 사무실을 원하는지 등의 일하는 환경
- **회사 규모:** 규모가 작은 회사를 희망하는지, 큰 규모의 회사를 희망하는지. 내근직을 원하는지 외근직을 원하는지에 대한 구분
- **자신의 성장성:** 일을 통해 자신이 얼마나 성장할 수 있는지, 지식

이나 경험의 측면에서 성장 가능성이 얼마나 있는지에 관한 항목

- **경력개발의 잠재성:** 현재의 업무가 다음 경력의 주춧돌 역할을 할 수 있는지, 5년 후 확실한 계획을 가질 수 있는가 등에 대한 경력개발에 대한 속성
- **일의 역동성:** 일의 변화와 발전 그리고 새로운 기회와 그것이 주는 역동감이 있는가의 여부
- **살고 싶은 곳:** 한국 내에서 근무를 원하는지 외국에서 근무를 희망하는지, 추운 지방 혹은 더운 지방, 산악지대 또는 해변 지대와 같이 근무지역이 다양할 수 있으며 이 가운데 선호하는 근무 지역에 대한 선호도

〈직업의 선택 요소〉

NO	직업 선택 요소	비율	중요도		
			상	중	하
1	삶의 목표, 목적 및 소명, 일의 가치				
2	산업				
3	일의 선호 영역				
4	일의 책임, 권한, 역할				
5	희망여봉				
6	지식, 경험, 기술				
7	함께 일하고 싶은 사람들				
8	조직				
9	회사의 유형				
10	근무 조건				
11	회사 규모				
12	자신의 성장성				

NO	직업 선택 요소	비율	중요도		
			상	중	하
13	경력개발의 잠재성				
14	일의 역동성				
15	살고 싶은 곳				

자신의 역량을 분석한다

사람들은 의외로 여러 가지 이유에서 자신의 역량을 모르고 있는 경우가 많다. 기업이나 업무를 미리 정하지 말고 다양한 경험을 통해 자신의 취향이나 장점, 한계, 지향성, 능력 같은 것을 타진해 보아야 한다. 아래에 제시된 프로세스는 자신의 역량을 파악해 볼 수 있는 단계들이다. 이러한 범주들은 역량 파악의 중요한 도구들이므로 한번 과정을 따라 해 보는 것도 의미가 있을 것이다.

프로세스

- 지금까지 자신이 경험한 성공 스토리를 5개 정도를 작성해 본다.
- 성공 스토리에 담긴 자신의 스킬을 추출한다. 자신이 사람, 물질, 정보와 관련한 어떤 스킬에 강점이 있는지 파악한다.
- 자신의 취업 희망 직무를 선정한다.
- 취업을 희망하는 일을 서술해 보면서 그 일을 위해 필요한 스킬을 분석한다.

○ 자신의 성공 스토리에서 추출한 스킬과 취업희망 직무의 스킬을 매치(match)시켜 취업 희망직무의 우선순위를 설정한다.

○ 취업을 위해 부족한 스킬의 개발 계획을 수립한다.

Step 1. 자신의 성공 스토리 5개를 작성한다

성공 사례 이야기는 가족, 학교, 프로젝트, 동아리 활동, 자신의 역경 극복 등의 모든 분야를 선정하여 작성한다.

성공스토리 1	성공스토리 2	성공스토리 3	성공스토리 4	성공스토리 5

Step 2. 성공 사례에 담겨 있는 역량을 분석한다

역량은 사람 관련(people related) 스킬, 아이디어 관련(idea related) 스킬 그리고 사물 관련(things related) 스킬로 분류한다.[4)]

성공 사례 이야기에서 사람 관련 역량	1	2	3	4	5
착수하다, 발의한다, 주도한다, 리드한다, 선도자가 된다.					
상담하다, 해결안을 도출하다, 조언을 주다.					

• • •

4) *How to get a job you'll love*, 85page. John Lees. McGrawHill

이러한 스킬은 선생 / 교사, 사회복지사, 카운슬러, 트레이너, 영업, 인사 등에 적합하다.

성공 사례 이야기에서 아이디어와 정보 관련 역량	1	2	3	4	5
직감을 이용하다.					
창조하다, 혁신하다, 개발해내다, 만들어내다.					

아이디어 관련 스킬은 E-비즈니스, 마케팅, 예술, 작가, 사회정치가, 시스템 개발자에 적합하다.

정보 관련 스킬은 과학적 연구원, 사서, 감사, 기록보관담당관, 편집자, 연구원, 시스템 분석가 등에 적합하다.

성공 사례 이야기에서 사물 관련 역량	1	2	3	4	5
조정하다, 가속하다, 신속히 해내다.					
만들다, 생산하다, 제조하다.					
수선하다.					

이러한 스킬은 엔지니어, 기계기사, 자연보호 관리인, 수의사, 목수, 자동차 디자이너, 정원사 직무에게 적합한 스킬이다.

Step 3. 자신의 취업 희망 직무를 선정한다

- ◦ 자신이 지원할 취업 희망 직무를 선정한다.
- ◦ 희망 직무의 직무 요건(지식, 기술, 태도 / 가치관)을 파악한다.
- ◦ 자신이 보유한 성공 사례에서 찾은 스킬과 취업희망 직무의 스킬을 매치하여 우선순위를 설정한다.
- ◦ 취업을 위한 부족한 스킬의 개발 계획을 수립한다.

〈자신의 보유 역량 VS 지원할 직무의 역량 비교〉

자신의 성공 사례를 통해서 인지한 역량	자신이 지원할 직무의 역량
1	1
2	2
3	3
4	4
5	5

지원기업을 분석한다

Step 1. 필수 조건

지원할 회사의 요소로서 자신이 필수적으로 생각하는 요소를 설정한다. 그리고 그 조건에 부합하는 회사를 선정한다. 아래의 예는 산업, 기업유형, 기업 규모, 성장성 그리고 회사 위치가 회사 선택의 필수 요소로 선정하였다.

No	항목	선택
1	산업분류 IT / 제조 / 금융 / 유통 / 서비스 / 핀테크 / 바이오 / 모바일	1. 금융산업 2. IT산업
2	기업유형 대기업 / 중견기업 / 벤처기업 / 외국계 회사 / 공기업	1. 대기업 2. 벤처기업
3	기업 규모	1. 대기업: 10,000명 이상 2. 벤처기업: 1,000명 이상
4	성장성	연 10% 이상 성장하는 기업
5	회사 위치	서울 및 경기

Step 2. 지원 회사 분석

Step 1에서 선택된 회사들을 선정하여 회사를 평가한다. 그리고 자산이 지원할 회사의 우선순위를 정한다.

NO	항목	비중	A사	B사	C사
1	비전				
2	인재상				
3	조직문화				
4	최고 경영자(CEO)				
5	기업의 가치체계				
6	사회공헌(CSR)				
7	1등 제품				
8	경영 시스템				
9	교육				
10	인사제도				
11	커뮤니케이션				
12	연봉				
	Total	100%			

평가 점수: A=100, B=90, C=80, D=70, E=50

〈기업분석 사례 1〉 기업과 CEO의 인사경영 원칙: 이순신 장군의 사례

기업 분석에서 첫 번째로 해야 할 일은 기업의 CEO가 어떤 인물인지를 알아보는 것이다. 지도자로서 가져야 할 자질, 지도자의 성향과 원칙이 조직에 미치는 영향, 조직의 위기와 지도자의 역할을 알아보기 위해 이순신 장군을 둘러싼 몇몇 에피소드를 살펴보자. 이순신의 능력은 그 자신과 조선 수군의 능력이 합쳐진 것이었고 다른 말로 하면 조선 수군을 관리, 경영했던 이순신의 지도자로서의 능력이었을 것이다. 그가 갖고 있는 어떤 자질이 지도자로서의 능력으로 발현되었는지에 주목해서 살펴보자.

이순신이 실천한 인사관리 원칙의 가장 큰 특징은 학연, 지연, 혈연을 철저히 배격하는 데 있었으며 그가 진정으로 훌륭했던 것은 남의 청탁을 들어주지 않는 것뿐 아니라 본인조차도 그러한 자리를 피했다는 데 있다. 『이충무공행공록』에 있는 한 일화는 그의 인사 철학을 잘 보여준다.

이순신에 대해 "인사권을 총괄하는 이조판서 율곡이 그와 같은 종씨임을 알고 서애 유성룡을 통하여 만나보기를 청하였으나, 만나볼 수는 있겠으나 그가 이조판서로 있는 동안은 만날 수 없다며 거절했다."는 내용이 나온다. 이것이 특별한 이유는 이순신 장군과 유성룡의 관계에 있다. 이순신 장군에게 유성룡은 단순한 지인이 아니다. 이순신 장군은 과거에 여러 번 낙방하여 서른이 넘어서야 겨우 관직에 나갈 수 있었으나 조정에 별 연줄이 없는데다 역모에 관련된 조부로 인해 중요 관직에 등용이 어려웠다. 매번 좌절하는 이순신에게 용기를 주고 조언을 주고 한 직이나마 관직으로 이끈 인물이 바로 유성룡이다. 유성룡이 없는 이순신은 있을 수 없다고 해도 과언이 아니다. 그러한 유성룡의 율곡을 만나 달라는 부탁을 거절한 것은 이순신에게는 쉬운 일이 아니었다.

여기서 보다 주목해야 할 바는 유성룡이 율곡과 만나는 자리를 주선해서 이순신에게 조정의 끈을 만들어 주려 했음에도 이순신이 그 자리를 피했다는 사실이다. 이순신이 이조판서 율곡을 만나는 자리는 장군이 되기 전이었던 이순신에게 출세의 교두보를 마련할 수 있는 계기가 될 수 있었다. 예나 지금이나 인맥은 중요한 출세의 수단이다. 그 자리 자체를 거절한 것은 이순신의 처지나 그간의 정리로 볼 때 결코 쉬운 일이 아니었다. 그는 스스로 청탁하지 않음으로써 자신의 원칙을 세우고 조직의 규율을 만드는 지도자의 능력을 보여준 것이다. 이러한 이순신의 원칙과 처신은 부하들의 능력을 적재적소에 배치하는 공평한 인사로 이어지고 조선 수군의 사기를 높이는 결과를 낳고 그들을 똘똘 뭉치게 해서 훗날 임진왜란 내내 백전백승이라는 해전 역사에 길이 남을 역사적 행적의 토대가 된다.

청렴함과 공평함은 인사에서 핵심이다. 왜냐하면 공평과 청렴은 조직의 구성원을 제대로 평가하고 적합한 지위와 자리에 배치하여 역량을 극대화시키게 할 뿐만 아니라 조직의 불만을 최소화해서 단합과 협동의 힘을 극대화시키기 때문이다. 그러한 인사를 하는 경영자가 있는 조직은 잘 될 수밖에 없다. 이러한 이순신의 원칙은 입현무방立賢無方 즉, 인재를 등용함에 있어서 그 친소나 귀천에 구애받지 않는 것으로서 훗날 해전에서의 승리의 토대가 된다.

나아가 이순신의 인사경영의 핵심 노하우로 거론할 수 있는 특징은 놀랍게도 상대의 마음을 얻는 인간관계에 있었다. 그는 상대의 마음을 얻기 위해 마음의 편지를 썼다. 그는 조정과 전선으로 하루에 여남은 통 많게는 심지어 열네 통까지도 편지를 썼다고 한다. 편지를 통해서 그는 지금 자신이 처한 상황과 자신이 취한 행동이나 전략에 대한 설명, 필요로 하는 것들을 세세히 기술했다. 왜 그는 어찌 보면 구차스러워 보이기도 하는 그런 행위를 했을까? 편지를 쓰는 일은 일종의 인사경영 행위로서, 그는 편지를 통해 상대를 설득하는 경영을 했던 것이다.

뿐만 아니라 그는 거의 모든 일들을 일일이 기록으로 남겼다. 『난중일기』를 보면 심지어 고추장과 된장을 담그고 김장을 한 것까지 기록으로 남겼을 정도이다. 기록으로 남기는 행위는 투명성을 전제로 하는 것이다. 만약 숨기고 싶은 것이 있다면 그것은 기록이 되기 힘들다. 이순신 장군은 구구 절절한 설명과 해명, 그리고 투명한 행적을 기록으로 남겨 청렴하고 공명정대한 인사경영의 모범 사례를 구현했다. 이러한 인사경영은 그가 처형의 위기에서 그를 구해 주는 계기가 된다. 이순신이 사형의 위기에 처했을 때, 19년 선배인 정탁은 그를 신구차 구명에 나섰고, 정경달은 종사관으로 이순신과 1년밖에 인연이 없었으나 임금을 독대하여 구명을 발 벗고 나섰고, 명의 장수 진린은 포악하기 이를 데 없었으나 이순신에게 극존칭을 사용하며 존경했다. 또한 태종의 현손이며 청백리의 귀감인 도체찰사 이원익도 이순신을 구명하기에 이른다.

이순신 장군이 왜란으로부터 나라를 구했을 뿐만 아니라 세계 해전사에 남을 승리를 할 수 있었넌 토대는 조선 해군이 갖고 있는 역량에 대한 정확한 분석과 열세임에도 그것을 바탕으로 한 전략의 구사, 아래로는 청렴을 통한 공평무사, 위로는 지치지 않는 설득을 통한 경영이라 할 수 있다. 이 모든 것을 가능하게 한 근본적인 요인, 무엇보다도 인적,

물적 열세에도 불구하고 승리할 수 있었던 결정적 요인은 이순신 장군의 인사 경영, 바로 CEO 그 자체에 있다고 할 수 있다.

이 사례는 입사할 때 교훈을 주는 바, 반드시 지원회사 CEO의 인사철학을 살펴볼 필요가 있다. CEO의 인사철학은 회사의 분위기에 결정적이고 회사의 위기관리 능력을 예상해 볼 수 있게 하며, 궁극적으로는 본인의 장래에 영향을 끼치기 때문이다. 따라서 본인의 인사철학에 부합하는 회사를 찾는 것, 그러한 CEO와 함께 일하는 것은 입사에 있어서 점검해야 할 필수 사항이다.

〈기업분석 사례 2〉 기업의 가치체계

기업의 가치체계는 기업의 장래를 결정하는 중요한 요소 중의 하나이다. 이러한 가치체계는 최고 경영자 또는 오너로부터 나온다. 특히 우리나라와 같이 오너에 의한 경영체제가 많은 경우 최고 경영자는 대표이사인 CEO(Chief of Executive Officer)의 역할뿐만 아니라 최고 전략가인 CSO(Chief of Strategy Officer)의 역할을 동시에 갖고 있다. 이처럼 최고 경영자는 사업의 최고 전략가(Chief of Strategy Officer)와 윤리경영 체계를 수립하는 최고 책임자 자리에 있다. 그는 회사의 경영이념과 원칙을 설계하고 가치체계를 창조하는 일을 할 뿐만 아니라 그 가치체계를 준수하고 실천하는 역할도 함께 담당한다.

문제는 우리나라의 기업 발전이 경제개발 5개년 계획과 함께 성장하여 왔기 때문에 최고 경영자의 역할이 지나치게 비중이 크다는 데에 있다. 윤리 경영이나 체계적인 기업 발전 전략에 의한 기업의 성장보다는 최고 경영자를 중심으로 선진국을 빨리 따라잡기 위한 속도와 효율성이 더 중시되었다. 그 결과 기업은 전문 경영인에 의한 발전과 기업의 가치체계, 윤리 경영에 의한 발전보다는 정부의 특혜에 의한 기업 성장에 종속될 수밖에 없었고 해외 수주와 수출에 매달릴 수밖에 없게 되었다. 이러한 산업과 기업의 역사가 우리 경제를 과도하게 최고 경영자 중심 경제로 만들었다고 할 수 있다.

최고 경영자가 기업 경영에서 무소불위의 특권을 행사할 수밖에 없는 기업 구조는 한편으로는 빠른 결단과 집중적 투자를 가능하게 한 측면도 있지만 반면에 다른 한편으로는 기업의 위기관리 능력과 장기적으로 계획적인 발전 전략 수립을 어렵게도 하고 윤리경영의 가치를 폄하시키는 문제를 낳기도 한다. 대표적인 예로 들 수 있는 사례 가운데 하나가 대한항공 오너 2세에 의한 이른바 '땅콩 회항'이라 할 수 있다. 땅콩을 제공하는 방법을 둘러싸고 오너 2세가 승무원에게 폭력적 방법으로 불만을 표출하고, 불법적인 회항 사태를 감행하고 그 사태를 무마하기 위해 사람을 매수하고 은폐하려는 비윤리적 행위 등은 지금 우리 기업의 가치체계와 윤리경영은 어디 있는가를 되묻게 한다. 즉, 최고 경영자의 역할과 전략 및 윤리경영체계를 어떻게 균형있게 구축해야 하는가를 자문하게 된다. 그리고 이러한 기업의 가치체계는 그 조직의 성원에게 궁극적으로 영향을 미치게 되기 때문이다. 기업의 가치체계가 최고 경영자의 가치체계라 해도 과언이 아닌 상황에서 이러한 사태가 해당 기업의 사원에게 닥친다면 어떻게 행동을 해야 할까? 취업 준비생들은 어떠한 가치체계를 갖고 있는 회사를 선별하고 선택해야 할 것인가? 우리가 기업의 최고 경영자들로부터 윤리에 어긋나고 보편적 가치체계를 벗어난 지시를 받았을 경우에 어떻게 행동해야 하는 것인가? 자신의 양심과 윤리에 따른 결정을 해야 할 것인가, 아니면 가족을 위해 희생을 감수하고 조직의 부당한 결정에 순종해야 하는 것인가?

윤리적인 문제는 누구나 처한 상황이 다르기 때문에 서로 다른 답을 갖을 수 있는 것이 아니다. 그럼에도 우리가 이러한 문제에 대한 답을 구하기 위해 고민해야 하는 이유는 아직도 상당수의 기업에서 이러한 사례가 빈번하게 발생하고 있고 대부분 상식적 가치보다는 오너의 이익과 조직의 이익을 기준으로 문제를 해결하는 방향으로 결론을 내기 때문이다.

정의로운 사회는 힘이 강하고 승자만이 옳고 승리한 자만이 역사를 말할 권리가 있다가 아니라 보편타당한 진리가 수용되는 사회이다. 또한 기업도 그러한 가치체계가 확고한 회사가 직원 개개인의 존엄성이 존중되고 위대한 기업으로 발전할 수가 있다. 이것이 기업의 가치경영과 윤리경영의 핵심이라고 할 수 있다.

그래서 이러한 문제들이 자신과는 상관없는 일이거나 거리가 먼 이야기가 아니라 조직에 있는 이상 언젠가는 자신에게도 주어질 딜레마이기 때문에 사려 깊게 고민하고 있어야 하고 기업을 선택할 때에도 면밀하게 분석해야 할 것이다. 위대한 기업(great company)은 멀리 보면 인간을 위한 가치를 잘 실천하는 오너와 경영자가 있는 회사다. 취업이나 전직을 할 때 기업의 최고 경영자나 오너가 그 가치체계를 잘 준수하고 수행하고 있는지를 면밀하게 살펴볼 필요가 있다. 해당 기업의 역사와 가치관, 윤리 경영은 그 조직의 일원 하나하나의 미래를 결정하기 때문이다.

〈기업분석 사례 3〉 인사의 발전 단계

신입사원으로 입사할 때나 이직을 하는 경우 입사하는 회사나 전직하는 회사의 인사가 어느 정도의 수준인가를 평가해 볼 필요가 있다. 인사는 회사의 기업문화를 결정하는 가장 중요한 요소이기 때문이다. 이직을 해서 이직을 한 회사에 적응하지 못하는 경우도 기존에 자신이 재직한 회사보다 이직한 회사의 조직문화에 적응하지 못하기 때문인 경우가 많다. 그래서 신입사원으로 입사할 때나 이직을 할 때 기업의 인사의 수준은 어느 정도인가를 반드시 평가하여 더 발전한 인사 시스템을 갖고 있는 회사를 선택해야 한다.

기업의 인사의 발전단계를 인사 권한의 분권화 정도, 인재에 대한 관점, 성과관리의 실행, 노사관계에 따라서 5단계로 평가할 수 있다.

〈인사의 발전 단계〉

단계	카테고리	내용
1단계	인사 권한의 분권화	인사는 오직 CEO의 권한이며 불가침 영역이다.
	인재에 대한 관점	인재를 비용의 관점에서 판단하며 수탈의 대상으로 생각한다.
	인재에 대한 관점	분배와 성과의 개념이 없고 성과는 CEO의 몫이다.
	노사관계	노예와 주인의 노사관계 형태를 갖는다.
2단계	인사 권한의 분권화	인사가 독립되나 CEO의 관방으로서 역할을 수행한다.
	인재에 대한 관점	인재의 관점은 군신의 관계로 존재한다.
	인재에 대한 관점	노동의 결과에 대한 성과는 최고 경영자의 몫으로 성과는 직원과 공유되지 않는다. 성과에 대한 분배는 CEO의 권한이다.
	노사관계	신하와 임금, 주종의 노사관계 형태를 갖는다.

단계	카테고리	내용
3단계	인사 권한의 분권화	인사제도가 체계화되고 line manager가 일부의 인사 권한이 위양되고 분권화된다.
	인재에 대한 관점	인재를 육성하기 위한 인사제도가 체계화된다. CEO의 독단으로 해고가 실행된다.
	인재에 대한 관점	성과관리가 도입된다.
	노사관계	노사관계의 신뢰를 통해서 대등한 노사관계가 형성된다.
4단계	인사 권한의 분권화	사업부제도가 도입되고 인사의 권한이 사업부로 분권화된다.
	인재에 대한 관점	인재를 "human capital"로 생각한다. 명예퇴직 (Early Retirement Plan)등을 통해서 해고가 실행된다.
	인재에 대한 관점	이윤 분배(profit sharing), 이윤 인센티브(profit incentive), 영업 인센티브(sales incentive)등 다양한 성과관리 제도를 도입하여 실행한다.
	노사관계	상생의 노사관계가 형성된다.
5단계	인사 권한의 분권화	인사의 권한이 line manager에게 분권화되고 인사는 비즈니스 파트너로서 역할을 수행한다.
	인재에 대한 관점	수퍼급 인재를 채용, 육성한다.
	인재에 대한 관점	최고의 인재에게 최고의 성과로 보상한다.
	노사관계	발전적인 노사관계가 형성된다.

〈기업분석 사례 4〉 절대평가 인사제도를 갖고 있는 기업을 선택하라

산은 산이요, 물은 물이로다. 성철 스님의 법문이다. 산을 산으로 보는 것은 당연하고 물은 물로 보는 것은 당연한 이치이다. 눈은 자신이 내릴 자리에 내려서 다른 눈이 내릴 곳을 방해하지 않는다. 나무는 나무대로 꽃은 꽃대로 서로 간의 시샘이 없이 자신의 역할을 다한다. 다만 인간만이 서로 시샘하고 비교한다.

너무나 당연한 이치이지만 우리는 우리 자신을 잘 알고 있는가, 남을 있는 그대로 보고 있는가를 자문해 본다. 그 사람의 인품을 있는 그대로

가 아닌 그 사람의 명성, 권력, 돈에 의하여 평가하고 판단하는 경우가 많다. 그 사람의 본질을 보지 못하고 있는 것이다. 이러한 폐단은 우리가 상대적인 잣대에 의해서 남을 인식하게 교육을 받았기 때문이다. 학교 때는 상대 평가에 의해 학점을 받는다. 상대평가는 90점 이상이 전체 80%를 차지한다면 90점 모두가 다 A의 평가를 받지 못하는 제도이다. 점수가 높은 순위로 10%만이 A의 평가를 받을 수 있는 제도이다. 80점대라도 90점이 없다면 80점 중에서 높은 점수를 획득한 사람이 A를 받을 수 있는 제도이다. 따라서 상대평가는 자신이 90점 이상을 받는 것보다 내가 몇 등인가가 더 중요해 진다. 서로가 잘하기보다는 타인을 이겨야 하는 게임의 법칙이 적용된다. 따라서 우리는 이러한 상대평가의 구조 속에서 타인을 존중하기보다는 타인을 이겨야 자기가 살 수 있는 생존 능력을 개발하도록 교육받았다. 교육은 나의 본연의 역량이 뭔지를 파악하기보다 상대적으로 점수를 잘 받기 위한 기술을 습득하는 과정이 되었다.

그런데 사람은 사람마다 학습곡선이 다르다. 즉, 지식을 습득하는 속도에 차이가 있다. 따라서 교육의 진정한 목적은 사람마다 다른 학습 속도를 깨닫게 하는 것, 개개인이 도달할 수 있는 나름의 목표를 자각하게 하고 최선을 다할 수 있도록 동기부여를 하는데 있어야 한다. 그러나 불행하게도 우리는 동일한 시간에 동일한 학습능력을 발휘하도록 요구받고 평가받아 왔다. 그것이 공정한 제도이고 도달해야 할 최고의 선이다. 학습곡선의 차이는 인정되지 않고 같은 시간 같은 내용을 얼마나 잘 이해하고 점수를 잘 받느냐에 있다. 절대적인 자신의 능력의 성숙도는 인정되지 않는다. 만약에 이러한 환경에서 아인슈타인이 우리나라에서 교육받았다면 훌륭한 과학자가 되었을까? 아마 낙오자가 되었을 것이다.

이러한 게임의 법칙은 기업의 평가에서도 똑같이 적용되고 있다. 경제의 제일 원칙은 자원은 한정되어 있음으로 최소한의 투입으로 최대한의 결과를 만드는 효율성과 효과성의 추구이다. 이것은 조직에서도 똑같이 적용되어 누가 그리고 어느 조직이 상대적으로 우수한가를 비교하고 최대의 결과를 내도록 강요한다. 게임의 규칙이 공정성에 있기 때문이다.

그러나 이러한 효율성과 효과성을 극대화하는 상대평가는 바람직한가? 조직은 조직원들이 서로 다른 직급을 갖고 있다. 서로 다른 체급이 한 링에서 게임을 할 수 없듯이 서로 다른 직급을 같은 링에서 상대 평가로서 평가를 할 수 없는 이치이다. 그러한 규칙으로 상대평가는 결국 승진대상자를 선정하고 서로 평가를 나누어 먹는 왜곡된 방식으로 전락하게 된다. 그러한 규칙은 알게 모르게 협작되어 왔으며 공정성이 최선의 게임의 원칙인 상대평가로는 이러한 폐단이 개선되지 않는다.

지금까지 많은 회사들이 이러한 상대평가의 모순을 인식하고 상대평가의 평가제도에서 절대평가로 개선되어 왔지만 아직 많은 회사들은 상대평가의 평가를 고수하고 있다. 그리고 이러한 상대평가제도는 근본적으로 사람을 있는 그대로의 능력으로 평가할 수 없는 모순을 안고 있다.

인사의 목적은 사람을 보는 관점, 즉 사람을 어떻게 보는가에 있다. 사원이 단 한 가지일 뿐이라도 역량을 보유하고 있다면 그 역량을 인정하고 최고 수준으로 개발하여 그것을 사업화할 수 있는 회사가 위대한 회사이고(great company) 위대한 회사를 만드는 것은 그러한 사원을 발굴해낼 수 있는 인사시스템이다. 그러한 회사는 훌륭한 인재(great people)

을 보유할 자격이 있다. 그래서 상대평가의 인사제도를 갖고 있는 회사는 최고의 회사로 발전하기 어렵고 최고의 인재를 보유할 수 없다. 능력이 있는 사원들이 자신을 제대로 평가해주는 다른 회사로 이직할 수밖에 없기 때문이다. 그래서 최근 인사제도는 상대적으로 타인과 비교하는 평가제도가 아닌 그 사람만이 지닌 탤런트를 육성하는 쪽으로 평가시스템이 바뀌고 있다.

직원이 회사에 와서 어떤 일을 하든 어느 시간에 출근하든 자유로이 하는 회사 그래서 그 직원이 최고의 아이디어를 창출하여 사업하는 회사가 최고의 회사이며 그러한 방향으로 발전하고 있다.

우리는 어떤 회사에 재직하기를 원하는가, 어떤 회사로 이직하기를 원하는가? 사람을 사람으로 보고 산을 산으로 보는 회사, 그것을 인정해 주는 회사에서 누구나 근무하고 자신의 최고의 역량을 펼쳐보고 싶어 한다. 근무하고 싶은 회사, 이직하고 싶은 회사를 파악할 때 가장 중요한 조건은 인사를 잘하는 회사, 절대평가로써 직원을 평가하는 회사일 것이다. 이러한 회사로 전직하고 이러한 회사에 입사해야 할 것이다.

지원방법을 수립한다

회사에 지원하는 전략은 아래와 같이 5가지로 분류해 볼 수 있다.

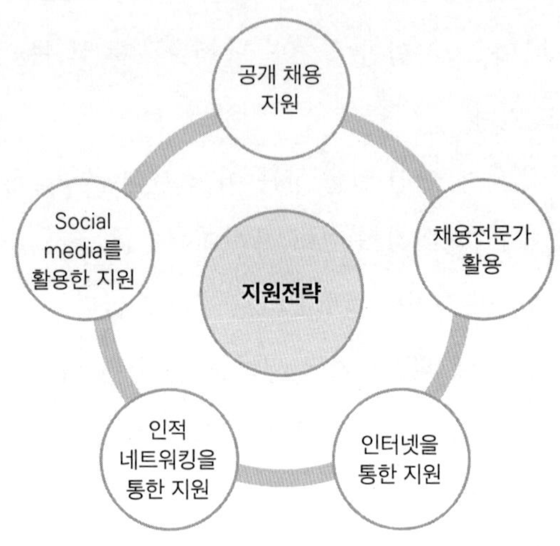

공개 채용에 지원하는 방법

- 가장 일반적인 지원 방법으로 구인 공고에 지원하는 방법이다.
- 지원을 하고자 하는 회사의 사이트를 방문하여 채용 포지션에 지원한다.
- 지원하여 탈락하는 경우 일정(1년) 기간 이내에 다시 지원할 수 없다.

채용 전문가 활용

- 서치펌(search firm)을 이용하는 방법이다. 경력사원 채용 시 기업에서 구인 방법으로 가장 많이 활용하는 방법이다.

- 서치펌과 헤드헌터는 그들의 전문 영역이 있다. 자신이 지원하려는 산업이나 직무에 전문 헤드헌터에게 경력을 조언을 받고 자신의 취업을 의뢰한다. 자신이 지원하고자 하는 회사를 고객으로 갖고 있는 헤드헌터를 만나는 게 중요하다.
- 헤드헌터와 좋은 신뢰관계를 구축하면 좋은 취업 기회를 제공받을 수 있으며 경력관리에 협조를 받을 수 있는 장점이 있다.

인터넷을 통한 지원

- 국내외 가장 영향력을 가진 온라인 사이트의 채용정보를 이용한 지원 방법이다.
- 해외 사이트로는 몬스터닷컴(www.monster.com), 국내 사이트는 고용정보 워크넷(www.work.go.kr) 등이 있다.
- 가장 영향력이 있거나 자신이 지원할 분야에 많은 채용정보를 갖고 있는 사이트를 선별하는 것이 좋다.
- 핫 잡스(www.hotjobs.com), 몬스터닷컴은 채용정보를 국가별 및 지역별로 자동으로 분류해 제공해 준다.

인적 네트워킹을 통한 지원

외국 회사, 벤처회사의 경우 많이 사용하는 지원 방법이다. 사내 채용제도을 통해서 회사의 채용 포지션이 오픈되면 회사의 직원의 추천을 통해서 지원을 받는다. 직원 추천에 의해서 입사하는 경우, 추천한 직원에게 인센티브를 지급한다. 회사채용 경비를 절약하는 이중의 효과가 있다.

국내의 한 조사결과에 의하면 첫 직장에 입사한 경로에 대해 조사한 결과, 공개채용이 가장 많았고 다음으로 수시채용과 지인 소개 및 헤드 헌터 등의 순으로 나타났다.

아래의 외국의 경우 채용공고에 의한 취업과 인적 네트워킹을 통한 지원이 거의 똑같은 비율로 나타났다. 회사의 정보는 그 회사의 재직하고 있는 사람들이 가장 정확한 정보를 갖고 있는 것처럼 그 회사나 해당 부서의 오픈 포지션은 그 부서의 사람이 가장 잘 알고 있다.

그러므로 구직 시 자신이 그 동안 쌓아놓은 인맥을 활용하면 취업이 성공할 확률이 많아지게 된다.

〈How people find jobs〉[5)]

Method	Men	Women
Reply to an advertisement	24.2%	31.6%
Hearing from someone who worked there	31.3%	25.3%
Direst application	14.1%	15.6%
Private employment agency or business	10.3%	9.4%
Job center	9.0%	7.3%
Some other way	10.7%	10.3%

인맥을 활용하는 방법으로는 자신이 관심이 있는 커뮤니티에 가입하여 꾸준한 활동을 통해서 인맥을 쌓거나 채용박람회와 취업설명회에 참가하여 인맥을 넓히는 방법 등이 있다.

···

5) 출처: John Lees, *How to get a job you'll love*, 2012 p.180

소셜 네트워크 미디어(Social network media)를 활용한 지원

최근의 가장 영향력이 있는 방법이다. 소셜 미디어의 활용 목적은, 상호 간의 교류, 온라인에서의 커뮤니케이션 등이다. 최근에는 자신이 원하는 접합한 사람을 찾기 위한 목적으로 더 많이 활용되고 있다.

소셜 미디어로는 다음과 같은 사이트가 있다.

- www.twitter.com
- www.twitjobsearch.com
- www.linkedin.com
- http://learn.linkedin.com/job-seekers
- www.facebook.com
- http://branchout.com
- www.beknown.com
- www.social-hore.com
- www.youtube.com
- www.123people.com

취업 로드맵을 설계한다

대학 졸업자가 정규직으로 첫 직장에 취업하는 데 소요되는 시간은 일반적으로 1년 내외이다. 취업을 하기 위해서 핵심적으로 해야 할 일은 희망직무 선택, 지원회사 선정, 이력서 작성과 면접이다. 이러한 취업 활동의 로드맵을 학년별로 설계해 보자.

〈학년별 취업 로드맵〉

구분	해야 할 일	1학년	2학년	3학년	4학년
취업	면접 준비				O
	이력서 작성				O
	희망업무 분석				O
	취업 관련 강의 수강				O
	인성 / 적성검사				O
	자신의 역량 분석				O
	취업전략 / 계획 수립				O
지원기업 및지원업무 탐색	지원회사 선배 등 인적 네트워크 형성			O	
	진로계획(공기업, 일반회사, 외국계 회사, 공무원)			O	
	취업 업무 탐색			O	
	지원기업 탐색			O	
	Linked 등 온라인 인적 네트워크 형성			O	
취업 관련 일	프로젝트 수행	O	O	O	
	아르바이트	O	O	O	
	인턴	O	O	O	
	직장 체험 프로그램 참여	O	O	O	
	취업 캠프 참가	O	O	O	
대내외 활동	동아리 활동	O	O		
	공모전 지원	O	O		
	배낭여행	O	O		
	취업 관련 커뮤니티 가입 및 활동			O	O
학습	독서	O	O	O	
	일본어, 중국어 등 제 2 외국어 학습	O	O	O	
	리더십 교육 수강			O	
	취업 준비 그룹 스터디			O	O
	자격증 취득		O	O	

구분	해야 할 일	1학년	2학년	3학년	4학년
봉사활동	해외 봉사활동	O	O	O	
	국내 봉사활동	O	O	O	
	학교 봉사활동	O	O	O	
비전 설계	비전설계, 목표설계	O	O	O	

스킬 인벤토리 시스템(Skill inventory system)을 설계하라

서류전형의 가장 중요한 평가요소는 자기소개서다. 자기소개서를 얼마나 잘 작성했는가에 따라서 서류전형의 합격과 불합격이 좌우된다고 해도 과언이 아니다. 그래서 자기소개서에 어떠한 내용이 담겨있는가가 서류전형의 중요한 평가요소이다. 이러한 자기소개서의 내용을 풍부하게 담기 위해서는 자기소개서에 담을 내용을 사전에 기획하고 그러한 데이터를 사전事前에 축적해야 가능하다. 어린 시절부터 입사하기 전까지 자신의 일관된 인생을 이끌었던 삶의 모티브, 자신을 자각하게 만든 계기들, 자신을 성공하게 했던 계기들, 실패로부터 배운 교훈들, 이러한 사건들의 데이터를 축적하고 응집하여 감동을 줄 수 있는 자기소개서로 연결되어야 한다. 특히 자기소개서에서 가장 중요한 내용은 대학생활에서 취업을 위한 취업활동이다. 이러한 대학생활을 자신만의 스킬 인벤토리(skill inventory)로서 작성하여 자기소개서의 중요한 콘텐츠로 활용해야 한다.

대학생활에서 활동들을 기록할 필요가 있다. 학과 과목에서 어떤 지식을 습득했는지, 아르바이트, 동아리 활동에서 어떤 스킬을 습득했는지를 기록해서 둔다면 추후 취업 시 이 활동을 이력서와 자기소개서의 콘텐츠로 활용할 수 있다.

아래의 표는 자기 소개서에 담기 위해 자신의 활동이나 경험들을 계획적으로 정리할 수 있도록 도움을 줄 것이다. 무작정 기술하거나 많은 것을 나열하는 방식은 설득력을 떨어뜨린다. 자신을 잘 소개하면서도 취업하고자 하는 회사와 직무에 걸맞은 자신의 능력을 잘 보여줄 수 있는 자기 소개서에 활용할 수 있는 스킬 인벤토리 시스템(skill inventory system)을 설계할 필요가 있다.

〈중요 사건 기록서〉

NO	중요 사건	중요한 교훈, 동기
1	자신의 윤리관	
2	자신의 인생관	
3	자신의 직업 선택 계기	
4	성공 사례	
5	실패 사례	
6	음악	
7	운동	
8	봉사활동	
9	수상 기록	

〈스킬 인벤토리〉

구분	활동	습득기술 / 지식	성공 스토리
학교교육	인사관리	◦ 노동법 ◦ 직무분석 ◦ 역량 모델링	
	조직행동		
	리더십		

구분	활동	습득기술 / 지식	성공 스토리
외부교육	직무분석		
	역량모델링		
	조직분석		
아르바이트	신입사원		
	서류정리		
	주방보조일		
인턴	○○은행 전표 관리		
프로젝트	직무분석		
	자료조사		
동아리활동	동아리활동		

대학 생활을 하면서 장래에 하고자 하는 일이나 분야를 정하고 그와 연관된 활동을 하는 것이 바람직하다. 이것을 잘 보여주는 몇몇 사례를 살펴보자.

아르바이트는 취업직무와 연관되고 목적이 있어야 한다

이랜드의 피자체인점 '피자몰' 대학로점에서 매니저로 일하는 김소영(金昭瑩 · 24) 씨는 남들이 취직하기 어렵다고 아우성치는 '지방대 출신 여성'이지만 대기업 공채를 무난히 통과했다. 충남대 식품공학과 98학번인 그녀는 비결을 묻자 "학점보다 경험"이라고 단언했다. "학점은 적정 수준만 유지했고, 영어 점수도 내세울 정도는 되지 않아요. 그러나 아르바이트를 많이 했고, 외국 나가서도 여행과 홈스테이(home stay) 등 다양한 경험을 쌓으려고 애썼어요. 동아리 활동도 열심히 해서 석 달마다 플루트 주자로 음악회에 꼭 참가했어요." 중요한 것은 이 다양한 활동에 일관된 '목적의식'이 있었다는 것이다. 아르바이트는 유명 호텔 음식료부에서 했다. 전공도 그렇지만 원래 취미가 있었던 일이 음식 상품 개발과 조리였기 때문이다. 호텔 조리장 밑에서 주방 보조 일을 하면서 조리 실무는 물론, 시스템과 조직 운영방식, 일하는 사람들의 마음가짐이나 정서 등도 배울 수 있었다. 김 씨는 "이런 경험은 대인관계에서 자신감을 갖게 해줬다"면서 "내가 경영자라도 여러 가지 경험이 많고 조직이 원하는 것을 알고 노력하려는 사람을 뽑고 싶을 것 같다"고 말했다. 김 씨는 2000년에 휴학을 하고 아르바이트로 번 돈으로 캐나다 연수를 떠나 홈스테이를 하면서 주인집 할머니에게 쇠고기 불고기, 볶음밥, 김치, 곰탕 등을 만들어 드리며 한국 음식에 대한 반응을 살폈다. 물론 시장과 음식점 등을 드나들며 캐나다 음식과 식재료 등이 어떻게 만들어지고 쓰이는지도 주의 깊게 살폈고, 여행도 많이 다녀 어떤 상황이 닥치더라도 헤쳐 나갈 수 있는 능력을 길렀다. 김 씨도 3학년 말 불안감이 느껴져 영어 학원을 다니기도 했다. 그리고 B학점 이상을 받기 위해 전공 공부도 열심히 했다. 김 씨는 "고등학교 때 대학에서 어떤 공부를 하는지도 모르고 무조건 학교 이름만 보고 진학하면 후회하듯이, 취직도 아무 목적 없이 그냥 하고 보자는 식으로 임하면 허둥대게만 된다."면서 "1, 2학년 때부터 내가 하고자 하는 일이 무엇인지에 대해 생각하고 공부와 취미활동, 아르바이트 등을 병행하는 게 바람직하다."고 말했다.

어학연수 때 친구 사귀며 '제2외국어'까지

KT 성남지사 데이터통신과에서 일하는 최현재(崔鉉宰 · 28) 씨는 학점과 어학점수를 잘 관리하는 취업의 정공법을 택한 경우다. 그러나 최 씨 역시도 학교 공부에만 매달리지 않고 필요하다고 생각한 공부를 흥미를 가지고 포기하지 않은 것이 성공의 요인이었다고 말했다. 부산 부경대 정보통신공학과 94학번인 그는 1학년을 마치고 군대에 다녀와 바로 복학하지 않고 호주 어학연수를 떠났다. 취업에 큰 스트레스를 받지 않던 시기였기 때문에 영어 점수를 높이는 데 굳이 신경 쓰지 않고 '놀겠다'는 생각으로 연수생활을 했다. 유럽, 동남아, 일본 등에서 그곳으로 연수 온 친구들을 많이 사귀어 견문을 넓혔고, 특히 일본인 친구들과 대화하기 위해 일본어 공부를 시작하게 돼 귀국 후에도 계속했다. 복학한 후 공부 양의 50%는 어학에 투자하겠다는 각오로 아침에는 영어 학원, 저녁에는 일어학원을 다녔다. 리포트 많이 내 주기로 유명한 과科여서 일주일에 8과목 모두 리포트를 써야 할 때도 있었지만 일정량의 어학공부를 하기로 한 결심을 포기하지 않았다. 일어 예 · 복습을 하고 있을 때 한 후배가 "쓸데없는 짓 하는 것 아니냐"고 비아냥거리기도 했지만 당장 발등에 불만 끈다고 잘 되는 게 아니라고 생각하며 버텼다. 그 결과 일본 친구와 전화로 자유롭게 대화하는 수준에까지 이르렀고 토익점수도 900점이 넘었다. 군입대 전 '매일 술 마시고 노느라' 시원치 않았던 학점도 복학 후엔 제대로 관리해 졸업 평균 학점을 우수한 수준으로 높였다. 4학년 1학기 때까지 졸업 이수 학점을 거의 다 채우고 2학기 때에는 한 과목만 들으면서 본격적인 취업 준비에 들어갔다. 취업 관련 사이트에 매일 들르며 정보를 수집하고 특히 관심 있는 회사 몇 군데를 정해 그 회사가 어떤 일을 하고 있고, 할 계획이며, 사람은 어떻게 뽑으려고 하는지를 관심 있게 살폈다. 그러나 취업 장벽이 호락호락하지는 않았다. 한 유명 대기업에서는 인터넷 입사지원 사이트에 접근할 수 있는 ID를 최 씨의 학교에는 주지 않아 응시 자체가 불가능하기도 했고, 또 다른 유명 대기업에서는 아예 서류전형에서 떨어뜨려 버리기도 했다. "한때는 '정말 안 되는 건가' 하는 절망감이 느껴지기도 했지만 낙관적으로 생각했습니다. 초조해 할수록 면접 때 조리 있게 말하기가 어려워지고, 자신감을 가져야 더 좋은 내 가치를 보여줄 수 있습니다." 최 씨는 서류전형을 통과한 모든 회사에 최종 합격했고, 가장 마지막에 응시한 KT를 직장으로 선택했다. 앞으로 어학 실력을 살려 해외 정보통신 영업통이 되고 싶다는 꿈을 키우고 있다. 최 씨 역시 "어학이 재미있었기 때문에 능률도 오르고 성과를 낼 수 있었지 취직을 위해 억지로 했다면 성과가 없었을 것"이라며 "1학년 때는 열심히 놀거나 하고 싶은 일을 해도 되고, 학년이 오르면 하고 싶고 재미있는 공부를 찾아 매진해 자신의 가치를 올려야 한다."고 충고했다.

방학 때 배낭여행 다니며 '건축 공부'

현대산업개발의 용산민자역사 공사 현장에서 기사로 일하고 있는 임수연(林秀娟 · 28) 씨 역시 "나 같은 인재를 뽑지 않으면 뽑지 않은 회사가 손해다."라는 당당한 자세로 좀처럼 여성이 진출하기 힘든 건설현장의 기사로 채용됐다. 부산대 건축공학과 95학번인 그녀는 졸업 후 보통의 같은 과 여학생들의 진로와 마찬가지로 설계사무소에 들어가 설계사로 일했다. 그러나 생각과는 달리 창의적인 것과는 거리가 먼 단순하고 기계적인 노동만 반복한다는 생각이 들어 대학원 진학을 결심했다. 석사학위를 받고 건설 현장에서 뛰고 싶다는 생각으로 대기업 계열 건설회사에 지원했지만 면접에서 번번이 고배를 마셨다. 최종 합격자 중에도 여자는 한두 명 찾아보기 힘들 정도여서 '정말 여자에게는 맞지 않는 길인가, 다른 길을 가야 하나' 하는 자괴감이 든 게 한두 번이 아니다. 그러나 마음을 고쳐먹었다. "자신감을 가져야 한다고 생각했어요. 내가 이러이러한 사람이고 이런 자질과 능력을 갖춰 이 회사에서 어떻게 일할 수 있다는 것을 제대로 보여주고 나오겠다. 그래도 싫다면 할 수 없다는 생각으로 면접에 임했죠. 그렇게 마음을 비우니 정말 당당해질 수 있었어요." 임 씨 역시 많은 학교 밖 경험을 가지고 있다. 선후배 모임에는 빠지지 않고 참석하는 등 적극적인 대인관계를 가졌고, YMCA에서 청소년 캠프 프로그램을 기획 · 인솔하는 등 봉사활동도 열심히 했다. 사진 동아리활동을 하면서 수십 권의 사진첩을 만들었고, 해외연수는 가지 않았지만 건축모형을 만들어주는 아르바이트로 모은 돈으로 방학 때 수시로 해외 배낭여행을 다녔다. 여행지는 일본 후쿠오카의 캐널시티, 인도의 타지마할, 홍콩의 마천루 등 뛰어난 건축물을 보면서 견문을 넓힐 수 있는 곳을 택했다. 임 씨는 "중요한 것은 적극성과 자신감"이라며 "학교 공부도 열심히 하되 다양한 경험을 통해 상품가치를 높여야 한다."고 말했다.

현장실습을 취업으로 연결시켜라[6)]

학교 밖 사회에서 얻을 수 있는 여러 가지 사회 경험 기회를 놓치지 않고 취업으로 연결시키는 것도 중요한 방법 중 하나다. 한화유통 생식품팀 바이어 김혜선(金惠宣 · 24)씨는 대학 4학년 때 나갔던 현장실습을 취업으로 연결시킨 케이스. 성공회대 유통정보학과 98학번으로 어학연수도 나가본 경험이 없는 그녀는 "취직을 포기했었습니다."라고 말할 만큼

• • •

6) 출처: 주간조선, 취업이 보인다

여러 '불리한 조건'을 극복하고 취직할 자신이 없었다. 그러나 한화유통의 면접날 그녀는 면접관 여섯 명 중 다섯 명이나 아는 얼굴이어서 붙을 수도 있겠다는 생각이 들었다. 4학년 때 한화유통에 실습을 나갔을 때 워낙 '당돌하게' 행동해 자신을 기억하는 임원들이 많았던 것이다. 그녀는 실습은 나갔지만 이 회사와 인연은 이것으로 끝이라고 생각하고 있다가 어느 날 아침 조회 시간에 점장이 앞에 나와 근무하면서 느낀 것을 말해 보라고 해 느낀 점을 그대로 말했다. "회사가 직원 복지에 너무 인색하다는 것을 지적했습니다. 휴게실 문제도 그렇고, 30여 명 직원들이 반색이 되더군요. 다음에는 직원들이 불친절하다는 것을 솔직히 얘기했어요. 그때는 점장님 얼굴에 웃음이 걸렸고, 반대로 직원들은 얼굴이 굳어지더군요. 솔직히 두 번 다시 볼일이 없을 것이라 생각해 말을 함부로 한 측면이 있었습니다." 그녀의 당돌함은 직원들에게 좋은 반응을 얻었다. 해당 점원들은 그녀에게 '여사장'이란 별명을 붙였다. 여사장은 건방지게 군 것만은 아니었다. 먹을 것을 싸들고 가 야채나 청과를 다듬는 아주머니들과 나눠 먹으며 이야기를 나누는 자상함도 있었다. 실습할 때 만났던 사람들과 지금도 연락을 해 만날 정도로 끈끈한 관계를 유지하고 있다. 사장은 실습 마지막 날 만나 얼굴이 익었고, 그녀가 일한 두 군데 점장이 상무로 면접에 들어왔다. "또 한 이사 분은 산학 협동 과정의 일환으로 학교에 와서 한 번 세미나를 주관하신 분이었습니다. 궁금한 것이 있어서 나중에 두세 번 메일을 보내 질문을 드렸습니다. 그분이 제 이름과 얼굴을 기억하시더군요."

기업의 채용 프로세스를 이해한다

기업의 채용 프로세스를 파악한다

지원자는 지원하는 기업의 채용제도를 잘 알수록 취업에 유리하다. 지원자가 해당 기업에서 요구하는 바를 미리 준비하여 자신에게 유리한 기업을 선택하여 지원을 할 수 있기 때문이다. 기업의 채용제도 뿐만 아니라 그 기업의 비전과 비지니스도 분석해야 한다. 장기적인 측면에서 볼 때 기업에 취업한다는 것은 '밥벌이'를 넘어서 삶의 이념을 펼치는 것을 의미하기 때문이다.

기업의 입장에서 '채용'이 갖는 일차적 의미는 필요한 노동력의 조달이다. 나아가 기업은 채용을 통해서 자사의 경영목표 달성과 경영이념을 실현하려는 목적을 갖고 있다. 따라서 채용제도에는 기업의 경영목표를 달성할 수 있는 인재이면서도 자사의 경영이념을 공유할 수 있는 인재를 선별하고자 하는 전략이 담겨 있다. 지원자는 취업하고자 하는 기업의 채용제도 뿐만 아니라 경영이념과 인재상, 인사제도 등을 면밀히 검토하고 기업의 그러한 경영 이념이 자신의 역량이나 삶의 철학과 부합하는지를 고민해 보아야 한다.

아래는 취업을 위해 지원자가 파악해야 할 기업의 전반적인 사항과 채용제도와 관련한 기업의 채용 프로세스를 표로 정리한 것이다.

〈기업의 채용 프로세스〉

No	프로세스	내용	파악할 사항
1	회사 비전	○ 회사의 존재 이유 ○ 궁극적인 꿈 ○ 실현해야 할 이상	○ 자신의 이상과 비교 ○ 자신의 비전과 부합하는 산업과 회사 선택 ○ 자신의 비전을 기술해 보고 부합하는 회사를 선택한다.
2	윤리경영	○ 회사의 사회적 책임 ○ 고객에 대한 윤리경영	○ 자신의 윤리관과 가치관과의 부합 여부 ○ 윤리적인 문제가 이슈화가 된 사례 파악. 그러한 문제해결 방법
3	인재상	○ 회사가 원하는 직원의 바람직한 인재 모델	○ 자신의 인재상과 비교 ○ 자신의 미래상과 비교 ○ 자신의 적성, 성품과 비교
4	회사의 목표와 장단기과제	○ 회사의 장 / 단기 목표 ○ 성장 엔지 ○ 지속 경영, 지속성장 전략	○ 기술개발 및 투자 여부 ○ 세계적인 상품과 기술력 확보여부 ○ 자신의 핵심역량과의 부합 여부
5	인재전략	○ 인재 확보와 육성 전략 ○ CEO의 인재유치 활동	○ 인재를 위한 투자와 핵심인재 확보전략 파악 ○ 자신의 역량 분석 ○ 캠퍼스 투어(campus tour)에 참여
6	채용전략	○ 회사 성장률 분석 ○ 장단기, 연도별 수급 인원수 분석: 퇴사인원, 적정인력, 채용 인원 산정 ○ 채용전략 수립	○ 연도별 지원 회사의 채용 인원수 파악 ○ 고용 안정성 분석 ○ 회사 성장률 분석 ○ 명예퇴직 이력
7	채용계획 및 채용도구 설계	○ 채용방법, 채용 프로세스, 채용 도구 설계: 서류전형 방법 및 평가방법, 면접 방법, 면접절차 및 평가방법, ○ 채용비용 계획	○ 회사별 채용 방법, 채용 도구 분석 ○ 자신에게 유리한 채용 방법의 회사 선택
8	면접 및 평가방법 상세설계	○ 면접 평가요소 ○ 면접표의 구성 ○ 면접위원 구성 ○ 면접위원 교육 ○ 면접질문서 개발	○ 지원기업별 면접 평가요소 파악 ○ 합격 가능성 여부 판단 ○ 면접 계획
9	채용의 유효성 검증	○ 채용인원의 우수성 평가 ○ 채용도구의 적정성 평가 ○ 채용 비용의 적정성 평가	○ 이직율

〈지원서 작성 시 비전에 대한 사례 연구〉 자기만의 장점을 부각시켜라[7)]

미아리 신세계백화점 경리팀에서 일하는 문인호(文仁豪 · 29) 씨는 막노동, 패스트푸드점 점원, 사무보조원, 관공서 보조원 등 다양한 아르바이트 경력을 갖고 있다. 아주대 경영학과 93학번인 그는 2000년 가을 신세계 공채에 응시했다가 떨어진 후 다른 직장을 다니다가 2001년 초에 다시 응시해 합격한 이른바 '취업 재수생'이다. 그 사이에 '이름만 들으면 멋있어 보이는' 다른 직장에 다녔지만 적성에 맞지 않아 그만뒀다. "첫 직장을 그만둘 때 두렵지 않았느냐는 얘기도 많이 들었는데 실상 두렵지 않았다."면서 "처음 취직을 하려 할 때 10여 군데 원서를 넣어 딱 한 군데에만 합격이 될 정도로 잘 풀리지 않아 걱정도 많았지만 '내가 무슨 일인들 못하겠느냐'고 생각하자 일이 더 잘 풀렸다."고 말했다. 문 씨는 학점이나 영어점수 모두 내세울 정도가 되지 못한 수준이다. 그러나 그는 "영어공부를 열심히 하는 것도 좋지만 어중간한 수준에 머무를 바에야 그쪽에만 매달릴 필요가 없다"면서 "자기가 내세울 수 있는 장점을 부각시키는 게 좋다."고 말했다. 자격증을 따는 것도 좋지만 '이것만 있으면 취직할 수 있다'는 생각으로 매달리는 것은 무모한 일이며 자격증이 아니더라도 자신이 독특하게 연구한 리포트라도 첨부하면 예기치 않게 좋은 결과를 가져올 수도 있다고 지적했다. 예를 들어 '윤리 경영'을 내세우는 신세계의 경우, 사람들이 가장 좋아하는 좌우명, 신조 등에 대해 조사한 자료를 자기소개서와 함께 첨부하는 것 등도 최종결정권자에게 좋은 인상을 줄 수 있지 않겠느냐는 것이다. 그는 "학점은 좋지만 평

• • •

7) 출처: 주간조선, 취업이 보인다

이하고 자기를 특별히 내세울 게 없는 친구, 자기 PR의 준비를 하지 못한 친구들이 원하는 직장에 잘 취업하지 못하는 것 같다."고 말했다.

채용의 평가요소를 파악한다

취업에 성공하기 위해서는 기업이 채용 시 평가요소는 무엇인가를 명확히 파악하고 그에 맞는 취업전략을 수립하고 실행해야 한다. 조사에 의하면 구직자가 생각하는 채용의 평가요소와 기업의 평가요소는 차이가 있었다. 기업이 지원자를 평가하는 요소는 인성, 직무 역량을 중시하는데 비해서 구직자는 어학점수, 입사시험 점수를 중요시한다. 이것은 구직자가 채용에서 기업의 평가요소를 잘 모르고 있음을 보여주는 결과이다. 취업에 성공하기 위해서는 기업의 채용 프로세스와 평가요소가 무엇인가를 정확히 알고 그 요소에 맞는 지원전략을 수립하는 것이 중요하다.

〈채용 인식 조사〉[8)]

기업

순위	항목
1	인성 및 태도
2	직무 역량
3	조직적합성
4	직무 및 전공 관련 자격과 출신 전공

구직자

순위	항목
1	어학점수
2	입사시험점수
3	출신학교
4	공모전 입상경험 등 스펙 쌓기

...

8) 출처: 한국고용정보원, 워크넷 회원과 구인기업을 대상으로 한 채용 인식 조사(2014년 4월)

○ **서류전형 기준**

신입사원의 주요한 채용 프로세스는 서류전형, 인적성 검사 그리고 면접이다.

서류전형은 주로 지원자의 학력, 학점, 전공 성적, 외국어 성적, 성별, 군필 여부, 신체정보, 자원봉사 활동, 자격증 보유, 응모전의 입상 등을 기재한다. 면접인원의 몇 배수를 기준으로 커트라인(cut line)을 설정한다. 보통 채용인원의 2~3배수 정도로 전형을 하며 학교, 학점이 가장 중요한 평가요소이다. 수상, 자원봉사 등은 보통 가점의 요소가 된다. 그러므로 취업을 위해서 외국어 점수, 응모전 수상 등 가점의 요소에 스펙 쌓기에 열중하는 것은 잘못된 접근이다. 서류전형은 일정 점수가 넘으면 통과하는데 몇 점을 더 받기 위해 과도한 정력을 낭비할 필요가 없는 것이다.

〈서류전형 평가요소〉

구분	평가요소	평가방법
정량적 평가요소	학교 학점 / 전공 어학 자격증 수상경력	학교서열화 점수 학점별 백분율 TOEIC / TOEFL 직무의 필요 자격증(예: CPA, CFA) 가점
정성적 평가요소	직무경험 공통요건	자기소개서상 직무 관련 경험(아르바이트, 프로젝트, 인턴 경험) 지속적인 개선, 상호존중, 의사소통, 윤리의식

○ **인적성 검사**

서류전형에서 통과하면 인적성 검사을 보게 된다. 최근 기업들은 장기간 누적된 채용 정보를 바탕으로 자체 인적성 검사를 개발하여 채용

시험에 적용하고 있다. 자체 개발할 만큼이나 채용의 관문에서 중요한 평가요소가 된 것이 인적성 검사이다. 대표적인 예가 삼성 그룹의 SSAT 적성 검사인데 고시라고 불리면서 통과를 위해 특별 과외가 생길 정도로 인적성 검사의 비중이 높아졌다.

인적성 검사를 통과하기 위해서 가장 중요한 일은 근본적인 것, 즉 적성에 맞는 회사와 직무를 파악하는 것이다. 회사와 업무를 잘 선택하는 것이 과외보다 적성 검사 통과율을 높이는 비법이다.

멀리 보면 적성에 맞는 직업, 회사, 업무는 직장에 대한 만족도와 자기계발의 가능성도 높인다. 많은 장애물과 불만이 예기치 않게 튀어 나오곤 하는 직장 생활에서 그 모든 것을 견디고 극복할 수 있게 해주는 것은 '적성'과 '자신만의 목표'이기 때문이다. 아무리 어렵게 들어간 직장일지라도 본인의 적성과 맞지 않는다면 그 회사에 장기 근속할 확률은 높지 않다. 신입사원의 25%가 1년 내에 퇴사한다는 통계 자료는 본인의 적성에 적합한 직무에 지원하는 것이 얼마나 중요한지를 보여 주고 있다.

○ 면접의 평가요소

기업의 실제 분석에 의하면 회사에서 직원의 업무성과는 그 직무를 수행하는 직무요건 및 공통요건과 유의한 높은 상관관계를 보였다. 업무성과가 높은 사람(일 잘하는 사람)이 직무 요건 및 공통요건에서도 좋은 평가를 받고 있음을 의미한다. 그러므로 취업을 준비할 때 그 회사가 원하는 공통요건이 무엇인지, 그리고 자신이 지원하는 직무의 요건이 무엇인지를 파악하고 그러한 스킬을 자신이 얼마나 갖고 있는지를 인식하고 부족한 면을 보완해 나가는 것이 취업전략의 첫째 목표가 되어야 한다.

그리고 학점이나 TOEIC점수는 업무 수행 결과와 관계가 미약하다. 오히려 팀워크와는 부정적 상관관계를 나타내고 있어 학점이나 TOEIC 점수가 높을수록 팀워크에서는 좋지 않은 경향을 보이는 것으로 나타났다. 그러므로 취업 시 어학에 지나치게 치중하여 어학점수를 높이는 것은 잘못된 취업전략이다. 서류합격을 위한 수준 정도의 어학 실력을 목표로 하는 것이 바람직한 취업전략이다.

다음으로 인적성 검사는 업무성과 및 직무요건 점수와 상관관계가 높다. 이것은 인적성 검사가 업무성과를 잘 예측하는 것을 의미한다. 특히 업무성과, 직무요건 및 공통요건 점수의 상위에 속하는 집단의 인적성 검사 점수가 하위에 속하는 집단의 검사 점수보다 훨씬 높은데 이 같은 결과는 인적성 검사가 업무수행과 깊은 상관관계를 나타내고 있다는 사실을 말해 준다.

이상의 분석결과를 종합하면 바람직한 취업 준비 전략은 아래와 같이 요약할 수 있다.

- ㅇ 지원한 직무의 필요역량을 분석한다.
- ㅇ 지원한 직무에 대한 자신의 역량을 파악한다.
- ㅇ 지원 회사의 공통 역량과 자신의 역량을 분석하고 취업전략을 수립한다.

목표관리 시스템 수립

모든 존재하는 것은 존재하는 목적이 있다. 그리고 그 목적을 달성하기 위한 도구가 목표관리이다. 목표가 있는 삶은 보람찬 생활이며 목표가 없는 삶은 허망하거나 영혼이 없는 삶이다. 그래서 자신의 비전을 설정하고 장단기 목표를 설계하고 그것을 달성하도록 노력하는 것이 중요하다.

기업은 비전을 달성하기 위해서 직원에게 목표를 부여하고 각자의 목표를 달성하고 직원들의 목표가 회사의 비전에 수렴되도록 하는 목표관리 시스템을 구현한다. 이러한 목표관리 시스템으로 BSC(Balanced Score Card)는 Kaplan과 Norton이 개발한 목표관리 제도이다. 일명 균형 잡힌 성과관리 체계로써 회사의 목표관리를 Learning&Growth(직원의 교육과 성장 관점), Internal Perspective(내부 프로세스 개선 관점), Customer Perspective(고객 관점) 그리고 Financial Perspective(재무적 관점)에서 관리한다. 이것은 회사의 목표가 매출과 이익의 단기적인 목표를 벗어나 장기적인 측면으로 직원이 교육과 성장을 도모하고 내부의 프로세스를 개선하여 직원의 사기를 진작하여 고객의 만족을 가져다줌으로써 이러한 결과가 회사의 재무적인 결과(Financial Perspective)를 가져다준다는 가치체계에 기반을 둔 목표관리 제도이다. 이러한 성과관리 체계는 회사가 단기적인 매출과 수익구조에 집착하지 않도록 하고 회사의 목표를 균형잡힌 관점에서 성과관리를 할 수 있다는 장점이 있다.

이러한 BSC체계는 회사의 목표 관리체계로 활용할 수 있을 뿐 아니라 개인의 목적을 달성하기 위한 목표관리 시스템으로 활용할 수 있다.

BSC 성과관리 시스템

- BSC(Balanced Score Card)는 Kaplan과 Norton이 개발한 균형 잡힌 성과관리 체계이다.
- 직원의 교육과 성장 관점(Learning&Growth Perspective), 내부 프로세스 개선 관점(Internal Perspective), 고객 관점(Customer Perspective), 재무적 관

점(Financial Perspective)에서 균형 잡힌 성과관리 체계를 설계할 수 있다.

○ 각각의 지표들이 서로 간에 어떻게 연결되어 있으며 최종 목표에 수렴하는 성과지표 KPI(Key Performance Index) 중에서 첫째 동인(key driver)을 파악하여 성과와 혁신을 창조하는 목표관리를 할 수 있다는 데 있다.

그러면 BSC를 활용하여 자신의 10년 후의 목표를 설계해 보자.

〈예제〉 BSC에 의한 목표관리 설계

Financial perspective

- KPI: 연봉 1억, 저축 3억, 부동산 30평 아파트
- CSF: 균형잡힌 성과관리
- Initiative: 평가 A이상, 직급 부장이상, 공인노무사 자격증

Customer perspective

- KPI: 가족간 대화시간, 친구의 수, 리더십 지수, 갈등횟수
- CSF: 원만한 인간관계
- Initiative: 친밀한 가장,가족과의 대화, 갈등의 원인 해소

Internal Process

- KPI: 음주, 흡연, 예절, 습관, 운동량
- CSF: Thinking system개선
- Initiative: 철학, 윤리, 종교생활 및 관련 서적 100권 이상 독서, 인성, 리더십, 자원봉사 등

Learning&Growth

- KPI: 학점, 전공 학점, 외국어 speaking능력, 직무능력, 인턴 경험, 독서량
- CSF: 직무관련자기계발/교육계획 수립,외국회사로 이직기회 확장, 공인노무사 개업
- Initiative: 공인노무사 자격증 획득

KPI: Key Performance Index
CSF: Critical Success Factor

여기에서 4가지 관점을 잘 살펴보면 4가지 관점이 서로 연결고리가 형성되어 있음을 발견할 수 있다. 궁극적으로 재무적인(Financial perspective)목표를 달성하기 위해서 가장 선행적 요소를 도출해내야 한다. 그것은 주로 내부 프로세스(Internal perspective)의 요소를 개선함으로써 고객이 나에 대한 관점을 개선할 수 있고 그래서 그것이 나의 재무적인 목표를 달성할 수 있다는 것이다.

이러한 목표관리 시스템을 활용하여 자신의 취업 목표를 설계하고 취업 목표를 달성하는데 가장 중요한 요소를 찾아냄으로써 목표를 보다 효율적으로 달성할 수 있는 방법을 찾을 수 있다.

회사에서의 성공은 궁극적으로 승진과 만족할만한 보상과 결부된다. 이를 위해서 자신은 어떤 회사에 가치를 두고 있는가, 그것을 위해서 자신은 어떤 교육이 필요하며, 자신의 습관, 버릇, 건강을 개선할 것인가에 대한 내부 프로세스 개선을 계획하고 자신의 대인관계를 성숙시켜 나갈 것인가를 분석하고 계획한다. 이러한 결과는 결국 자신이 금전적인 보상을 획득하고 회사 생활을 성공으로 이끌고 긍정적이고 목표가 있는 삶으로 이끌 것이다.

또한 BSC를 활용하여 회사 이직 시 재직 하고 있는 회사와 이직하려는 회사 간의 평가에 활용할 수 있다. 우선 내가 회사의 생활에 성공하기 위하여 회사에 대해서 내가 중요시하게 생각하는 나의 가치체계를 만들고 이를 평가한다. 그렇게 함으로써 회사가 자신에게 주는 가치를 올바르게 평가하여 목표를 가질 수 있기 때문이다.

회사에 대한 가치체계 요소는 다음과 같다.

회사의 비전, 회사의 산업, 조직문화, 회사의 규모, 성장성, 안정성,

안전성, 연봉, 스톡옵션(stock option), 정년, 복리후생, 출퇴근 거리, 회사가 제공하는 경력관리와 교육, 직무요소 및 적합성, 승진, 윤리성 등이다. 이러한 요소들을 도출하고 자신에게 가장 가치를 주는 요소에 대해서 우선순위를 선정하여 평가할 수 있다. 이러한 평가를 통해서 자신이 재직하고 있는 회사에 대한 가치를 평가한다. 그리고 전직하려고 하는 회사를 또한 비교 평가함으로써 회사의 상호 간 가치를 비교 평가할 수 있다. 그럼으로써 장기적인 자신의 경력관리의 로드맵을 설계하여 자신의 목표가 있는 직장생활을 설계할 수 있다.

다음으로 회사의 가치 평가가 이루어졌다면 내가 미흡한 요소는 무엇이며 이러한 미흡한 요소를 어떻게 개발할 것인가를 설계한다. 이러한 설계는 앞서 제시한 BSC의 균형 잡힌 4가지 요소로 자신의 목표관리 체계를 설계한다.

연구 과제

1. 주도적인 취업전략을 위해서 자신이 변화해야 할 행동은 무엇인가?
2. 자신이 취업을 포기하지 않기 위한 원칙을 수립해 보자.
3. 자신의 직업에 대한 소명의식이 무엇인지 기술해 보자.
4. 자신의 직업의 선택 요소를 파악하고 중요한 순으로 정리해 보자.
5. 앞으로 10년 후의 자신의 목표를 BSC 모델로 설계해 보자.
6. 자신은 어떤 스킬과 지식을 갖고 있는지 스킬 맵(skill map)과 스킬 인벤토리(skill inventory)를 설계하고 자신이 원하는 직업을 설계해 보자.
7. 대학 생활에 어떤 활동을 했는지 학년별로 정리해 보자. 그 활동들에서 어떤 지식, 기술을 습득했는지 정리해 보자. 그리고 자신이 희망하는 직업에 필요한 역량(지식, 기술)을 분석해 보자. 자신의 희망하는 직업과 대학 생활에서의 활동에서 습득한 역량의 매트릭스(matrix)를 설계해서 필요한 역량에 대한 계획을 수립하자.

+

Chapter 2

이력서와 자기소개서 작성

+

01 + 기업의 채용전략 변화

성공적으로 취업을 하기 위해서는 기업의 채용전략의 변화를 면밀히 분석하여 그에 맞는 입사 지원전략을 수립해야 한다.

최근 기업의 채용전략에 있어서 뚜렷한 변화는 무엇보다도 직무 중심의 채용이다. 직무 중심의 채용은 한마디로 "Right people in right place."로 요약할 수 있다.

Right people이란 회사의 인재상에 부합하며 끈질긴 승부근성과 열정을 바탕으로 성과 창출에 열정적인 인재를 의미한다. 또한 목표를 달성하기 위해 어떠한 어려움도 두려워하지 않고 강한 실행력으로 문제를 해결하며 글로벌 감각을 지닌 인재이다. 또한 해당 직무에 완벽히 부합하는 전문지식과 기술을 지닌 인재이다.

그리고 Right place란 포지션(position)을 의미한다. 수행하는 업무 또는 채용할 때는 공석(vacant position)의 의미로 이해할 수 있다.

그러므로 채용전략에서의 "Right people in right place"는 채용 직무가 요구하는 자격 요건을 갖고 있는 인재의 채용을 의미한다.

이러한 채용전략의 변화는 경영환경의 급속한 변화에서 기인한다. 경영환경에서 가장 중요한 요소는 속도로 기업이 인재를 채용하면 현업에서 바로 성과를 내 주기를 바라며 신입 사원도 직무별 전문 지식과 기술을 겸비한 전문가를 채용하기를 원한다. 그래서 과거의 채용방식이 신입사원은 제너럴리스트(generalist)를 채용하여 회사의 육성개발 계획에 따라서 전문가(specialist)를 육성하는 전략이었다면 최근의 채용전략은 신입사원 채용부터 직무에 적합한 역량을 보유한 'Right people', 즉 직무의 전문가를 채용하는 것이다.

따라서 지원자는 이러한 기업의 채용전략의 변화를 정확히 이해하고 자신이 지원하는 직무의 지식과 기술을 명확히 파악하고 직무가 요구하는 역량에 대해서 자신이 그 역량을 어떻게 보유하고 있는가를 이력서와 자기소개서에 기술해야 한다.

그리고 이러한 채용전략의 변화는 대표적으로 삼성그룹에서 찾을 수 있다. 삼성그룹은 SSAT를 폐지하고 서류전형에서 직무 역량을 평가하고 공학 인증제 등 검증제도를 채택하는 등 최근에 신입사원 채용제도를 변경했다. 엔지니어링 직군과 테크니션 직군은 공학인증제도를 도입하여 역량을 평가하고 소프트웨어 직군에서는 소프트웨어 검정제도로 직무 역량을 평가하도록 했다. 그리고 영업이나 경영지원 직군에 대해서는 업무 관련 강점을 보여주는 에세이로 평가한다. 이는 전문화, 세분화되는 직무를 수행할 지원자를 심층적이고 종합적으로 검증하기 위해 서류전형에서 직무에 대한 역량평가를 강화한 것이다.

그리고 입사 지원서도 기존의 스펙 중심에서 직무 경험을 중시하는 양식으로 변화했다. 기존의 이력서에서 주민등록번호, 사진, 주소, 수상경력, 어학연수, 인턴 등의 개인 신상정보를 기재하는 칸을 없애고 자기소개서에 지원 직무에 대한 자신의 스킬과 경험을 중심으로 작성하도록 변경했다. 이러한 변화는 어학연수, 인턴 경험, 수상이력 및 나이, 성별 등의 이력이 직무를 수행하는 데 관련성이 미미하다는 것이 검증되었고 지원자가 직무 역량을 얼마나 보유하고 그것을 수행한 경험이 있는가가 채용을 결정하고 업무를 수행하는 데 더욱 중요하다는 것을 의미한다.

그래서 채용에서 서류전형의 합격의 열쇠는 자기소개서에 지원자가 자신의 역량을 얼마나 잘 기술했는가가 결정적인 요소가 되었다.

02 + 직무 기술서와 직무 요건서란 무엇인가?

직무 기술서

처음 개인용 컴퓨터가 나왔을 때 컴퓨터의 운용 체제는 DOS체제였다. 컴퓨터를 운용하기 위해서 DOS체계를 학습했다. 운용자가 디렉터리(directory)를 생성했고 운용 시스템을 학습했다. 그 후 마이크로소프트의 운용 시스템(operation system)이 개발되어 사용하게 되었을 때 이 운용 시스템의 혁신성에 경탄을 금할 수 없었다. MS Windows 운용체제 하에서는 DOS 운용 체제처럼 디렉터리를 생성하거나 운용 시스템을 학습할 필요가 없다. Windows 시스템에서는 운용 시스템은 컴퓨터가 스스로를 기동한다. 컴퓨터는 실행파일에 의해서 활성화되어 컴퓨터가 운용된다. 최종 사용자(end user)는 이러한 Windows 운용 체제에 의해서 컴퓨터를 사용한다.

회사에서 성과는 직원의 직무수행의 결과물이다. 직원이 각자의 직무를 잘 수행하고 직무가 유기적으로 연결되어 시너지(synergy)가 발휘될 때 조직의 성과는 최적화된다. 마치 Windows의 운용 시스템이 기동되어서 컴퓨터가 최적화돼서 기동하는 것과 같다. 그러므로 직무는 Windows의 실행파일과 같다. 직무의 실행파일을 잘 기동될 수 있게 하기 위해서 직원이 직무를 잘 인식시키고 직무성과의 효율성을 높이기 위해 인재를 교육하고 육성해야 한다. 그래서 인사의 첫째 역할은 직무를 체계화하고 직무를 잘 수행하도록 직원을 육성하는 것이다. 이것이 위대한 기업(great company)으로 성장하기 위한 첫 걸음이기도 하다. 그리고 잘 정의된 직무는 인재의 채용, 보상, 평가, 육성의 인사 시스템의 근간이 된다. 그래서 직무를 잘 정의하기 위해서 직무기술서가 필요하다. 직무 기술서는 직무 수행자가 직무를 잘 수행할 수 있도록 해야 할 일, 직무의 범위, 책임과 권한 등 직무의 주요 기능을 비즈니스 시스템에 기초하여 정의한다.

그래서 직무가 잘 정의된 회사는 직무 간에 그리고 그것을 수행하는 사람들이 서로 갈등을 초래하지 않는다. Windows의 운용 시스템 프로그램 파일이 컴퓨터를 기동시키는 것처럼 직무가 잘 정의된 회사의 조직에서는 조직원들이 상호 업무 영역의 중복 등으로 갈등을 초래하지 않으며 성과를 레버리지(leverage)할 수 있도록 한다. 직무가 잘 정의된 회사에서는 부서간의 업무를 협조할 수 있게 도와주고 보고하고 협조할 상사와 부서동료를 알려준다. 본인의 직무를 수행할 때 어떤 직무와 서로 연관이 있고 어떠한 프로세스에 의해서 성과가 창출되는가를 알 수 있기 때문이다.

이처럼 직무 기술서는 직무 수행자가 해야 할 일과 그 범위 및 책임과 권한을 정의하고 또한 직무의 목적과 성과에 대한 표준(performance standard)을 제시해 줌으로써 직무에서 기대되는 결과와 직무수행 방법을 제시해 준다.

직무 요건서

역량

역량이란 직무를 수행하기 위한 능력으로 지식(knowledge), 기술(skill)과 가치관(value, attitude)로 구성되며 공통 역량, 리더십 역량, 직무공통 역량과 직무 역량이 있다.

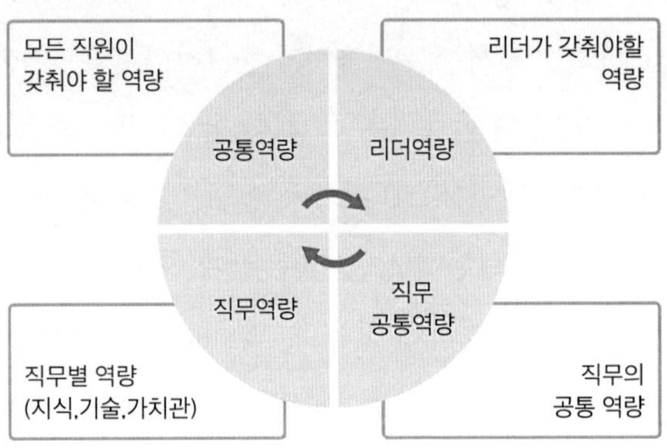

직무 요건서

직무 요건서는 직무를 수행하는 데 요구되는 지식, 기술과 바람직한 행동방식과 태도 등을 정의하고 기술한 것이다.

직무 요건서의 구성요소

- 기본 요건: 직무 수행 시 기본적으로 요구되는 지식, 기술 등의 요건
- 필수요건: 직무 기술서에 정의된 각종 기능을 효과적으로 수행하기 위해 반드시 갖추어야 할 요건

직무 요건서의 특징

- ○ 관찰 가능한 형태로 기술한다. ("~을 할 수 있다.").
- ○ 직무의 수준에 따라서 점진적으로 발달, 심화되는 형태로 기술한다.
- ○ 해당 직무에서만 요구되는 지식, 스킬, 태도의 규명에 초점을 둔다.

그러면 인사 직무의 직무 기술서와 직무 요건서를 살펴보자.

직무 내용: 직무를 개발하고 채용, 육성, 평가, 보상, 승진, 경력관리 및 퇴직 등 인력운영과 개발을 담당하며, 회사의 사업전략에 맞는 조직관리와 개발 업무를 수행한다.

〈인사 직무 기술서〉

직무	직무 기술서
직무 분석과 직무개발	직무분석 도구 개발, 새로운 직무의 직무 기술서와 요건서를 개발하고 직무 평가를 수행한다.
채용	우수인재를 확보하기 위한 채용전략을 수립하고 채용하기 위한 프로세스와 도구를 개발하고 실행한다. 그리고 우수인재를 채용했는가 채용프로세스와 도구를 검증한다.
평가 / 보상 / 승진	평가 / 보상 / 승진 / 복리후생의 기획과 관리를 수행한다.
육성 및 경력관리	인재상, 인재육성 전략과 경력개발 체계를 수립하고 실행한다.
조직진단 및 관리	바람직한 조직문화를 구현하기 위해서 조직을 진단하고 조직을 개발하고 조직을 관리한다.
노사 관리	노사관계를 연구하고 바람직한 노사관계를 수립하고 이를 적용하고 유지 관리한다.

〈인사직무 요건서〉

항목	직무 요건
회사 비즈니스와 산업에 대한 이해	○ 회사 비즈니스에 대한 이해와 산업 및 기술동향에 대한 지식 ○ 이것을 인사 업무에 적용할 수 있는 능력
인사, 노동법 및 관련 법규	○ 인사관리, 노동법 및 유관법규의 지식 ○ 인사 정책 및 제도 수립 시 이를 효율적으로 반영하여 제도를 수립할 수 있는 능력
기획 및 변화관리 역량	○ 경영방침과 전략에 기초하여 회사의 인사철학, 인사정책과 인사제도를 개발하여 이를 전파할 수 있는 역량 ○ 새로운 인사제도와 정책을 임직원을 대상으로 교육을 기획하고 실행하여 직원과 조직문화의 변화를 리드할 수 있는 능력
정보 수집과 분석	○ 정보수집, 벤치마킹을 실행하고 축적된 자료를 분석할 수 있는 능력 ○ 문제해결 기법을 활용하여 정보를 분석하여 인사제도 개발에 반영할 수 있는 역량
조사방법론	○ 조사 및 통계분석에 대한 지식과 경험 ○ 빅 데이터(big data) 지식과 응용 능력 ○ 인사 관련 이슈사항들을 분석하고 대안을 제시하며, 인사제도 수립 및 운영 모니터링 등에 활용할 수 있는 역량
직무 분석, 개발 및 직무평가	○ 회사의 사업과 전략에 맞는 직무분석 방법 개발 ○ 직무 분석 수행 및 관리를 수행할 수 있는 역량 ○ 직무평가를 수행할 수 있는 역량
조직 관련 지식	○ 조직 관련 지식과 조직을 진단할 수 있는 능력 ○ 조직을 분석하여 조직 관련 정책을 수립하여 자율적인(empowered) 조직으로 이끌고 조직의 장기 비전을 제시할 수 있는 역량
커뮤니케이션 역량	○ 인사업무 수행 시 원활한 의사소통을 통해 다양한 고객들과의 협의 및 설득으로 합의를 도출할 수 있는 역량 ○ 문서와 보고서를 작성 능력과 이를 효과적인 방법으로 전달할 수 있는 프레젠테이션 능력
경영혁신 기법	○ 조직능력 향상 및 프로세스 개선을 위하여 최신의 혁신기법을 이해하고 도입할 수 있는 역량 ○ 경영혁신 기법을 조직에 적용하여 조직문화를 혁신할 수 있는 역량

03 + 이력서와 자기소개서 어떻게 작성할 것인가?

이력서와 자기소개서의 전형 방법

채용에서 가장 중요한 전형 프로세스는 서류전형과 면접이다. 서류전형은 정량적 평가와 정성적인 평가로 진행한다. 정량적 평가는 학교의 서열 점수와 학점이 가장 큰 비중을 차지한다. 정량적 서류전형을 통과하면 2차로 자기소개서를 정성적으로 평가한다. 2차 전형은 자기소개서를 정성적으로 평가한다. 그래서 지원하는 기업이 어떠한 요소로 자기소개서를 평가하는가를 파악하는 것이 중요하다. 자기소개서에서 중요하게 평가하는 정성적 요소는 지원자가 회사의 인재상과의 부합하는지, 직무 관련 경험, 프로젝트 경험, 그리고 지원자의 열정 등이다.

〈서류전형 심사기준〉

정량적 평가(1차 서류 심사 기준)	**정성적 평가**(2차 서류 심사 기준)
필수 평가항목 ○ 학교 서열 ○ 전체학점, 전공 학점 가점 점수 ○ 봉사활동, 외국어 점수, 수상 기록, 자격증	○ 회사의 인재상과의 부합 정도 ○ 지원자의 직무 관련 경험 ○ 프로젝트 경험 ○ 지원자의 열정 ○ 지원자의 태도, 가치관

자기소개서 작성 전략

어떻게 성공적으로 자기소개서를 작성할 수 있을까?

좋은 글은 내용이 충실하고 형식도 아름다워야 한다. 내용적인 측면에서 자신의 강점과 내면을 잘 표현하여 면접위원에게 감동을 주고 형식은 간결하고 강렬한 인상을 줄 수 있는 형식을 개발해야 한다.

좋은 자기소개서를 작성하기 위한 고려 사항들을 살펴보면 아래와 같다.

〈자기소개서 4가지 작성 전략〉

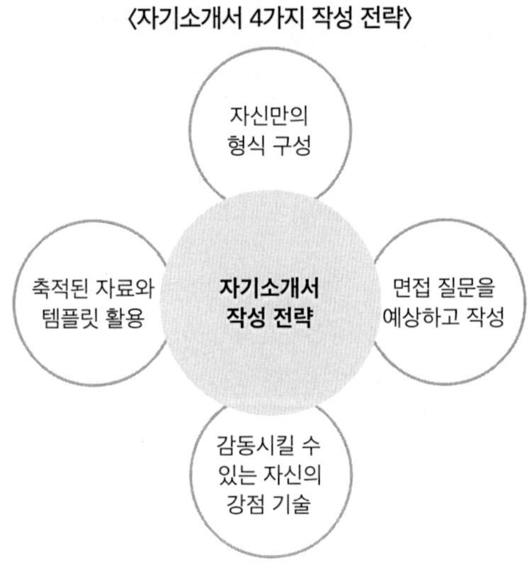

자신만의 형식을 구상한다

앞 장에서 기업의 채용전략의 변화를 살펴보았듯이 기업의 채용전략의 큰 변화는 직무 중심의 채용이다. 즉, 직무를 수행하는 데 필요한 자격요건을 갖춘 전문 인재를 채용하는 것이다. 이것은 지원자가 지원직무에 대한 직무 요건을 얼마나 갖추고 있는가가 채용의 선발 기준임을 의미한다. 그리고 이 기준이 지원자가 자기소개서를 어떻게 작성할 것인가에 대한 해답을 제시한다. 즉, 지원자는 자기소개서에 자신이 지원 직무에 대해서 어떻게 역량을 갖추고 있는가를 기술하는 것이 핵심이다. 자기소개서에서 기술해야 할 내용을 다음과 같이 요약할 수 있다.

- ○ 지원하는 직무를 "어떻게 이해하고 있는가?"
- ○ 지원한 직무에서 요구하는 "지식과 기술을 어떻게 보유하고 있는가?"
- ○ 자신이 지원한 직무를 "어떻게 경험했는가?"
- ○ 입사 후에 지원한 직무를 "어떻게 잘 수행할 수 있는가?"
- ○ 그리고 "자신은 다른 지원자와 어떻게 차별화되는가?"

지원자는 이러한 내용을 어떠한 맥락으로 구성할 것인가를 구상하고 자기소개서를 자신만의 스타일로 작성해야 한다. 자기소개서의 구성 양식을 소개하면 아래와 같다.

〈자기소개서의 구성〉

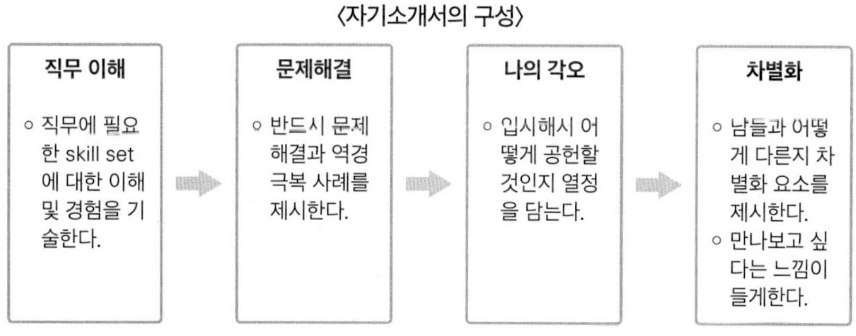

직무 이해
○ 직무에 필요한 skill set에 대한 이해 및 경험을 기술한다.
문제해결
○ 반드시 문제해결과 역경 극복 사례를 제시한다.
나의 각오
○ 입시해시 어떻게 공헌할 것인지 열정을 담는다.
차별화
○ 남들과 어떻게 다른지 차별화 요소를 제시한다.
○ 만나보고 싶다는 느낌이 들게한다.

특히 자기소개서에서 가장 중요한 핵심 포인트는 역경을 어떻게 극복했는지에 대한 경험과 문제해결 사례를 제시하는 것이다. 성공하거나 훌륭한 사람은 역경을 극복한 경험을 갖고 있다. 기업에서 필요한 인재는 문제를 해결하고 역경을 극복하며 성공을 창출할 수 있는 인재이다. 오늘날 기업은 끊임없는 외부의 도전과 경영환경의 변화에서 생존할 수 있는 지속 가능한 경영이 중요하다. 이러한 지속경영을 가능하게 하는 가장 중요한 요인이 인재이고, 인재는 문제해결 역량을 보유한 사람이다. 그러므로 자신이 인재임을 입증하기 위해서는 자기소개서에서 역경을 극복한 사례와 그 역경을 극복해서 얻은 교훈이 잘 나타나도록 해야 한다.

면접질문을 염두에 두고 작성한다

자기소개서의 목적은 무엇인가?

자기소개서는 지원자가 면접위원에게 자신을 이해시키데 목적이 있다. 면접위원이 지원자의 자기소개서를 검토하고 면접에서 지원자에게 질문을 하기 위한 사전 기초자료이다. 면접위원이 질문을 하기 위한 기초 자료라는데 자기소개서를 어떻게 기술해야 하는가에 대한 답을 찾을 수 있다. 즉, 지원자는 자기소개서를 작성할 때 자기의 입장보다 면접위원의 입장에서 작성할 필요가 있다. 그러면 자기소개서를 어떻게 작성해야 하는가 알아보자.

첫째, 면접위원이 쉽게 이해할 수 있도록 작성해야 한다. 간결한 문장으로 자신의 스킬 세트를 면접위원이 명료하게 이해할 수 있도록 작성해야 한다.

둘째, 면접위원이 쉽게 이해하고 쉽게 질문을 할 수 있게 자기소개서로 작성해야 한다. 면접위원이 "이게 무슨 뜻이죠?"라고 질문하도록 자기소개서를 난해하게 작성하면 면접위원이 부정적으로 질문할 할 가능성이 있다. 그러므로 면접위원이 자기소개서를 쉽게 이해하고 쉽게 질문하여 자신이 간결하게 답변할 수 있도록 작성해야 한다. 어렵게 자기소개서를 작성하면 면접질문을 어렵게 할 수 있고 그렇게 되면 면접에서 실패할 가능성이 높다. 그러므로 자기소개서의 각 문장을 면접위원이 보고 어떻게 질문할 것인가를 예상하고 작성해야 한다.

취업의 가장 중요한 관문은 면접이다. 자기소개서는 면접을 성공적으로 진행하기 위해서 면접위원에게 제출하는 자료이다. 면접에서 성공하기 위해서는 면접위원이 쉽게 질문을 하도록 자기소개서의 내용을 구상하고 작성하는 것이 핵심 성공요소이다. 자기소개서는 그래서 철저히 면접위원의 입장에서 작성해야 한다. 자신이 면접위원이라고 생각하고 자기소개서를 작성하자. 그리고 자신의 자기소개서에서 자신이 면접위원이라고 가정하고 면접 예상 질문을 만들어 보자. 이러한 과정을 통해서 자기소개서를 작성하면 좋은 자기소개서를 만들 수 있다.

감동시킬 수 있는 자신의 강점을 기술한다

모든 회사를 불문하고 경영자들이 직원에게 바라는 공통적인 요소가 있다. 그래서 경영자가 직원의 어떠한 태도와 품성을 좋아하는지를 먼저 이해하고 다음으로 지원하는 회사의 인재상을 파악하여 자신이 이러한 품성에 부합하는 인재임을 기술하는 것이 중요하다. 경영자가 좋아하는 성품을 파악하고 자신의 강점을 파악하여 자기소개서를 작성하면 지원하는 회사에 어느 정도 부합되는 인재인지를 스스로 평가해 볼 수 있다.

그러면 경영자가 좋아하는 품성과 자신의 장점을 어떻게 파악할 것인지에 대해서 살펴보자.

경영자가 좋아하는 직원의 태도

- 시간약속을 잘 지키는 사람
- 업무시간에 늦지 않으며 업무시간보다 일찍 출근하고 퇴근 후까지 남아서 일하는 사람
- 열정을 갖고 열심히 노력하는 사람
- 열정을 갖고 앞으로 전진하는 사람
- 모든 일에 열정을 갖고 집중하는 사람
- 좋은 태도를 가진 사람
- 진실하고 정직한 사람
- 사람을 잘 관리할 수 있고 유대관계가 좋은 사람
- 조직에 충성심을 갖고 있는 사람
- 프로젝트를 잘 수행하고 목표 지향적인 사람
- 월급 이상의 가치를 가진 사람
- 효과적으로 언어를 활용할 줄 아는 사람
- 컴퓨터를 잘 다룰 줄 알고 컴퓨터를 통해서 일을 잘 처리할 수 있는 사람
- 팀워크을 이루어서 일하기를 좋아하며 팀워크를 이루기 위해서 최선을 다하는 사람

- 창의성이 있으며 문제를 해결하기 좋아하는 사람
- 자기 훈련이 잘 되어서 자기 규율을 갖춘 사람
- 스스로 동기화된 사람
- 배우기를 좋아하고 학습 의욕이 강한 사람
- 융통성이 있는 사람
- 새로운 상황에도 대응을 잘하며 일하는 환경이 변해도 적응을 잘하는 사람
- 기회, 시장, 그리고 앞으로의 트렌드를 잘 읽을 수 있는 사람

나의 강점 요소 파악

자신은 어떠한 장점을 갖고 있는지를 아래의 표를 보고 파악해 보자. 사람은 스스로 자신의 강점 요소를 잘 파악하지 못하는 경우가 있다. 자신이 갖고 있는 강점 요소를 파악하고 경영자가 좋아하는 요소와 비교하여 자기소개서에 자신의 장점을 기술해야 한다.

〈자신의 강점 요소들〉

No	강점	Yes	No
1	정확한		
2	적극적인, 성취지향적인, 목표지향적인, 추진력이 있는		
3	적응을 잘하는, 융통성 있는		
4	고미워 할 줄 아는		
5	빈틈이 없는, 철저한		
6	자기 분야에서 전문적인, 정통한, 많이 아는		
7	침착한, 차분한, 조심스러운, 신중한, 분별이 있는		

No	강점	Yes	No
8	사람들을 휘어잡는 매력이 있는		
9	능숙한, 유능한, 경험이 풍부한		
10	일관된		
11	열정적이어서 남들에게 그 힘이 전파되는		
12	인내심이 강한, 불굴의		
13	협력적인, 협동심이 있는, 팀워크를 이룰 줄 아는		
14	용기가 있는		
15	창조적인		
16	날카로운		
17	끈질긴, 집요한		
18	결단력이 있는		
19	믿을 수 있는, 믿을 만한		
20	근면한, 성실한		
21	강력한, 영향력이 있는		
22	효과적인 방법을 찾는		
23	정력적인, 정열적인, 열렬한, 열광적인, 열정적인, 활기가 있는		
24	우수한, 특출한, 뛰어난, 걸출한, 비범한, 유일한, 훌륭한		
25	매우 알뜰한, 경제적인		
26	확고한, 확실한		
27	인간미가 있는, 사람지향적인		
28	독립적인, 자립적인		
29	획기적인, 혁신적인		
30	충실한, 충성스러운		
31	체계적인, 꼼꼼한		
32	외향적인, 사교성이 풍부한, 열린 마음을 가진		
33	통찰력이 있는, 지각이 있는		
34	실용적인		
35	남을 보호할 줄 아는		

No	강점	Yes	No
36	시간을 잘 지키는		
37	기민한, 일을 신속히 처리하는, 신속히 반응하는		
38	합리적인		
39	사실적인		
40	지략이 있는		
41	책임감이 강한		
42	보호자와 같은		
43	스스로 동기를 부여하는		
44	자신을 믿는, 확신에 찬		
45	민감한, 예민한		
46	정교한, 세밀한		
47	강한		
48	남을 지원하는, 남을 도와주는, 남에게 힘을 주는		
49	재치가 있는		
50	다재다능한		

자기소개서를 작성하기 위한 데이터 뱅크(Data bank)와 템플릿(Templates)을 준비한다

자기소개서의 내용을 훌륭하게 작성하기 위해서는 자기소개서에 담을 소재를 잘 정리해 두는 것이 중요하다. 이러한 소재는 지원한 직무에 대한 열정, 동기 등을 기술할 때 유용한 자료로 활용될 수 있다. 그러므로 자신이 경험한 중요한 사건들, 감동을 준 서적, 성공한 사람들의 이야기가 자신에게 어떻게 감동을 주었는지 등의 백 데이터를 만들자. 그리고 자기소개서를 작성할 때 그리고 면접에서 활용해 보자.

〈자신의 스킬 세트 인벤토리(skill set inventory)〉

스킬 세트	학습	프로젝트	동아리활동	봉사활동	아르바이트
리더십					
문제해결					
대인관계					
통계 관련 지식					
노동법					

〈중요한 사건 기록〉

No	사건	얻은 교훈
1		
2		
3		
4		
5		

〈지원 분야에서 성공한 사람〉

No	성공한 사람들	성공요소
1	빌게이츠	
2	스티브잡스	
3	손정의	
4	마윈	

〈자신에게 감명을 준 책〉

No	책 제목 및 저자	어떤 면이 감동적이었나, 왜 나에게 영향을 주었는가?
1		
2		
3		
4		
5		

불합격 자기소개서 사례

서류전형의 이력서 평가에서는 합격했으나 아래와 같은 자기소개서의 내용으로 인해 서류전형에서 최종적으로 불합격한 사례들은 소개하면 아래와 같다.

- 사실인지 의심이 가는 과장된 내용이 있는 자기소개서
- 인터넷, 카페 등에서 베낀 듯 익숙한 자기소개서 내용
- 자기소개서에 다른 회사의 기업명을 기재한 경우
- 진부한 형식, 오타가 많은 자기소개서
- '나는'이나 '저는'으로 시작되는 문장이 중복된 자기소개서
- '채용만 해 주신다면', '무슨 일이든 열심히', '약속드립니다' 등의 표현의 자기소개서
- '엄격하지만 자상하신 부모님의 가르침 아래', '화목한 가정의 몇 남 몇째로 태어나' 등의 자서전을 읽고 있는 듯한 자기소개서
- '준비된 인재', '우등생', '반장', '1등', '일류', '최고' 등의 문구가 자주 반복되는 자기소개서

○ 해외연수나 자원봉사 등의 내용에 치우친 자기소개서

○ 문장이 길고 장황한 이력서, 파워포인트를 써가며 화려하지만 알맹이가 없는 자기소개서

○ 디카나 폰카로 찍은 사진을 첨부한 이력서

이력서 및 자기소개서 작성 사례 분석

이 사례는 국내 대기업에서 인사 업무 3년의 경력을 쌓고 퇴사하여 외국계 회사로 전직을 희망하는 지원자가 작성한 이력서와 자기소개서이다. 지원자는 대기업에서 인사업무를 담당했고 탁월한 영어 능력을 보유하고 있다. 앞으로 외국계 회사에서 인사 전문가로 성장하는 것을 자신의 경력 목표로 해서 몇 개의 외국계 회사에 지원했지만 서류전형에서 불합격했다. 이 지원자가 서류전형에서 불합격한 이유를 분석하고 이력서를 어떻게 수정할 것인가를 살펴보자.

〈지원한 포지션의 개요〉

No	구분	내용
1	회사	외국계 회사
2	지원 포지션	보상 및 복리후생(Compensation&Benefit Specialist)
3	직무 기술서	ㅇ보상 및 복리후생 업무 - 보상 정책에 따라서 급여와 복리후생의 운영업무를 수행한다. - 장단기 인건비 예산 기획 업무를 수행한다. - 연간 급여인상 기획 업무를 지원한다. - 보상 프로그램 개발을 위해서 급여 조사(salary survey) 업무를 수행한다. - 보상 체계(salary structure)와 급여 범위(salary range)설계 업무를 지원한다. - 급여, 수당 및 인센티브를 지급하고 비용을 정산한다. - 연말정산 업무를 수행한다. ㅇ인사 정보관리 업무 - SAP를 통해서 인사기록과 인사 데이터를 유지하고 관리한다. - 조직도, 인원수, 인사 관련 통계와 보고서를 작성한다. - 종업원 마스터 파일을 관리한다. ㅇ비즈니스 파트너 업무 - 사업부의 인사 관련 애로를 청취하고 해결한다. - 인사전문가로서 사업부서의 인사 관련 이슈를 파악하고 문제를 해결하고 자문 역할을 수행한다. - 직원의 탤런트(talent) 프로그램 개발을 지원한다. ㅇ글로벌(global) 인사 업무 - 글로벌(global)&아시아 지역(regional) 프로젝트에 참여하여 수행한다. - 직원과 의사소통하고 변화관리 업무를 지원한다.
4	직무요건(지식, 경험, 태도)	ㅇ대학교 이상 졸업자 ㅇ보상 및 복리후생 5년 이하 경력 ㅇ프로젝트 경력 및 프로젝트 관리 기술 ㅇ통계학 ㅇ노동법에 대한 지식과 이해 ㅇ분석적인 기술 ㅇSAP경험 우대 ㅇ의사소통 능력과 탁월한 영어 능력 ㅇ정확하고 꼼꼼한 업무태도 ㅇ시간관리 ㅇ자발적이고 의욕적인 태도 ㅇ탁월한 대인관계 스킬 ㅇ컴퓨터 활용능력

원본 이력서

이름: 지원자

생년월일: 1987년생

주소: 서울시 서초구 서초동

학력

2006.03 ~ 2011.02: 일류대학교 경영학 / 영어영문학과 졸업(3.5 / 4.0)

2003.03 ~ 2006.02: 한국여자고등학교 졸업

경력 사항

업무 경험: 채용, 복리후생 기획, 해외인사, 조직문화 등 인사 전반에 걸친 다양한 업무 경험 보유

2011.01 ~ 2014.01(총 3년 1개월 경력): ○○○(주) 인사기획 / 사원 채용업무

정규직 채용

- ◦ 적정인력 산정 업무 지원
- ◦ 대졸신입공채(캠퍼스 리크루팅, 서류전형 및 면접지원) 진행
- ◦ 연구 장학생 홍보 및 선발
- ◦ 해외인재 채용

비정규직 채용 및 관리

- ◦ 인턴선발 및 인턴 정규직 전환
- ◦ 인턴십 제도개선
- ◦ 파견 / 계약직 채용 및 관리

급여관리 및 복리후생 기획

◦ 급 / 상여 지급

◦ 복리후생 기획 및 운영

◦ 승진, 평가, 모범사원 포상

◦ 인턴사원 교육 및 급여 지급

교육

◦ 신입사원 오리엔테이션 / 유지 업무(orientation / retention)

인사정보관리

◦ 임직원 현황관리

◦ 휴복직 및 퇴직관리

◦ 연월차 휴가 활성화 및 연차수당 지급

◦ 사내 성희롱예방교육

인사기획 및 해외인사

◦ 직원만족도 조사, 조직문화 진단 및 개선

◦ 외국인 채용(해외법인 파견을 위한 인재 채용 및 육성)

◦ 해외인사제도 및 규정 수립 및 개정

◦ 해외주재원 복리후생 기획 및 운영

◦ 해외법인 보고서 통번역

인턴 2009.11 ~ 2010.02: 외국계 컨설팅 회사

◦ 급여 조사(salary survey) DB관리

◦ 직무급과 성과관리 리포트 영한 / 한영 번역

◦ 보상관련 세미나 진행

인턴 2009.08 ~ 2010.11: 대기업 부설 경제연구소

OECD국가와 한국의 노동법제 비교 프로젝트 지원

노동조합 관련 자료 연구 및 영한 번역

교육 및 연수

1992.02 ~ 1993.02: 프랑스 현지학교 재학

2000.02 ~ 2001.02: 영국 현지학교 재학

2007.09 ~ 2008.06: 영국 교환학생

자격 사항

E-test Professionals 2급

외국어 능력

TOEIC 970, OPIc AL

봉사 및 단체활동

2008 ~ 2009: 영어토론 동아리

2006 : 청소년 수련관 문화체험 봉사활동

2006 : 노인복지회관 어르신 휴대폰 사용 도우미

2005 ~ 2007: 대학동아리 "르네상스 시대의 영문학 연구회"

취미 / 특기

피아노, 요가, 인테리어 디자인

원본 자기소개서

저는 새로운 도전을 위해 지난 3년간 재직했던 ○○○ 인사팀을 퇴직한 후 현재 Law school에 재학 중 입니다. 퇴직 후 저의 비전과 경력에 대한 진로를 모색하던 중 평생 법조인으로 재직 중인 부모님의 권유로 변호사의 꿈을 펼쳐보려고 현재 Law school에 재학 중입니다. 그러나 한 학기 동안의 학업을 통해 저의 길은 변호사로서의 길이 아닌 제가 가장 잘할 수 있고 하고 싶은 일은 지난 3년여 기간 동안 열정을 갖고 수행했던 인사 업무라고 확신하게 되었습니다.

저의 인사 관련 경력 및 영어 실력은 외국계 회사에서 인사 업무를 다시 시작할 수 있는 충분한 경험이라고 생각합니다. 그러한 저의 인사 경력은 대기업 경제연구소의 인사 조직실의 인턴 업무와 외국계 컨설팅 회사에서의 인턴 기간, 그리고 국내 ○○○ 회사인 ○○○(주) 인사 기획팀에서 인사 전반에 대한 다양한 경험입니다. 짧지만 이러한 3년여의 기간 동안 채용, 평가, 급여, 복리후생, 승진, 포상, 교육, 법률문제 등 다양한 인사업무를 수행했습니다. 특히 인턴기간 동안 급여 조사 업무 및 리포트 작성, 대기업에서의 복리후생 기획과 운영 업무는 저의 가장 큰 성과라고 자부합니다. 또한 경제연구소에서의 인턴기간에 국내외 노동법과 인사 규정에 대해 경험해 볼 수 있는 소중한 시간이었습니다.

인사는 개인들의 업무 역량이 서로 간에 유연한 의사소통을 통해서 조화롭게 이루어져야 조직의 목표와 성과를 창출할 수 있습니다. 이러한 의사소통이 조직에서 얼마나 중요하고 회사에 큰 영향을 주는지 알게 되었으며 인사 분야에서 성장하고 전문가가 될 수 있다는 확신을 갖게 되었습니다.

마지막으로 저는 중학교과 대학교 시절 각 1년간 총 2년여의 기간 동안 현지에서 직접 경험하며 체득한 영어실력으로 직접 통역이나 번역이 가능하며 해외 지사나 외국인 직원들과의 원활한 영어 커뮤니케이션이 가능합니다. 3년여의 기존 직장생활 동안 해외인재 채용, 해외법인 관련 업무, 해외지사 인사규정 확립, 해외법인 인사담당자들과의 교류 시 능통한 영어 실력을 인정받았으며 앞으로 외국계 기업에서 원활한 의사소통에 큰 밑거름이 될 것이라 확신합니다.

감사합니다.

원본 이력서와 자기소개서에 대해서 분석해 보자. 그리고 지원자가 이 이력서와 자기소개서로 지원한 회사에서 왜 탈락했는지에 대한 원인을 파악해 보자.

〈원본 이력서와 자기소개서 분석〉

No	항목	문제점
1	업무 경험 기술	○ "채용, 복리후생 기획, 해외인사, 조직문화 등 인사 전반에 걸친 다양한 업무 경험 보유"로 기술했다. ○ 3년 경력자의 업무경험 영역으로는 너무 광범위하다.
2	지원 직무	○ 지원 포지션을 기술하지 않았다. ○ "평가 보상 전문가, 또는 Compensation&Benefit Specialist"로 기술해야 한다.
3	업무 기술	○ 업무에 대한 기술을 "휴직 복직, 퇴직관리, 포상 / 승진, 평가, 모범사원 포상, 연차 월차, 휴가 활성화 및 연차수당 지급" 등으로 업무 제목만을 기술하고 있다. 업무 수행에 대한 내용을 구체적으로 기술해야 한다.

No	항목	문제점
3	업무 기술	◦업무를 프로세스의 순, 또는 중요한 비중 순으로 기술해서 업무의 경중이 나타나도록 할 필요가 있다. ◦이력서는 첫 장이 중요하다. 지원하는 회사의 담당자는 지원자의 첫 장에서 지원자가 지원 포지션에 부합하는가를 판단한다. 그래서 지원자는 이력서에서 자신의 주 업무를 가장 먼저 기술해야 한다.
4	역량, 직무요건	◦이 포지션의 핵심역량은 급여 조사, 보상체계와 급여범위를 설계할 수 있는 스킬이다. 이 부분에 대한 경험이 기술되어 있지 않다. ◦이력서가 업무 경험을 기술하고 자기소개서에서 이를 뒷받침하는 근거가 있어야 한다. 즉, 이력서와 자기소개서가 유기적으로 연관 지어져야 한다. ◦지원 포지션의 직무 기술서와 직무 요건서를 파악하여 자신의 직무 경험과 역량을 기술해야 한다. 자신의 직무경험이 지원 포지션에서 원하는 지식과 기술, 경험을 보유하고 있는지 파악할 수 있도록 기술해야 한다. ◦인사 분야에서 자신의 강점이 어느 분야인지 명확하게 기술할 필요가 있다.
5	성과	◦ 업무를 수행한 성과에 대한 기술이 필요하다.
6	비전 전직사유	◦회사를 퇴사한 후 법조인으로 진로를 선택하고 대학원에 입학한 것이 부모의 권유로 선택했다는 표현이 자기소개서의 가장 큰 문제점이다. ◦3년간의 직장 경력을 가진 지원자가 자신의 진로를 결정하는데 부모님의 권유로 진로를 결정했다고 기술한 이력서를 서류전형에서 합격시키지 않는다. 회사는 자발적이고 독립적이고 책임감이 있는 지원자를 원한다. 따라서 지원자는 자기소개서에서 이러한 문제점으로 인해서 서류전형에 탈락하고 있다. ◦면접위원이 면접에서 지원자가 동일한 점수를 받았을 때 지원자의 자기소개서를 다시 검토한다. 이때 자기소개서가 충실하게 작성된 지원자를 최종적으로 선발한다. 그래서 자기소개서 심혈을 기울여 작성할 필요가 있다. 이 지원자의 경우 자신이 지속적으로 서류에서 탈락한 이유를 간과하고 있으며 이러한 점은 자신이 면접위원이라는 생각을 갖고 작성했다면 그러한 오류를 저지르지 않았을 것이다.
7	문제해결	◦자기소개서에서 업무를 수행하면서 어려운 일을 해결한 사례를 기술하여 문제해결 능력을 제시할 필요가 있다.
8	구성	◦자기소개서의 구성이 평범하다. ◦업무에 대한 열정이 담겨있도록 기술해야 한다.

수정 이력서

지원 분야: 보상 전문가(Compensation&Benefit Specialist)

이름: 지원자
생년월일: 1987년생
주소: 서울시 서초구 서초동

학력

2006.03 ~ 2011.02: 일류대학교 경영학 / 영어영문학과 졸업(3.5 / 4.0)
2003.03 ~ 2006.02: 한국여자고등학교 졸업

경력 사항

2011.01 ~ 2014.01(총 3년 1개월 경력): ○○○(주) 인사기획 / 사원

보상 및 복리후생 기획 및 관리

◦ 기본급 인상을 위한 급여구조 설계(경쟁사 급여체계 조사 및 자사 급여체계 설계)
◦ 비정규직 임금 기획 및 시행
  - 비정규직 급여조사 기획 및 시행, 임금 인상 작업 지원
  - 시급제 사원 급여체계 재설계
◦ 급여 지급 / 관리
  - 임직원 급여지급
  - 초과 근로수당, 휴일 특근수당 지급
  - 퇴직금 지급
  - 연차수당 지급

- 연말정산 기획 및 시행(사업장 별 국세청 자료 취합 및 검토, 입력 작업 포함)

◦ 연차휴가 활성화 기획

◦ 복리후생 제도 기획 및 실행(implementation)

- 직원 사기 진작을 위한 우수사원 및 장기근속자 포상제 변경 및 시행
- 임직원 학자금 지원제도 개선
- 경조사비용 분석, 임직원 선물 제도 기획(생일선물 및 명절선물)

◦ 연 단위 인사 예산 편성

- 인사 분야별 예산 기획 / 검토(보상, 노무, 조직개발, 글로벌 인사, 채용)
- 예산 사용 관리(복리후생, 해외인사, 채용 관련)

인사기획 및 제도개선

◦ 직원만족도 조사 개선(설문항목 및 조사 방법 개선)

◦ 조직문화 진단 진행 및 결과 보고서 작성

◦ 채용 프로세스 개선(대졸 신입사원 공개채용, 인턴십 프로그램)

◦ 퇴직프로세스 개선

글로벌 인사제도 기획

◦ 해외 채용제도 개선 및 규정 개정

◦ 해외법인 인사 담당자와의 커뮤니케이션 세션 주관

◦ 각 법인별 인사제도 공유 세션 기획 및 시행

◦ 해외 주재원 복리후생제도 개선(주재원 수당, 이주비 등)

◦ 사기진작을 위한 해외주재원 연말행사 기획 및 시행

◦ 해외법인 고충상담 제도 운영

인사정보 관리

◦ 임직원 데이터베이스 업데이트 및 관리(SAP 사용)
◦ 조직개편, 승진평가 등을 위한 전체조직도 / 임원현황 / 사업장별 인원현황 / 급여 테이블 작성 및 관리
◦ 주간 인사현황 작성 및 보고

주요 업무성과

◦ 급여조사를 통해서 자사의 급여 경쟁력을 위한 급여체계 설계를 위한 분석 및 지원
◦ 급여 경쟁력과 우수인력을 확보하기 위한 장기적인 방안으로 직무급 급여 구조를 연구하고 제안함.
◦ 매달 비정규직, 인턴의 이직 사유를 분석하여 이직률 감소 방안을 모색하고, 직원 유지 방안 마련에 기여함.
◦ 인턴십 채용제도를 개선하여 우수인력 확보에 기여하고 인턴에 대한 one-stop을 통해 채용제도의 이미지를 개선함.
◦ 신입사원이 입사하여 회사에 적응하는데 도움을 줄 수 있도록 회사 시스템, 인사시스템 사용안내서를 제작, 배포하여 그들의 회사 적응력을 높이고 인사 부서에 대한 사원 만족도를 제고시킴.
◦ 글로벌 인사제도를 공유하는 세션(session)을 기획하여 지사가 인사제도와 가이드 라인을 공유할 수 있는 기회를 제고함.
◦ 조직문화진단 설문서를 개선하고 조사를 진행하여 조직문화 향상을 위한 분석 자료를 제공함.

인턴 2009.11 ~ 2010.02: 외국계 컨설팅 회사

◦ 급여조사(salary survey) DB관리
◦ 직무급과 성과관리 인사 리포트 영한 / 한영 번역
◦ 보상관련 세미나 진행

인턴 2009.8 ~ 2010.11: 대기업 부설 경제연구소

OECD국가와 한국의 노동법제 비교 프로젝트 지원

노동조합 관련 자료 연구 및 영한 번역

교육 및 연수

1992.02 ~ 1993.02: 프랑스 현지학교 재학

2000.02 ~ 2001.02: 영국 현지학교 재학

2007.09 ~ 2008.06: 영국 교환학생

자격 사항

E-test Professionals 2급

외국어 능력

TOEIC 970, OPIc AL

봉사 및 단체활동

2008 ~ 2009: 영어토론 동아리

2006 : 청소년 수련관 문화체험 봉사활동

2006 : 노인복지회관 어르신 휴대폰 사용 도우미

2005 ~ 2007: 대학동아리 "르네상스 시대의 영문학 연구회"

취미 / 특기

피아노, 요가, 인테리어 디자인

수정 자기소개서

금년 1월에 3년간 재직했던 회사를 퇴사하여 법조인의 비전을 갖고 현재 로스쿨에 재학 중입니다. 그러나 법조인의 비전은 제가 생각한 것과는 많이 상이함을 깨닫게 되었습니다. 이러한 시간들은 저를 다시 되돌아보는 성찰의 기회가 되었으며 인사업무가 저의 비전임을 깨닫게 되었고 회사 생활에서 어렵게 느낀 점들은 인사업무 자체가 아니라 회사의 문화 때문이었던 것을 인식하게 되었습니다. 기 재직했던 국내 기업의 문화보다는 저의 영어 능력을 십분 발휘할 수 있는 외국계 회사가 저에게 맞는 문화인 것을 알게 되었습니다. 한국 기업의 문화는 기획력이 강한 장점을 갖고 있습니다. 반면 외국계 회사는 신속하고 꼼꼼한 업무 처리 능력을 원하고 저의 외국어 능력을 발휘할 수 있는 장점이 있다고 생각합니다. 저의 적성도 큰 조직문화보다는 작고 신속한 문화를 더 선호하는 편입니다. 그래서 저는 제 비전을 새롭게 정립하고 인사업무로 돌아가려 합니다.

제가 3년간 재직하면서 습득한 업무 경험과 장점은 다음과 같습니다.

첫째는 문제해결 능력과 기획력입니다. 많은 보상과 복리후생 기획을 통해 이 분야의 기본적인 스킬을 보유하고 있습니다.

둘째는 보상 및 복리후생 분야의 경험입니다. 보상체계를 설계할 수 있는 능력을 보유하고 있으며 국내의 모든 복리후생을 섭렵하여 기획할 수 있는 능력을 갖고 있습니다. 그리고 회사의 인건비 예산을 기획하고 관리할 수 있습니다.

셋째는 해외 프로젝트 수행 능력입니다. 해외채용 프로젝트, 해외 인사제도 프로젝트 등의 프로젝트를 수행한 경험이 있으며 이를 영어로 수행할 능력을 갖고 있습니다.

인사의 역할 중에서 비즈니스 파트너 역할이 점점 더 중요해지고 있습니다. 비즈니스 파트너란 조직의 사업에 성공할 수 있는 인재를 발굴하고 육성시키는 역할 뿐 아니라 사업부의 문제해결에 협력할 수 있는 역량을 의미합니다. 이러한 역량은 기본적으로 소통의 역량이 중요합니다. 인사는 개인들의 업무 역량이 서로 간에 유연한 의사소통을 통해서 조화롭게 이루어져야 조직의 목표와 성과에 수렴될 수 있습니다. 이러한 의사소통이 조직에서 얼마나 중요하고 회사에 큰 영향을 주는지 알게 되었으며 큰 매력을 느꼈으며 인사 분야에서 전문가가 될 수 있다는 확신을 갖게 되었습니다.
마지막으로 저는 중학교과 대학교 시절 각 1년간 총 2년여의 기간 동안 현지에서 직접 경험하며 체득한 영어실력으로 직접 통역이나 번역이 가능하며 해외 지사나 외국인 직원들과의 원활한 영어 커뮤니케이션이 가능합니다. 3년여의 기존 직장생활 동안 해외인재 채용, 해외법인 관련 업무, 해외지사 인사규정 확립, 해외법인 인사담당자들과의 교류 시 능통한 영어 실력을 인정받았으며 앞으로 외국계 기업에서 원활한 의사소통에 큰 밑거름이 될 것으로 확신합니다.

감사합니다.

수정한 이력서와 자기소개서가 원본이력서와 자기소개서에 비해서 어떠한 사항이 수정되었는지에 대해서 살펴보자.

〈수정한 이력서와 자기소개서의 개선 사항〉

NO	구분	내용
1	지원 포지션	구체적으로 "보상 전문가"로 수정했다.
2	업무 경력	중요 순으로 작성하고 지원 포지션의 직무 요건에 부합하도록 기술했다. 직무 요건에 자신의 직무 경험을 부합하게 작성하여 포지션에 지원자의 직무 경험이 적합한지에 대해서 한눈에 판단할 수 있도록 했다.
3	퇴사사유	자신의 비전과 퇴사사유를 명료하고 설득력 있게 수정했다.
4	지원사유	지원하는 회사의 문화를 연구하여 기술함으로써 이 조직이 자신이 희망하는 회사임을 암시적으로 나타나고 입사 의지를 피력했다.
5	업무성과	업무의 성과를 종합적으로 기술하여 지원자의 성과를 검토할 수 있게 했다.

이렇게 지원자는 이력서를 수정하고 지원자는 2개 회사의 포지션에 지원해서 서류전형에 모두 합격했다. 그중에서 자신의 경험과 더 부합하는 한 회사를 선택해서 면접에 합격하고 입사했다.

이상으로 원본 이력서와 자기소개서를 분석하여 미흡한 면들을 어떻게 수정했는지에 대해서 살펴보았다.

원본이력서로 지원한 경우 서류전형에서 불합격한 비율이 높았다. 그리고 지원자가 이력서 전형에서 불합격한 사유를 스스로 인식하지 못했다. 이력서를 작성하고 서류전형에서 지속적으로 불합격할 경우 이력서와 자기소개서가 잘 작성되었는지에 대해서 점검해 보고 이력서를 수정해야 한다. 이렇게 점검과정을 통해서 자신이 작성한 이력서의 강약점을 파악하고 지원하는 회사가 원하는 이력서에 부합하게 이력서를 작성해야 좋은 결과를 얻을 수 있다.

04 + 영문 이력서 작성 방법

영문 이력서 작성 방법

이력서 글자체

- 글자색은 검정과 흰색만을 사용한다.
- 폰트는 기본 글자체만을 사용하는 것이 좋다. Arial, Tahoma, Calibri이 좋다.

이력서 인칭

3인칭으로 자신을 언급하면서 이력서를 쓰지 않는다. 누구나 다 이력서는 자신이 작성하는 것을 알고 있기 때문이다. 이력서에서 자신을 He is….라고 쓰는 것은 절대적으로 피해야 한다. 이력서를 1인칭 관점에서 작성하고 대명사를 포함하지 않는다.

이력서 작성

- 이력서의 첫 장의 절반 정도에 모든 것이 명확하게 나타나도록 작성한다. 이력서의 분량이 길어지면 질수록 휴지통에 들어갈 확률은 더 커진다. 이력서를 간결하고 명확하고 요점만을 기술한다. 관계없는 사항을 자세히 적어서 채용담당자가 귀찮아지게 하지 않아야 한다. 이력서에 최근에 한 일, 교육사항 그리고 본인의 관심사항이면 충분하다. 더 이상의 것은 인터뷰에서 확인하면 된다.

○ 좋은 이력서는 특별한 이력서가 아니고 표준이력서 형식이다. 금과 같이 좋은 이력서 형식은 없다. 눈에 보기 쉬운 이력서가 좋은 이력서이다. 장황하고 굉장하게 만든 이력서가 사람을 만들지 않는다. 자신을 인터뷰에서 보여주면 된다.

이력서 형식

○ 업적을 많은 박스를 만들어서 채우지 않는다. 채용담당자는 수많은 이력서를 접수한다. 그들이 자신이 그 직무에 왜 적합한가를 쉽게 알아볼 수 있게 해야 한다. 이력서에 많은 박스(box)와 블록(block)을 만드는 것은 읽기 어렵다. 박스로 되어 있는 문장을 많이 만들지 않는다.

○ 중요한 것은 자신의 직무목표와 이와 연관된 자격을 쉽게 판단을 할 수 있게 작성하는 것이다.

○ 이력서에 이미지, 사진이나 시스템에 연결되는 Embeded table 등을 사용하지 않는다. 왜냐하면 이것들이 시스템으로 연결되어 이력서를 뒤죽박죽으로 만들 수 있기 때문이다.

○ Head note 또는 Foot note를 사용하지 않는다. 이것을 사용하여 자신의 연락처를 보여주는 것은 간결하고 정돈된 것처럼 보일 것이라고 생각하지만 이것은 연관된 시스템과 연결되는 오류를 범할 수 있기 때문이다.

○ 그래픽 디자이너로서 구직자가 아니라면 이력서를 디자인할 필요가 없다. 연락처, 최근의 2, 3개의 직무와 그에 대한 책임, 역할, 교육사항과 취미 사항이면 충분하다.

- 제목으로 페이지를 시작하고 내용 중간에서 페이지를 자르지 않는다. 필요하다면 굵은 글자체를 사용하고 한 페이지를 읽기 쉽게 간결하게 작성한다. 채용담당자는 이력서의 글자체가 뭔지 관심이 없으며 최근의 수행한 프로젝트에 관심이 있다. 블로그와 같은 내용이면 좋다.
- 최근의 졸업생이 아니라면 자신의 경력을 강조하고 학력, 학교 정보는 이력서 맨 마지막에 기록하는 것이 좋다. 고등학교 학력도 기재하는 것이 좋다.
- 대학을 졸업하고 5년 내 작성하는 이력서에는 학점을 표기하라. 경력이 길면 학점이 의미가 크게 없으나 경력 5년 내에는 학교와 학점을 기록하는 것이 좋다.
- 보이스 메일 메시지로 전환되는 하나의 전화번호 연락처를 선택한다. 이메일 주소도 마찬가지로 하나의 메일을 선택한다.
- "Professional looking for opportunities that will allow me to leverage my skill"과 같은 문구는 피하고 대신 회사에 자신의 가치를 어떻게 가치를 제공할 수 있는지, 자신이 어떠한 점이 대단한지, 가장 흥미로운 것이 무엇인지, 3~5문장으로 엘리베이터에서 사장에게 어필할 수 있는 문장으로 Executive Summary로 대체하라.
- 이력서에 채용공고에 있는 핵심어, 전문용어와 주요문장을 본인의 역할, 업무 성과 등과 연계하여 사용한다.
- 지원 회사의 채용담당자는 지원자가 재직한 회사의 규모를 알로 싶어 한다. 대기업이나 그룹의 임원이 된다는 것은 작은 회사의 임원이 되는 것과는 차이가 있다. 회사이름과 회사에 대한 설명은

당신이 근무한 회사가 어떤 산업인지 알게 할 것이다. 예를 들어 의료산업의 Accountant는 첨단기술산업의 Accountant와 다르기 때문이다.

- 직무수행에 대한 업적은 2~5개만 기재한다. 직무수행을 통해서 당신의 팀의 프로젝트를 어떻게 지원했는가 등의 세세한 사항에 대한 설명은 인터뷰에서 하면 된다.
- 각각의 역할에 대한 주요한 업적을 수량화하여 기재한다. 절감한 액수, 계약과 거래의 성사, 시간 내에 완료한 프로젝트 3~5개 이내만 기재한다. 성과는 결과와 원인의 형식으로 기술한다.
- 행동에 의한 결과의 구조로 기술하는 것이 좋다. 예를 들어, "벤더(vendor)와의 관계를 간소화하는 새로운 절차를 도입하여 연간 약 백만 달러를 절감했다."등으로 기술한다.
- 채용담당자가 평판조회를 지원자에게 요청하면 평판조회의 정보를 제공해야 한다는 사실을 알고 있다. 그러므로 이 문구를 이력서에 담을 필요가 없다. 이러한 무의미한 문구를 이력서에 넣은 것은 무의미하다.
- 가능한 이력서를 다양하게 수정할 수 있어야 한다. 하나만의 공용적인 이력서만으로 모든 지원 시에 공통적으로 사용하지 않는다. 각각의 지원할 때 회사에 적합하게 자신의 독특한 스킬, 자질, 경험 등을 다르게 부각해야 한다.
- 이력서를 수십 번 내고도 지원회사로부터 아무런 응답을 받지 못했다면 이력서를 다르게 작성해야 한다. 이력서 오른편 상단에 사진을 첨부한다. 채용담당자는 이력서 내용을 확인한 다음 반드시

지원자의 인상을 파악하고 싶어 한다. 사진으로서 자신을 어필할 수 있어야 한다.

영문 이력서 작성 사례 분석

외국계 회사는 대개 지원자에게 오픈 포지션의 직무 기술서를 제공한다. 지원자는 지원하는 포지션의 직무 기술서를 요청해서 지원하는 직무의 역할과 책임 그리고 자격요건을 파악해야 한다. 때로는 구두로 지원하는 직무에 대해서 정보를 받는 경우 자신이 직무 기술서를 작성해서 이력서를 작성하는 데 활용하는 것이 좋다. 자신의 직무 경험이 지원하는 포지션에 부합하는지를 직무 기술서와 직무 요건서를 검토하여 이력서를 작성해야 서류전형에 합격할 수 있다.

아래의 사례는 지원자가 인사의 Compensation&Benefits Specialist의 포지션에 지원하여 작성한 이력서와 자기소개서이다. 지원자가 작성한 이력서가 서류심사에 합격할 수 있는지를 살펴보고 미흡한 부분을 어떻게 수정해야 하는지에 대해서 살펴보자.

Job Description	
Division: HR Job Title: C&B Specialist Report to: C&B Manager	
Roles and Responsibilities	**Percentile**
1. Compensation&Benefits ◦ Supports compensation and benefits manager who plans and decides about employee pay, benefits, rewards and other forms of compensation. ◦ Conducts research and analysis in HR areas including compensation, such as salary survey, its statistics and market analysis. ◦ Plans and administrates C&B programs and processes in accordance with compensation strategy and policy. ◦ Conducts job classifications, position evaluations, preparing job descriptions, assessing the budget impact of compensation and labor cost.	30%
2. Payroll operation ◦ Processes and coordinates various payroll-related activities accurately and on time; activities are preparing payments, benefits, taxes, and calculating overtime, incentives, etc. ◦ Maintain payroll records and be prepared for payroll audit.	20%

Roles and Responsibilities	Percentile
3. Human Resource Information System ◦ Updates and maintain HR database such as SAP, employees' master file and organization records to provide accurate employee status, statistics and reports. ◦ Headcount management and reports	20%
4. Business Partner ◦ Conducts as a business partner to provide the professional advice and counsel in accordance with the HR philosophy and strategy to leverage the business growth and success.	(20%)
5. Other HR related activities ◦ Support the HR related activities for the HR function' s effectiveness and efficiency. ◦ Participates in Global / Regional projects and conducts the employee communication session.	(10%)
Total	100%

Job Requirement
1. Years of work experience: 4~6 years of experience ◦ Must: C&B experience ◦ Preferred: SAP experience 2. Educational background: University degree 3. Skills, knowledge and attitude ◦ Accuracy and detailed operation ◦ Strong organizational and time-management skills ◦ Strong interpersonal and communication skills ◦ Self-starter and highly motivated ◦ Knowledge over the labor law and general HR ◦ Proficient at Microsoft office ◦ Good English communication ◦ Understands and applies statistics in report writing and decision-making

RESUME

PERSONAL INFORMATION

Name: Ji Won Ja

Date of birth: 1987

Address: Seocho–Dong Seocho–Gu, Seoul, Korea

CAREER OBJECTIVE

Professional Position in Human Resources

PROFESSIONAL SKILLS PROFILE

3.5 years of experience in HR field with strong academic training and credentials

- ○ Compensation&Benefits including rewards and incentive
- ○ Recruitment; New and career employees, Interns, International Students of regular and contract base employees
- ○ Employees' Training
- ○ Knowledge over the labor laws
- ○ Strong communication and interpersonal skill
- ○ Strategic thinking and problem solving skills

EDUCATION

- ○ Law school at ○○○ University, Seoul, Korea(2014 to Present)
- ○ Bachelor of Business Administration, ○○○ University, Seoul, Korea (GPA of 3.5 / 4.0, 2006–2011)

○ Exchange Student by Scholarship, university of ○○○ in UK (Pass, 2008–2009)
○ Honor Scholarship (2 semesters)

VOLUNTEER

○ Voluntary service for children at ○○○ Youth Centre (2007)
○ Voluntary service for seniors at ○○○ Welfare Centre (2007)
○ Member at English discussion club "○○○ Society" (2009–2010)
○ Member at English literature in University (2006–2008)

EMPLOYMENT EXPERIENCE

Jan 2011 – Jan 2014 HR Assistant in HR Team

Seoul, Korea

HRIS maintaining&updating

○ Updated and managed No. of employees and executives status for compensation and payroll operation
○ Provided organization chart, database and pay table for performance appraisals
○ Responsible for HR report about HR issues weekly basis

Performance management and appraisal

○ Assisted planning and implementing appraisal system
○ Recorded new promotion and reorganization in accordance with performance appraisal results

Recruitment, Training planning&implementation

- ○ Planned annual recruitment in accordance with yearly business plan
- ○ Hired career employees and non-regular employees (contract / dispatch / part-time)
- ○ Processed new employees' recruitment, such as campus recruiting, CV screening and interviews support
- ○ Developed employees' training policy and program
- ○ New employee's training: Orientation / On-boarding / Team-assignment / Retention
- ○ Administrated Internship program: selection, adaptation, OJT assessment, orientation, employing and payroll management

Compensation&Benefits planning and implementation

- ○ Assisted to design salary structure and increase regular employees' yearly base up
- ○ Planned annual labor cost for total compensation budget
- ○ Managed employees' vacation and promoted to use annual leaves for employees' motivation and reimbursed for unused vacation leaves
- ○ In charge of planning and implementing benefits policy:
  - Reward package for excellent employees and long-term employees to improve employees' engagement
  - Educational expenses
  - Gift program for holidays, birthday presents and other works for family events

Payroll operation(salary, bonus, severance pay)

○ Payroll management in accordance with Korean labor law(salary, incentive and allowance)

○ Implemented overtime guidelines and updated system

○ Ensured providing severance pay accurately on time after retirement

○ Planned and managed Year–end tax adjustment

GHR

○ Revised overseas HR policies and guidelines

○ Started subsidiary communication sessions for global HR managers to share HR issues and deal with them

HRP (System improvement)

○ Surveyed employees' satisfaction

○ Diagnosed organizational culture and developed it

○ Updated recruiting system and retirement process

Nov 2008 ~ Feb 2009 Intern:

Worldwide consulting company, Seoul, Korea

○ Updated and maintained salary survey database

○ Planned and supported HR seminar

○ Worldwide HR report translation

Aug 2008 ~ Nov 2008 Intern: Research Institute Seoul, Korea

○ Project on labor laws
  - Comparing labor laws conditions between OECD countries and Korea
  - English / Korean translation for research data on labor unions
  - Research on legislation / law books from OECD countries

OVERSEAS EXPERIENCE

University Exchange Student in UK(2008–2009)

Secondary School in UK(2001–2002)

Kindergarten in Paris, France(1993–1994)

SKILLS AND CERTIFICATION

○ Excellence in English communication (TOEIC 970, OPIc AL) _ both at oral and written

○ Proficiency in MS Office and other computer programs (E–TEST PROFESSIONALS Level.2)

Cover letter

Dear HR manager,

I quit my previous company on Jan of this year after 3 years of work to change my career as a lawyer, and I am now studying at Law school. However, I came to realize my career vision is human resources as past, which I have specialized for over 3.5 years including internships. I am currently seeking to work in a foreign company where I can show both my HR knowledge and English ability, and I would appreciate your assistance if you could provide on giving a chance to work with you.
I have extensive Human Resources work experience; Recruitment, training employees, appraisal, compensation&benefits (rewards, reimbursements), payroll and global HR. I also have gained practical and comprehensive experience and knowledge over labor law.

Here is my significant educational background and work qualifications:

○ Graduated from OOO University with a Bachelor's degree and solid academic performance.

○ Experienced practical HR area in various institutions such as HR consulting firm, research institute and one of the Korean major companies.

○ Received scholarship for 2semesters during University years.

○ Study abroad experience in the UK for 2 years in total, enabling outstanding English communication skills

My experience and knowledge include the full range of human resources area, all of which are clearly highlighted on the enclosed resume that will demonstrate my strong desire for professional advancement. I want to apply this challenging C&B specialist position.

Your insight and advice would be greatly appreciated. Should your company's busy schedule permit, I would like to have an opportunity to have an interview.

Thank you in advance for your consideration.

〈원본 이력서와 자기소개서 분석〉

No	구분	내용
1	Career Objective	○ "Professional Position in Human Resource"를 "Compensation&Benefits Specialist"로 구체적인 지원 포지션으로 수정하는 것이 바람직하다.
2	Professional skills profile	○ Compensation&Benefits, Recruitment, Employees' Training 등의 기술이 단조롭다. ○ 업무의 강점, 관리 역량과 인성 역량의 강점과 장점을 구분해서 제시하는 것이 바람직하다.
3	Education	○ 이력서의 첫 페이지에 자신의 경력의 하이라이트를 보여주는 것이 좋다. ○ 교육과 수상 기록은 뒷장으로 이동하는 것이 바람직하다.
4	Employment experience	○ HRIS maintaining&updating, Performance management and appraisal 등의 8가지로 업무 경력을 기술하고 있다. ○ 업무 경력을 직무 기술서에서 제시한 C&B Planning, Payroll, HRIS, GHR의 순으로 기술하여 지원자의 업무경력을 체계적으로 판단할 수 있도록 한다.

No	구분	내용
5	지원 의사	◦ "I would appreciate any assistance you could provide on giving a chance to work with you." 라는 표현은 구직을 애원하는 표현으로 임팩트(impact)를 줄 수가 없다. ◦ 자신의 강점을 표현하고 회사의 인재로 어떻게 성과를 창출하겠다는 의지를 표현해야 한다.
6	경력과 스킬	◦ 이력서에 업무 성과에 대한 기술이 미약함. Cover letter에서 업무성과에 대해서 보완하는 것이 좋다.
7	장점	◦ Cover letter에서 학력과 학교를 자신의 장점으로 기술하였는데 이것을 지원자의 핵심역량으로 인식시키기에는 미흡하다. ◦ 자신이 갖고 있는 직무 역량, 관리역량과 인성 역량을 임팩트(impact) 있게 부각시키는 것이 더 바람직하다.
8	이력서 페이지	◦ 이력서의 장수가 많다. 간결하게 작성하는 것이 좋다. ◦ 구체적인 사항은 면접에서 보여주고 이력서는 간략하게 작성한다.
9	이력서 / 자기소개서 종합	◦ 이력서를 자신의 장점과 전문성이 부각될 수 있도록 구조화시킬 필요가 있다. ◦ 자기소개서에서 자신의 강점에 대해서 강력한 인상을 심어주지 못하고 있다.

이상의 문제점을 보완하여 아래와 같이 이력서와 자기소개서를 수정했다.

Ji, Won Ja

Date of Birth: 1987

Seocho–Dong Seocho–Gu, Seoul, Korea

OBJECTIVE

Compensation&Benefit specialist position in Human Resource

PROFESSIONAL SKILLS PROFILE

○ Good interactive skill and communication skill specially in English
○ Problem solving and market analysis in a speed changing market situation
○ Ability to work on multiple task in a fast paced environment with tight deadlines
○ Practical, comprehensive knowledge over labor law
○ Well–versed in organizing a broad range of works
○ Strong sense of responsibility and pursue perfection in works
○ Personal qualities including positive, adaptable, patient and detailed
○ Excellent Computer skill (Excel, Word, PPT, SAP program)

PROFESSIONAL EXPERIENCES

Jan 2011–Jan 2014: HR Assistant, Compensation and Benefit Specialist in HR Team
Seoul, Korea

C&B planning and implementation

○ Operated and managed diverse compensation&benefit related tasks

○ Performed C&B Survey (Mercer survey for regular employees, competitor survey for non-regular employees)

○ Assisted to design salary structure range scheme

○ Executed yearly budget planning for labor cost designing compensation and benefits program

○ In charge of planning benefit policy, implementing program and executed it

Payroll operation

○ Execution for employee payroll in accurate manner by due date

○ Year-end tax adjustment management

○ Follow up 4 Social Major Insurance, Severance pay and Tax report

○ Executed employee benefit program (Incl. Medical Check-up, Group Life insurance, congratulations and condolences, etc.)

Global HR

○ Involved global HR projects;

- Global HR policies and guidelines set up and integration project
- Communication, presentation and integrating session to share HR issues of each subsidiary
- Benefits improvement for overseas expatriates (such as relocation expenses)

HRIS maintaining&updating

○ Updating and maintaining employees database, organization chart, pay table (by SAP) to provide HR system
○ Surveyed and system updating for employees' satisfaction, organizational culture, recruiting and retirement

INTERN

Nov 2008 – Feb 2009: Consulting of Worldwide, Seoul, Korea

○ Updated and maintained salary survey database
○ Planned and supported HR seminar
○ Worldwide HR report translation

Aug 2008 – Nov 2008: Research Institute Seoul, Korea

○ Project on labor laws
  - Comparing labor laws conditions between OECD countries and Korea
  - English / Korean translation for research data on labor unions
  - Research on legislation / law books from OECD countries

EDUCATION

Mar 2014–Present: Law school at University, Seoul, Korea

Mar 2006–Feb 2011: Double Major in English Literature and Management (B.A and B.B.A degrees)

Outstanding Educational Achievement Scholarship for 4 Semesters

GPA: 3.5 of a possible 4.0

Exchange Student by Scholarship, University in UK (PASS, 2008–2009)

Mar 2004– Feb 2006: High school, Kyoungki–do, Korea

OVERSEAS EXPERIENCE

University Exchange Student in UK(2008–2009)
Secondary School in UK(2001–2002)
Kindergarten in Paris, France(1993–1994)

SKILL AND CERTIFICATION

Excellence in English communication (TOEIC 950, OPIc AL) _ both at oral and written
Proficiency in MS Office and other computer programs (E–TEST PROFESSIONALS Level 2)

VOLUNTEER AND ACTIVITIES

- ○ Member at English discussion club (2009–2010)
- ○ Voluntary service for children at Youth Centre (2007)
- ○ Voluntary service for seniors at Welfare Centre (2007)
- ○ Member at English magazine reading club in University (2006–2008)

Cover letter

Ji, Won Ja
Seocho–dong, Seocho–go
Seoul, Korea

March, 2014

To whom It may concern;

Dreaming of lawyer I have been studying in a Law school, quitting previous company on Jan of this year. But soon I recognized lawyer is quite different from what I had dreamed of. This gave me an opportunity to reflect my three years' experiences and my vision in the previous company once again and I concluded that HR is my concrete vision in my life at work. And I also became to know previous company's culture was pressure to work there and I recognized multinational company is quite fit to me and I decided to newly start in a multinational company. Also I want to utilize my English skill in future's company. Also I want to work more speed and smart organization rather than big layer of communications in big company. In Korean company HR has a strong planning skill. Otherwise foreign company requires a detailed and accurate skill of HR with English communication skill. So I want to work multinational company rather than local company and followings are my strong skills experienced for three years.

Here are a few of my significant capabilities:

- ○ Planning skill with problem solving skill. I planned many C&B programs and solved them with problem solving process.
- ○ I can design compensation structure and salary range of each job code under job framework. And I can analyze total labor cost and its efficiency.
- ○ I had several global projects experiences from intern to previous company. These projects covered foreign employees' recruiting, compensation planning and labor issue of subsidiary employees' grievances problem. If I will involve these kind projects I can lead and work in English.

HR, as a business partner, is important for company. Business partner of HR means not only select, develop right people but also support SBU to solve their people issues as a consultant role. This kind of competency requires a basically communication skill. HR has to make organization success with positive communication skill among employees. For three years experiences I recognized communication is core value for HR and I can develop it and will be an expert in HR field.

With this goal in mind, I attached my resume to provide detail information.
Finally, I would like to thank you for your consideration and your time.
I look forward to having an interview with you soon.

If you have any other queries, please do not hesitate to contact me either via e-mail at or mobile phone.

Thank you.
Sincerely, ji, Won Ja

연구 과제

1. 자기소개서를 작성해 보자. 그리고 자신의 자기소개서를 검토해 줄 수 있는 모니터링 그룹을 구성하고 자신의 자기소개서의 평가를 요청하자. 자기소개서에서 키워드가 무엇인가를 묻고 자신이 생각한 키워드와 비교해 보자.
2. 자신이 성공했던 일 5개를 작성해 보자. 그리고 자신이 지원할 직무를 세 가지 선정하고 지원하고자 하는 직무의 직무 기술서와 직무 요건서를 작성해 보자. 자신의 역량과 지원하고 싶은 직무 역량과 비교해 본다. 지원한 직무에 지원하기 위해서 부족한 역량이 무엇인지를 파악하고 그에 대한 개발 계획을 수립해 보자
3. 자신의 이력서의 포맷을 설계해 보자. 이력서에 자신이 기술할 항목이 무엇인지를 구상해 보자. 그리고 자신이 지원하고 싶은 회사를 선정해서 그 회사의 이력서를 보고 자신이 구상한 이력서의 구성 항목과 비교해 보자.

+

Chapter 3

면접전략

+

01 + 면접전략은 왜 필요한가?

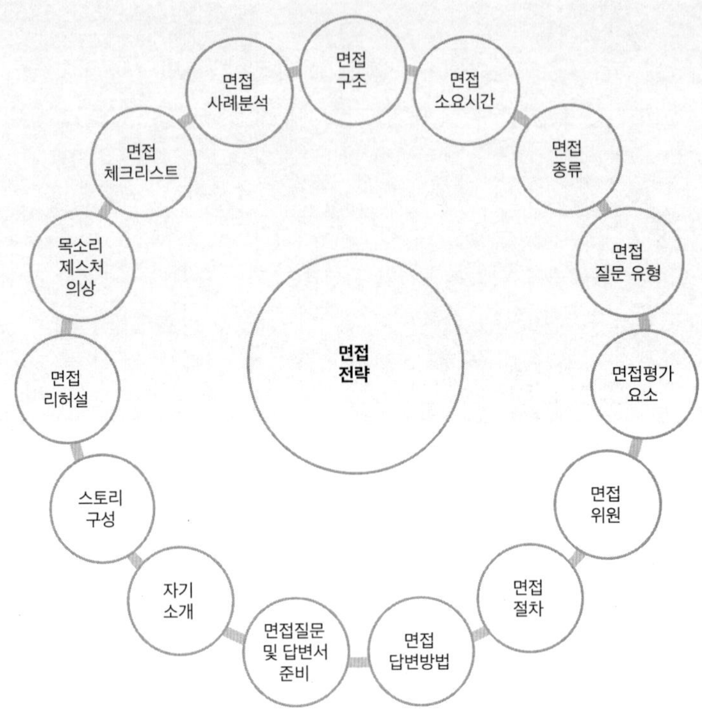

면접이란 무엇인가?

채용에서 면접은 '구인하는 회사가 필요한 인재를 선발하기 위해서 면접관이 지원자를 직접 또는 간접적으로 만나서 지원자의 역량을 확인하는 행위'이다. 면접이란 기업의 입장에서는 유능한 인재를 선발하려는 목적이 있고, 지원자의 입장에서는 탈락하지 않고 살아남아야 하는 일종의 서바이벌 게임이다. 일반적인 게임에서는 자신과 상대방에게 동일한 게임의 규칙이 주어진 상태에서 승패를 가리지만, 면접은 채용하는 측이 지원자에게 일방적으로 평가하고 승부를 결정한다. 그리고 승패의 기준도 공개하지 않는 불공정한 게임이다. 지원자는 자신이 탈락했을 경우 그에 대한 평가 기준조차 알 길이 없는 경우가 대부분이다. 비록 면접이 이토록 일방적일지라도 전투에서와 마찬가지로 상대방의 무기를 분석해서 전략과 전술을 세워 대응한다면 지원자도 소기의 성과를 올릴 수 있다. 바로 이러한 이유로 면접을 게임 혹은 전투라 불러도 무리가 아닐 것이다.

면접의 전쟁에서 자신이 준비해야 할 무기를 알아야 한다

지원자는 지원하는 회사가 필요한 인재를 선발하기 위해서 어떠한 면접 기법과 도구들을 활용하는지를 분석하고 그것에 대한 전략을 개발하고 대응한다면 좋은 결과를 얻을 수 있다. 그래서 면접에 관련된 모든 요소를 파악하고 면접관은 어떠한 무기를 보유하고 있는지를 먼저 파악하고 자신은 그에 대응하기 위해서는 어떠한 대응 전략과 무기를 활용해야 할 것인가에 대한 방어 전략을 수립하여야 한다.

면접은 면접관의 입장에서는 탈락시켜야 할 지원자를 탈락시키고 합격시켜야 할 우수인재를 선별하는 것이고 지원자의 입장에서는 이러한 서바이벌 게임에서 최종까지 살아남아 취업이라는 관문을 넘어야 한다. 그래서 지원자는 이러한 면접의 전쟁에서의 고려할 수 있는 모든 요소를 파악하고 자신에게 투하될 면접관의 공격무기에 대항하기 위해서 자신의 강점을 방어 무기로 갈고 닦아서 전쟁에서 살아남아야 한다.

〈면접의 목표〉

면접위원의 목표	지원자의 목표
◦공격 ◦탈락시키는 것이 목표 ◦약점을 잡아서 떨어뜨려야 함.	◦수비 ◦붙는 것이 목표 ◦강점을 내세워서 합격해야 함.

공격자로서 면접위원의 무기

다음은 면접위원이 제어하고 사용하는 면접의 요소들이다. 면접에서 승리하기 위해서는 면접위원의 전략을 잘 이해하고 이에 대한 대비를 해야 한다.

구분	내용
면접질문의 구조	면접질문을 정교화하게 하고 구조화하여 지원자를 탈락시킨다.
면접위원 교육	◦면접관은 면접에서 지원자가 답변하는 것을 정확히 판단할 수 있도록 면접 평가 스킬을 개발한다. ◦기업은 전문 면접관을 양성하고 그들을 통해 면접을 실시하여 인재를 채용한다. ◦면접의 질문항목, 면접 방법, 평가방법을 개발하고 교육한다. ◦이러한 일련의 교육을 통해서 인재를 선발한다. 면접위원의 가장 중요한 역할은 면접 역량을 개발하여 좋은 인재를 선발하고 그렇지 않은 지원자를 탈락시키는 것이다.
면접 절차 및 면접 종류	◦한 번의 면접이 아니고 여러 번의 면접을 통해서 합격자를 선발한다. ◦면접의 종류를 다양화하여 지원자의 역량을 다원적으로 평가한다.
면접시간	◦짧은 면접시간에 지원자를 압박하여 긴장감을 극대화시킨다.
면접 평가항목	◦면접에서 지원자를 평가하는 평가요소이다. 면접 평가요소에 대한 심층면접을 통해 지원자의 핵심역량을 분석하고 평가한다.
면접질문유형	◦지원자의 역량을 파악하기 위해서 심층질문과 결부하여 질문의 유형을 다양화한다.

수비자로서 지원자의 방어 무기

지원자는 이러한 면접관의 공격 전략에 대응하기 위한 방어 전략을 수립해서 면접관의 질문에 효과적으로 대처해야 한다. 지원자가 면접에 살아남기 위한 전략 요소와 방어 무기는 아래와 같다.

지원자의 무기	내용
예상질문 및 답변서 준비 및 작성	면접에서 나올 수 있는 면접질문은 한정되어 있다. 예상 면접질문과 답변을 대비하여 준비하면 면접에 합격할 수 있다.
면접 리허설	면접 연습을 충분히 한다. 프레젠테이션, 토론 면접을 통해서 자신의 면접의 강약점을 파악한다.
답변방법	구조화되고 정교한 면접질문을 잘 분석하고 이에 대한 답변 전략을 세운다.
자기소개 전략	어느 인터뷰나 자기소개로 면접을 시작한다. 자기소개에서 면접관이 어떤 사항을 원하는지에 대해서 철저히 전략을 수립한다.
답변 방법	자신의 약점이 무엇인지를 잘 파악하여 면접위원이 약점을 파고들어도 이를 방어할 수 있어야 한다.
면접 자세, 톤(tone), 제스처(gesture), 복장	자신에게 맞는 면접 답변 억양, 답변 자세, 답변 방법, 어조, 제스처, 복장과 첫인상을 준비한다.
성공 스토리 개발	면접에서 자신의 강점을 최대한 잘 드러낼 수 있는 성공 스토리를 개발한다.
면접 체크리스트	면접의 체크 리스트를 만들고 빠진 점과 추가 준비해야 할 사항 등을 점검한다.

02 + 면접은 지원자의 어떤 면을 평가하는가?

채용 선발의 도구 중 필기시험과 면접이 주요한 선발 도구이다. 필기시험은 모든 지원자를 객관적으로 평가할 수 있는 공정성과 객관성을 갖고 있다. 반면 면접은 기준이 존재하더라도 면접위원의 주관적인 판단이 개입되기 때문에 객관성을 담보할 수는 없다.

그러한 단점에도 불구하고 거의 모든 채용에서 면접이 필기시험보다 면접의 합격을 결정하는 도구로 더 중요해지고 있다. 실례로 공무원의 채용과 면접이 확대돼가고 있는 추세이다. 5급 공무원 선발의 경우, 과거에는 면접에서 탈락하는 인원이 극히 일부였으나 최근에는 30% 이상의 인원이 면접에서 탈락한다. 고등학교의 학생선발에서도 면접이 큰 비중을 차지하고 대학교 입시에서도 입학사정관제를 도입하여 면접을 통해서 학생을 선발한다.

이렇게 채용에서 필기시험이 객관성을 가장 잘 담보할 수 있는 선발 도구임에도 면접위원의 주관적인 판단이 개입할 여지가 있는 면접으로 채용을 결정하려는 이유는 무엇일까?

이것은 한편으로는 면접을 통해 필기시험과 스펙으로는 알아보기 힘든 역량을 파악할 수 있기 때문이고 다른 한편으로는 회사나 기관, 대학이 '능력 있는' 인재임과 동시에 조직과 업무에 '적합한' 인재를 원하기 때문이다. 서류를 보고 능력 있는 인재를 뽑았지만 조직이나 업무에 적응하지 못하는 사례들이 증가하면서 면접의 역할이 중요하게 된 것이다. 적합성이나 창의성은 직접 만나지 않고서는 확인하기 힘든 덕목이다. 아래의 표는 필기시험과 면접을 통해 지원자로부터 판별해 낼 수 있는 사항을 요약한 것으로 인재 선발에서 면접이 갖는 필요성과 중요성을 잘 보여준다.

〈필기시험과 면접의 비교〉

구분	필기시험	면접
평가 내용	◦지식 ◦기술 ◦암기 능력	◦창의성 ◦가치관 ◦인간관계 ◦문제해결 방법 ◦사고체계 ◦심리상태 및 행위 관찰
특징 및 장단점	◦점수화 ◦정량화 ◦객관화 ◦서열화 ◦사람의 내면과 감성을 평가하는 데 제한적임.	◦주관적 ◦정성적 ◦사람의 감성과 내면을 평가

위의 표에서 나타나듯이 채용 기관과 업무의 특수성에 따라 다소 차이가 있기는 하지만 합리적 사고와 창의성이 면접에서 가장 중요하게 평가하는 요소들이다. 두 가지 평가항목에 대해서 좀 더 자세히 알아보자.

합리적인 사고체계의 검증

경영에서 좋은 성과를 얻기 위해서는 조직원 각각의 '역량'뿐 아니라 의사 결정자의 '의사 결정 능력'과 '판단력'이 중요하다는 것을 많은 사례들이 알려주고 있다. 그리고 '올바른 결정'은 의사 결정권자의 합리적인 사고체계에서 나온다. 경영 과정이 복잡하면 복잡할수록 적절한 판단과 합리적인 사고체계가 더욱 더 중요해 진다.

필기시험은 지원자가 갖고 있는 지식을 평가할 수 있지만 합리적인 판단을 할 수 있는 사람인지를 확인하기에는 미흡한 도구이다. 경영에서는 한 사람의 잘못된 판단이 회사에 결정적인 영향을 미칠 수 있다. 특히 위기 상황에서 잘못된 판단은 회사의 운명을 나락으로 떨어뜨리는 결과를 초래할 수 있다. 그래서 채용 시 면접을 통해서 지원자가 합리적인 사고체계를 보유하고 있는가를 반드시 검증하고자 한다. 면접의 목적 가운데 하나는 지원자가 합리적인 사고와 판단을 할 수 있는 능력의 소유자인지를 검증하는 데 있다.

창의적인 인재의 필요성

창의성을 둘러싼 우리의 고정관념 가운데 하나는 패션이나 광고, 방송, 엔터테인먼트 등 이러한 일정 분야에서 창의성이 가장 중요한 덕목으로 생각하는 것이다. 이 분야에서 창의성이 보다 요구되는 측면이 있기는 하지만 이런 생각은 창의성을 협소한 의미로 해석한 것이다.

일반적인 경영, 금융 투자, 영업, 각종 프로젝트 나아가 조직관리와 위기관리에 이르기까지 알고 보면 창의력 있는 상상력이 요구된다. 지금 시대는 엄청난 지식과 정보를 정리하고 취합하여 창의력 있는 발상과 제안을 하는 인재를 보다 필요로 한다. 필기시험과 스펙은 인재의 창의성을 검증하는데 일정한 한계가 있을 수밖에 없다. 반면 면접은 지원자의 합리적인 사고체계를 검증하고 창의적인 인재를 선발하는 데 보다 유용한 검증 도구이다.

03 + 어떤 종류의 면접들이 있는가?

면접은 객관성이 떨어지고 편파적일 가능성이 있다는 우려가 있다. 이것은 면접이 면접관과 지원자가 직접 만나서 토의하고 대화하는 것이라서 서로 간의 감정이 개입되고 면접관의 주관적인 오류에 의해 평가할 개연성이 있기 때문이다. 그래서 선발에서 면접의 비중이 높아질수록 면접의 객관성 보장이 필연적으로 요구한다. 때문에 면접에서 주관적인 평가를 최대한 배제하여 객관성을 높이고 면접을 통해 적합한 인재를 얻기 위한 다양한 면접 방법들이 모색되고 있다. 최근에는 다양한 형태의 면접 방법을 개발하기도 하고, 한 번에 두 종류 이상의 면접을 실시하거나, 면접시간을 늘려서 심층면접을 함으로써 면접의 객관성을 확보하려고 한다. 최근에 많이 실시하는 주요 면접방식으로는 집단면접, 개별 면접, 프레젠테이션 면접, 토론면접, 영어면접 등이 있으며 경우에 따라 상황면접, 현장면접, 실습면접 등을 가미하고 있다.

아래의 표는 면접의 종류를 알려 주고 각각의 면접의 장단점, 지원자가 유의해야 할 사항을 정리한 것이다.

〈면접의 종류〉

면접 종류	면접의 내용
개별 면접	**일대일 면접** 지원자와 면접위원이 각각 한 명씩 마주하여 면접을 진행하는 방식. 지원자에 대해 보다 구체적이고 다양한 정보를 얻을 수 있다. 1:1 진행이므로 비교적 편안한 분위기의 면접이 진행될 수 있다. 대규모 공채보다는 소규모의 채용에 적합한 방식. 대화를 통해 면접위원과 유대감을 쌓는 것이 좋다. **다대일 면접** 지원자 한 명과 면접관 두 명 이상으로 진행되는 면접 방식. 일대일 면접보다는 긴장감의 여지가 있다. 자신의 답변을 여러 명의 면접관이 다른 방식으로 받아들일 수 있다. 여러 명의 면접관이 오로지 지원자 한 명에게만 집중하고 있기 때문에 일관성이 있는 답변을 하여 신뢰성을 유지하는 것이 중요하다.
집단면접	지원자와 면접관 모두 여러 명으로 구성되어 진행되는 면접 방식. 다른 지원자들의 답변을 신경을 써야 한다. 발언의 기회를 놓치면 면접관들의 기억에서 지워지기 때문에 긴장감이 배가 된다. 지원자들의 자신감, 대인관계, 리더십 등을 엿볼 수 있는 장점이 있고 시간 절약의 차원에서의 이점이 있기 때문에 주로 대기업의 채용에서 채택하고 있는 면접 방식이다.
집단토론 면접	보통 5~10명 정도의 지원자가 한 팀이 되어 토론 형식으로 진행되는 면접이다. 주어진 주제에 대하여 지원자들이 토론하는 관점을 지켜보며 개별적인 평가가 이루어진다. 토론 시에 본인의 논리를 강하게 표현하기 보다는 토론자들의 의견을 존중하고 합의점을 찾는 자세가 중요하다. 찬반 토론의 경우, 상대팀의 의견을 존중하는 자세가 좋다. 보통 대기업의 공채 채용 시에 이용되는 방법이다.
프레젠테이션 면접	주어진 주제에 대해 지원자가 자신의 의견, 경험, 지식을 발표하는 면접이다. 이 면접은 사고력과 표현력, 발표력은 물론 전문적인 지식과 기획력, 분석력을 파악하는 데 장점이 있다. 프레젠테이션이 끝난 이후에 면접위원과 발표한 주제에 대해서 개별 질문과 토의가 이어진다. 특히 컨설팅 회사에서 압박면접과 함께 많이 사용되는 면접 방식이다.
직무능력면접	지원자의 능력과 인성 및 태도 등을 심층적으로 파악하기 위한 면접 방식이다. 기사 작성이나 기획안 작성, 토론, 발표 등으로 진행되며 종합적으로 평가하기 위해 1박 2일 연수원 등에 합숙하면서 다면 평가방법으로 진행한다.
자율면접	이력서나 성적 증명서 등 서류를 받지 않고 면접에만 의존해 채용을 결정한다. 전공과 성별의 구분도 없다. 면접 장소도 공원과 같은 야외를 선택하며 지원자가 원하는 시간에 아무 때나 면접을 한다. 면접위원이 지원자들이 어울려 운동을 하거나 대화를 하면서 자율성, 팀워크, 책임감 등을 평가한다. 지원자는 자신을 PR하기 위해 춤, 노래 등 장기 자랑을 해도 된다.

면접 종류	면접의 내용
무자료면접(Blind Test)	지원자의 이름 외에 아무런 정보를 제공하지 않고 진행하는 면접이다. 지원자에 대한 어떠한 편견과 선입견도 배제된 채, 있는 그대로를 평가할 수 있는 장점이 있다. 지원자들은 무엇보다 스스로에 대한 자신감을 가지고 면접에 임하는 것이 중요하다.
동료면접	이 면접은 지원자들이 다른 지원자들을 평가하는 방식으로 진행된다. 지원자들을 5~10명 정도의 조로 나누어 프로젝트를 진행하거나 토론을 하도록 유도한다. 프로젝트나 토론을 마친 후에 자신을 제외한 다른 지원자들을 평가한다. 함께 근무하고 싶은 사람, 신뢰도, 인간성, 사교성 등을 서로 평가한다. 총 면접 점수에서 10~15% 정도를 반영하는 것이 일반적이다.
술자리면접	지원자를 긴장시키지 않은 상태에서 평가하는 면접방식이다. 자세가 흐트러지지 않게 자신을 컨트롤 하는 것이 필요하고 긴장하지 말고 여유를 가지고 차분하게 행동해야 하는데 면접위원은 지원자와의 격의 없는 대화를 통해 지원자의 인성과 적성, 가치관 등을 평가한다. 이 면접은 지원자의 지식이나 스킬을 평가하기 보다는 지원자의 태도나 정서를 파악하는데 목적이 있다.
노동조합 면접	회사 간부나 직원이 참석하는 면접 외에 노동조합의 면접을 한 번 더 치르게 하는 방식으로 인사권의 일부를 노조에게 위임하는 제도. 함께 일할 동료 간의 인간관계를 원만하게 유지하는데 목적이 있다. 노동조합 대표가 면접위원으로 참여하는 경우도 있다.
실무자면접	실무나 일반 사원들이 면접하는 면접 방식이다. 주로 지원자의 실무와 관련된 전공 지식과 실무 능력을 평가하고 사원들과의 친화력, 적응력을 테스트한다. 실무를 보는 사원들이 면접위원이 되므로 지원자의 실무지식을 평가하기에 좋은 면접 방법이다. 통상 리더나 임원이 면접을 보기 전 단계로 진행된다.
압박면접	서울에 바퀴벌레는 몇 마리인가요? 서울에 바퀴벌레가 몇 마리 있는가를 아는 사람은 아무도 없다. 물론 면접위원도 정답엔 관심이 없다. 질문의 목표는 면접을 받는 사람을 당황하게 만드는 것이다. 그리고 지원자가 어떻게 대처하는지 그 태도를 관찰한다. 상황에 대처할 수 있는 능력과 자질을 테스드하기 위한 면접이다.
다차원면접	여러 장소를 옮겨 다니면서 다양한 상황을 연출하면서 지원자의 행동과 말을 관찰하여 평가하는 면접 방식이다. 적극성과 추진력, 인간성을 평가한다.
심층면접	꼬리에 꼬리를 무는 형식의 질문을 하는 면접 방식이다. 지원자가 대응하기 난처한 질문을 던짐으로써 지원자들이 얼마나 안정적인 심리상태를 유지하는가를 분석한다. “소개서를 보니 당신은 영업과 어울리지 않는다. 전공을 살리는 편이 더 좋을 것 같은데 왜 우리 회사에 지원했느냐?” 등의 질문을 함으로써 지원자의 심층적인 심리상태를 평가한다.

면접 종류	면접의 내용
운동경기면접	지원자들의 운동경기를 통한 면접 기법이다. 지원자의 협동심과 기본 체력, 대인관계 등의 항목을 평가한다. 최종 면접에 오른 지원자들을 기존 사원들과 함께 경기하여 평가를 한다. 강한 정신력이 필요한 직무에서 평가하기 위한 면접 방식이다.
합숙면접	합숙면접은 24시간 지원자들을 평가하는 면접 방식이다. 합숙면접은 레크리에이션, 게임, 미션 등을 구성하여 면접을 진행한다. 이 과정을 통해서 지원자들의 인성, 과제 해결능력, 위기대처 능력을 파악하는 데 목적이 있다. 합숙면접에서 가장 큰 비중을 차지하는 것은 팀워크이다.
요리면접	요리 실습을 통한 면접 방식이다. 또 자신이 만든 작품에 대해 얼마나 논리적인 설명을 붙이는지, 그리고 요리를 만들면서 얼마나 협동심과 지도력을 발휘하는가를 평가한다. 요리를 얼마나 능숙하게 만드는가와 합격은 그다지 관계가 없다. 얼마나 창의적인 요리를 만드는가를 통해서 창의성을 평가하는데 목적이 있다. 식품관련 회사에서 응용할 수 있는 면접 방식이다. 요리를 알아야 고객을 이해할 수 있다는 회사의 철학을 면접에 반영하는 방식의 면접이다.
그림 면접	지원자의 창의력과 자기 표현력을 알아보기 위해 자기 PR을 적색, 흑색, 청색 사인펜으로 A4용지 한 장에 자신을 표현할 수 있는 사물이나 동물을 그리라는 주문을 한다.
행동관찰 면접 (Behavior interview)	과거의 행동과 경험을 통해서 미래의 행동을 예측하여 평가하는 면접 기법이다. ◦ Situation: 당시의 상황과 배경은 어떠했는가? ◦ Task: 당시의 해결해야 할 문제는 무엇이었는가? ◦ Action: 그것을 해결하기 위해서 어떤 행동을 했는가? ◦ Result: 행동의 결과는 무엇이었는가? 이러한 행동 준거의 결과를 파악함으로써 지원자가 입사할 경우의 행위의 결과를 예측하는 면접 기법이다.
기술면접 (Technical interview)	기술면접은 실무 전문가가 기술적인 면을 실제로 경험했는가를 검증하기 위해서 지원자와 일대일 면접으로 한다. 소프트웨어 개발 엔지니어가 소프트웨어를 개발한 기술을 구체적으로 확인할 때 해당 전문가가 면접을 한다. 기술면접의 근본적인 목적은 지원자가 해당분야에 대해서 충분한 지식을 갖고 있는지 경험이 있는지를 검증하기 위해서이다. 기술면접은 보통 개발팀장이나 시니어 개발자가 진행한다. 즉, 자신이 입사하면 함께 일할 동료가 면접을 하는 것으로 면접 시 친근한 인상을 남기는 것이 좋다. 개발자끼리 서로 말을 하다보면 이 사람은 같이 일하기 편하겠다 또는 같이 일하기 까다롭겠다 싶은 느낌을 갖게 되므로 아무리 역량이 뛰어나도 같이 일하기 어렵겠다는 인상을 갖게 되면 굳이 채용할 필요가 없게 되기 때문이다.

면접 종류	면접의 내용
패날 인터뷰 (Panel interview)	일대다 면접으로 한 명의 지원자를 두 명 이상의 면접관이 면접하는 형태이다. 이 면접에서 면접관은 지원자가 질문에 대한 이해와 일관성 있는 답변을 하는지를 평가한다. 면접 방법: 1인의 후보자를 앞에 두고 2인 이상의 면접관이 면접을 하는 형태의 면접이다. 평가방법: 2인 이상의 면접관이 공통적으로 이해할 수 있는 답을 할 수 있는지를 관찰한다. 스트레스 상황을 어떻게 극복하는가를 관찰하기 위해 실시한다. 유의사항: 패널리스트 중 한 명이 묻는 질문에 대하여 질문하는 패널리스트뿐 아니라 전체 패널리스트의 눈높이에 맞추어서 답을 해야 한다.

04 + 각 단계별 면접의 목적은 무엇인가?

면접 절차란 면접의 실행 횟수이다. 보통 면접은 3차 이상으로 실시한다. 여러 번의 면접과 다양한 면접을 통해서 지원자의 지식과 문제해결 능력, 태도와 가치관에 대해서 다각적인 평가가 가능하게 하기 때문이다. 그래서 각각의 면접 단계마다 다른 목적을 가지고 면접을 실시한다. 일반적으로 1차 면접은 실무 전문가가 지원자의 지식을 평가하고, 2차 면접은 팀장이 지원자의 문제해결과 합리적인 사고체계를 평가하고, 3차 면접은 임원이 지원자의 태도와 가치관을 평가하는 방식으로 진행한다. 신입사원 면접은 한 장소에서 같은 시간에 한 번에 실시하고 경력사원 채용 면접은 면접 차수를 분리하여 다르게 실시하는 것이 일반적이다.

아래 표는 각각의 면접 단계별로 면접관이 파악하고자 하는 바가 무엇이고 그때마다 면접관의 역할이 어떻게 다른지를 보여준다.

〈면접 절차와 면접위원의 역할〉

면접 절차	면접위원	질문내용
1차	실무전문가	○전공 관련 질문 ○실무 경험의 파악 ○프로젝트 경험 ○지원자의 장단점 ○해당 직무의 적합성
2차	팀장	○사회적 이슈 ○합리적인 사고 체계 ○문제해결 능력 ○의사소통 능력 ○팀웍, 리더십, 문제해결 능력
3차	임원	○지원동기 ○인재상과의 부합성 ○장래성, 입사 후 포부 ○철학, 가치관, 윤리관

05 + 면접 합격 여부를 알려주는 신호: 면접시간

채용 관련 전문기관의 조사에 의하면 지원자 한 사람당 평균 면접시간은 대략 40여 분이다. 세 명의 면접위원이 면접하는 경우, 면접위원 한 사람당 소요시간이 대략 10분 안팎으로 예상하면 총 면접시간은 30분 이상이다. 만약 자신의 면접이 30분 이내에 끝난다면 면접위원이 자신에게 호감을 갖지 않는 것이라고 볼 수 있다. 이런 경우 대개 면접 결과가 좋지 않은 경우가 많다. 이는 면접위원이 면접이 끝나기 전 지원자의 당락 여부를 이미 결정해 버리기 때문에 면접시간이 예상보다 빨리 끝난 것이라고 추정할 수 있다. 면접 시간을 단축시킬 만큼 비호감을 주는 사유에는 기본인성 부족, 의사소통 능력 부족, 면접시간 지각, 자기자랑 등을 들 수 있다.

면접 소요시간은 그래서 면접의 합격과 불합격을 의미하는 신호이다.

〈면접시간 비교〉

비호감 시 면접 소요시간	호감 시 면접 소요시간
10~20분: 1위 10분 내: 2위 20~30분: 3위	30~40분: 1위 50~60분: 2위 40~50분: 3위

06 + 면접에서 어떤 질문을 하는가?

사람이란 존재는 혼자서 살아 갈 수 없는 사회적 동물이다. 사람이 존재하기 위해서는 다른 사람에 대한 이해가 필수 조건이다. 그렇다면 사람들은 다른 사람을 어떠한 프로세스를 통해서 이해하는 것일까? 사람들이 상호 커뮤니케이션을 통해서 서로 이해하는 과정을 몇 단계로 구분할 수 있을까?

면접 역시 일면식도 없는 면접관과 지원자가 만나서 이해하고 소통하는 과정으로, 일반적인 상호 이해 프로세스를 거쳐 면접관이 지원자를 '이해'하게 된다. 때문에 사람 사이의 상호 이해 프로세스 단계에 대한 연구는 면접 과정을 이해하고 면접전략을 구성하는 데 도움이 될 것이다.

사람이 상호 이해하는 과정(Human being's understanding process)

일반적으로 사람들이 서로를 파악하고 이해하는 과정은 대략 세 단계로 구분할 수 있다.

1단계는 서로에 대한 기본 정보를 '탐색하고 알아가는(Know)' 단계이다. 이 단계는 얼굴을 알아보는 정도의 단계에서 나이, 학력, 취미, 종교 같은 기본 정보를 파악해서 관심을 갖는 단계로 발전한다.

즉, 어떤 학교를 졸업했는가, 고향은 어디인가, 취미는 무엇인가, 소득은 어느 정도인가, 살고 있는 곳은 어디인가, 기본적인 자료 데이터부터 시작해서 상대방의 사생활을 크게 침범하지 않는 범위 내에서 많은 정보를 알고 싶어 한다. 이때 상대의 기본 정보와 자신의 공통분모가 발견되면 상대방에 대해서 일차적인 신뢰를 갖기 시작한다. 이제부터 동료의식이나 취미를 같이 할 수 있는 가능성이 생기기 시작한다고 할 수 있다.

2단계는 1단계의 정보를 토대로 한 상호 교류가 발생한다. 기본 정보를 토대로 서로의 이익을 추구하는 단계이다. 이러한 상호 이익을 추구하는 관계는 계약관계로 발전한다. 2단계는 거래와 계약이 성립하는 관계이다. 서로 적극적으로 '원하는(Want)' 단계이다. 이를 위해서 상대방에게 자신이 갖고 있는 보다 고급의 정보를 공개함으로써 적극적인 거래와 상호 교류를 시작한다.

3단계는 2단계의 계약관계를 넘어서 상호 신뢰 관계로 발전하는 단계이다. 결혼, 종교적인 믿음이나 사업의 동반자 관계로 진행하는 단계이다. 이 단계는 법률적 계약관계를 초월해서 상호 '믿음의 관계, 즉 결속(Link)'을 원하는 단계이다. 서로를 신뢰하고 자신과 타인을 동일시하는 단계이다.

아래 그림은 지금까지 알아 본 3단계, 즉 기본 정보를 탐색하는 인지(Know)의 단계, 상호 이해利害관계를 원하는(Want) 단계, 그리고 지속적인 관계를 맺는 결속(Link)의 단계로 진행하는 상호 이해 프로세스를 정리한 것이다.

〈상호 이해理解 과정〉

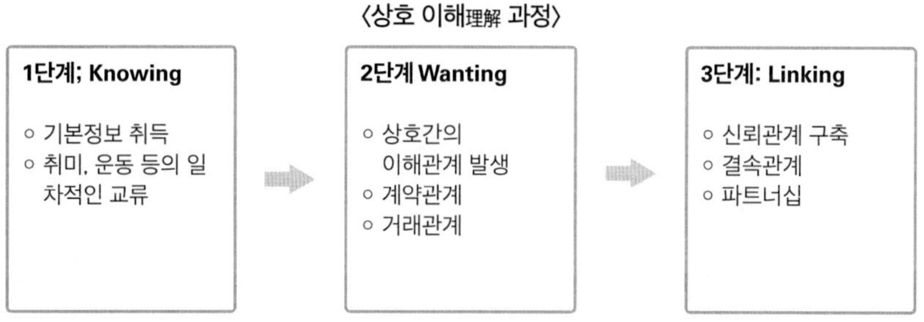

1단계; Knowing
○ 기본정보 취득
○ 취미, 운동 등의 일차적인 교류
2단계 Wanting
○ 상호간의 이해관계 발생
○ 계약관계
○ 거래관계
3단계: Linking
○ 신뢰관계 구축
○ 결속관계
○ 파트너십

그렇다면 면접 과정에서 면접관은 어떠한 상호 이해 과정을 거쳐 지원자에 대한 채용을 결심하는 것일까? 알고 보면 채용 면접은 남녀 간 사랑의 발전단계와 유사한 부분이 많다.

면접의 질문 유형

세 단계 면접질문의 구성

면접의 구성을 이해하기 위해 다시 한번 면접을 정의해 보자. 면접을 하면 면접관이 지원자와 상호 이해 프로세스를 밟으면서 지원자를 이해하게 되는데, 면접은 궁극적으로 신뢰의 가능성을 확인하려는 목표 하에 그러한 의도를 담은 질문들로 짜인 긴박한 시나리오를 구성하여 시연하는 과정이라 할 수 있다. 그래서 면접은 면접위원과 피면접자가 서로를 파악하고 이해하는 행위로 이해할 수 있다.

궁극적으로 기업은 채용한 사원들이 기업의 소유주 오너나 주주들을 위해 충성하고 일종의 결속관계를 갖기를 원한다. 사람들이 남녀 관계이든, 친구 관계이든 심지어 가족 관계라 해도 서로를 이해(理解)하고 이해利害 관계를 맺고, 서로 신뢰하면서 결속관계(Link)를 맺고 싶어 하는 것과 마찬가지로, 면접 역시 길지 않은 시간이지만 이러한 관계 맺기의 모델이 그대로 적용된다. 면접위원이 궁극적으로 확인하고 싶어 하는 것은 서로 결속관계를 맺고 함께 갈 수 있는 가능성의 여부이다. 따라서 면접은 상호 이해하고 공감하고 신뢰를 확인하려는 목적 하에 그에 조응하는 세 단계의 면접질문들로 정교하게 구조화되어 있다.

세 단계 질문들을 좀 더 자세히 알아보자.

○ 1단계 면접질문 유형의 목적: Know

우선 면접이 시작되면 면접위원은 지원자의 생물학적 정보(bio data)는 물론 지원자의 자존감을 해치지 않는 범위에서 여러 정보를 탐색한다.

그리고 지원자의 과거 경력 및 현재 보유하고 있는 직무 수행 능력을 탐색하고 평가한다. 직무를 수행하는 데에 필요한 기술, 지식, 경험 등의 정보를 질문하고 지원자의 수준을 판단한다. 특수한 경우에는 지원자의 학력의 진위 여부를 전문적인 회사를 통해서 파악하기도 한다.

면접의 첫 단계는 지원자가 직무에 대한 중요한 자격을 갖추고 있는가를 알고자 하는 인지(Knowing)의 단계로 정의할 수 있다. 즉, 이 단계의 질문은 지원한 직무를 수행하는 데 적합한 역량을 갖고 있는가를 검증하는 질문들이다.

○ 2단계 면접질문 유형의 목적: Want

지원자가 직무에 대한 지식을 보유하고 있는 것으로 평가되면 회사는 그가 업무를 제대로 수행하기 위한 사고체계를 갖고 있는가를 2단계 면접질문을 통해 파악하고 싶어 한다. 이 단계는 지원자가 합리적인 사고체계를 갖고 있는지, 그래서 업무를 수행하면서 일탈 행동이 일어나지 않고 회사에 해를 끼치지 않고 성과를 낼 수 있는지를 확인하는 질문들이다. 그리고 회사는 지원자가 이러한 합리적인 사고체계를 갖추었다고 판단하면 그를 적극적으로 채용하기를 원한다.

그래서 이 단계의 질문들은 주로 지원자의 인간관계가 어떤지, 문제를 어떠한 방식으로 해결하는지, 타인과의 갈등을 어떻게 해결하는지, 리더십을 어떻게 수행하는지를 파악할 수 있는 질문, 주로 사람과의 관계에서 생기는 문제를 해결하는 능력을 탐색할 수 있도록 구성한다. 이러한 능력이 충분히 검증되면 회사는 지원자와 고용계약을 체결하기를 원한다. 사람 사이에서도 서로를 알고 나면 어느 수준에서 이해관계를 맺을 수 있는지를 가늠하는 것처럼 면접에서도 지원자를 이해하고 업무 적합성을 파악하고 나면 지원자와 고용이라는 이해관계를 맺고 싶어 한다.

○ **3단계 면접질문 유형의 목적: Link**

사람 사이의 관계가 궁극적으로 상대방을 믿고 신뢰하고 지속적인 관계를 '유지'하는 결속관계를 목적으로 하는 것처럼, 면접에서의 마지막 단계도 지원자가 입사하여 회사와 동반자 관계를 맺을 수 있는 '가치관(value&attitude)'을 갖고 있는지를 검증할 수 있는 질문들로 이루어져 있다.

인간관계가 궁극적으로 지향하는 바가 사랑이고 종교에서는 신과의 일체감인 것과 마찬가지로 회사 역시 같이 갈 수 있는 사람, 회사와 일체감을 이룰 수 있는 사람, 회사와 동일한 가치체계를 보유한 사람을 선발하는 것을 목표로 한다.

이 3단계 결속관계(Linking)는 지원자와 회사가 동일한 가치관을 갖고 서로 간에 결속 가능성을 타진해 보는 단계이다. 즉 영어로 "alignment"를 할 수 있는가의 파악하는 단계이다. 비전을 공유할 수 있는가, 같은 윤리체계를 갖고 있는가 하는 문제 등이 가치체계를 확인하는 단계이다. 가치관을 공유하기 힘들 정도로 상이할 경우 마찰이나 다툼, 분쟁을 피할 수 없고 이는 결정을 지연시키고 손해를 초래하거나 퇴직하여 심각한 손실로 이어질 수 있을 것이다. 물론 모든 의견 차이나 불화가 문제를 발생시키는 것은 아니다. 다른 의견이 때로는 더 큰 성장으로도 작용하고 리스크를 예방할 수 있게 하기도 한다. 그러나 모든 집단은 '비슷한' 사람들끼리 모이는 속성을 갖고 있기 때문에 채용의 일차적 목표는 결정적인 것을 공유할 수 있는 사람을 선발하는 것이다. 오랜 기간 동안 지속적인 관계를 유지하고 동반자 관계가 가능하기 위해서는 능력의 문제를 넘어서서 가치관의 공유가 가장 중요하다.

지원자가 직무에 적합한 스킬을 가지고 있고 합리적인 사고체계를 보유하고 있다면 마지막으로 회사는 지원자의 충성심을 검증하고 싶어 한다. 충성심은 서로 가치체계를 공유하지 않을 경우 발현되지 않는다. 회사는 지원자가 회사와 부합한 윤리 체계를 갖고 있다면 지원자와 고용계약을 통해서 그와 관계를 유지하고 영원히 함께 할 수 있는 가족관계를 맺고 싶어 한다. 이 마지막 단계가 결속관계(Linking)의 단계이다. 그래서 면접의 세 번째 단계는 지원자의 가치체계, 윤리의식 그리고 충성심을 묻는 질문으로 구성되어 있다.

결론적으로 면접이란 지원자를 회사의 일원으로 채용하기 위해서 지원자의 인식구조를 총체적으로 알아보려는 것이라고 정의할 수 있다. 그리고 면접에서 행해지는 면접질문을 분석해 보면 우리가 서로 간의 인간관계를 형성해가는 인식구조의 프로세스와 동일함을 알 수 있다. 이러한 면접질문의 유형과 인식구조와의 관계를 아래와 같이 도표화할 수 있다.

〈면접의 질문 유형〉

면접단계	질문 유형	평가 목적
1단계 질문 유형	지식과 기술(내용 파악)	일할 수 있는 지식과 능력을 보유하고 있는가?
2단계 질문 유형	사고체계(과정 파악)	합리적인 사고를 갖고 문제를 해결할 수 있는 능력이 있는가?
3단계 질문 유형	가치관(태도 파악)	회사와 부합하는 가치관과 윤리관을 갖고 있는가?

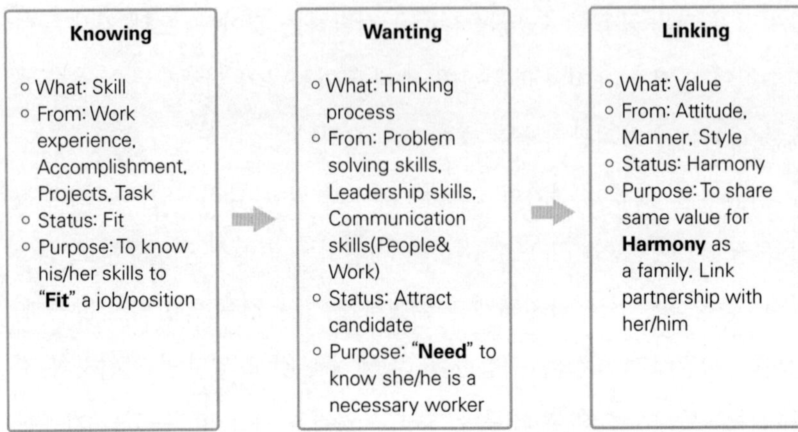

Knowing
○ What: Skill
○ From: Work experience, Accomplishment, Projects, Task
○ Status: Fit
○ Purpose: To know his/her skills to "Fit" a job/position
Wanting
○ What: Thinking process
○ From: Problem solving skills, Leadership skills, Communication skills(People& Work)
○ Status: Attract candidate
○ Purpose: "Need" to know she/he is a necessary worker
Linking
○ What: Value
○ From: Attitude, Manner, Style
○ Status: Harmony
○ Purpose: To share same value for Harmony as a family. Link partnership with her/him

제1단계 면접질문의 구체적 사례

세 가지 형태의 면접질문의 구체적 내용을 상세히 알아보자.

〈1단계 Knowing과 관련한 질문 내용〉

구분	내용
질문의 목적	○ 지원하는 직무에 적합한 역량을 보유하고 있는가를 파악 ○ 사실의 파악
시제	○ 과거의 학력, 경력 ○ 현재의 보유 역량
질문의 내용	○ 지식, 기술 ○ 학교 / 학력 / 교육, 자격증 ○ 경력, 업무성과 및 업적 ○ 지원자의 지원회사에 대한 정보
질문의 형태	○ 토의보다는 사실 파악에 주력

이러한 1단계의 질문을 항목별로 상세화하여 아래와 같이 정리해 볼 수 있다.

질문 종류	질문내용
교육 및 학업	◦대학에서 가장 좋아했던 것은 무엇입니까? ◦학교 재학 시절에 학업 외 부가활동으로 어떤 활동을 했는지 말씀해 주십시오. 정규 수업과정 이외에 어떤 것이 대학 생활을 풍부하게 했는지 설명해 보세요. ◦취업을 위해서 가장 많이 준비한 과정은 무엇이었습니까? ◦교수와 학점에 관해서 불일치한 경험이 있었나요? 어떻게 해결했나요?
지식, 기술	◦지원한 이 포지션의 업무 내용, 책임, 임무에 대해서 정의해 주십시오. ◦지원한 업무에 일을 잘하기 위해서 필요한 역량은 무엇입니까? ◦지원한 직무가 당신의 경력 목표와 어떻게 부합된다고 생각하십니까? ◦자신만이 갖고 있는 유일한 역량이 있나요? 그러한 역량으로 프로젝트를 맡아달라고 요청을 받은 적이 있나요?
업무 경력	◦자신의 경력과 현재 업무에 대해서 설명해 보세요. ◦이력서에서 세 가지 직무가 있습니다. 각각의 업무에서 배운 점을 말해 보세요. ◦퇴사한 회사에서 가장 힘든 업무는 무엇이었습니까? ◦지원한 포지션은 당신이 재직했던 회사의 업무보다 많은 책임을 수반하고 있습니다. 이것에 대해서 어떤 준비가 되어 있습니까?
업적	◦이제까지 업무에서 가장 큰 업적에 대해서 말씀해 보세요. ◦업무들에서 많은 장애와 위기를 어떻게 극복했는지에 대해서 말씀해 주십시오. ◦업무 성과를 초과 달성하게 한 동기가 무엇인지 설명해 주십시오. ◦모든 사람은 실패한 경험이 있습니다. 자신이 실패한 경험에 대해서 말씀해 주십시오.
지원회사에 대한 정보	◦이제까지 당신에 대해서 말씀해 주셨는데 이제 우리 회사에 대해서 아는 바를 말씀해 보십시오. ◦우리 회사의 미션에 대해서 설명해 주십시오. ◦당신의 스킬을 필요로 하는 회사가 많습니다. 그런데 왜 우리 회사에서 근무하기를 희망하시는지 설명해 주십시오. ◦우리와 같은 산업에서 일하기를 원하는 이유를 설명해 주십시오. ◦우리 회사의 최근 성장에 대해서 얼마만큼 알고 계시는지 설명해 주십시오. ◦우리 회사의 제품과 서비스를 아는 대로 설명해 보십시오. ◦우리의 산업의 문제점은 무엇인지 설명해 주십시오. ◦우리의 주요 고객에 대해서 설명해 주십시오. ◦우리 회사의 주요 경쟁자에 대해서 말씀해 주십시오.

2단계 면접질문의 구체적 사례

〈Wanting에 관련한 면접질문 내용 정리〉

구분	내용
질문의 목적	지원자가 과거에 문제와 현안에 대해서 어떻게 행동했는가를 파악함으로써 합리적인 판단을 해왔는지, 논리적 사고력을 갖고 있는지, 문제해결 능력이 있는지, 궁극적으로 채용할 수 있는 인재인지를 평가하는 데 있다.
시제	과거의 경험, 성공과 실패 사례 원인에 대한 질문 과거에 한 행동의 준거를 파악하는 데 중점을 둔다.
질문의 내용	◦ 성격 / 성품 ◦ 인간관계와 갈등 해결 ◦ 프로젝트의 어려웠던 점과 해결 경험 ◦ 상사, 동료와의 갈등과 해결 방법 ◦ 스트레스성 질문 ◦ 유추적 질문, 추론적 질문 ◦ 자신의 어려웠던 경험과 해결방법 ◦ 사회적 이슈들에 대한 의견 ◦ 불법적인 사항에 대한 처리 방법 ◦ 윤리적인 사안에 대한 견해나 의견
질문의 형태	◦ 지원자의 사고하는 과정을 파악하기 위해서 답변과 토론으로 진행됨. ◦ 지원자의 사고체계를 파악하고 판단하는데 목적이 있으므로 결과를 도출할 때까지 질문이 이루어진다. 질문은 '나침반'과 같은 질문, "어떻게 했느냐?" 그리고 "어떤 결과를 얻었는가? 등이 주된 질문이다.

제2단계의 구체적인 면접질문을 살펴보자.

질문 종류	질문의 내용
성격, 성품	◦ 자신의 가장 큰 장점과 약점은 무엇입니까? ◦ 자신은 혼자서 일하는 것을 좋아합니까, 팀원으로서 일하는 것을 더 좋아합니까? ◦ 자신은 모험을 좋아하는 스타일(risk taker)입니까, 아니면 신중한 스타일입니까? ◦ 자신은 형세를 관망하는 스타일입니까, 아니면 사태에 즉시 개입해서 처리하는 스타일입니까?

질문 종류	질문의 내용
성격, 성품	∘ 우리 회사는 같은 일을 계속해서 같은 방식으로 처리하는 것을 싫어합니다. 변화에 대해 어떻게 대응하겠습니까?
대인관계 스킬	∘ 자신은 리더라고 생각합니까? 그리고 다른 사람들은 당신을 리더라고 생각합니까? ∘ 모든 회사에는 조직원 상호 간 갈등이 존재합니다. 당신이 특히 싫어하는 사람과 함께 일하게 되었을 때 어떻게 하시겠습니까? ∘ 당신의 부하가 무엇에 대해서 흥분하고 있다면 어떻게 하시겠습니까? 그리고 그 문제가 무엇인지 모르고 있다면 어떻게 하시겠습니까? ∘ 자신이 부당하다고 느끼는 평가 점수를 받았다면 어떻게 하시겠습니까? ∘ 누군가가 찾아와서 그의 상사를 불평한다면 어떻게 하시겠습니까? ∘ 당신은 다른 사람이 당신의 의견을 수용하도록 설득한 경험이 있습니까? 있다면 어떤 방법이었으며 그것은 성공적이었습니까?
프로젝트, 문제해결	∘ 어려운 문제를 해결한 경험을 말씀해 주십시오. 문제를 해결하기 위해서 문제점 파악을 어떻게 했는지에 대해서 말씀해 주십시오. ∘ 팀이 일하는 것에 실망한 적이 있습니까? 있다면 그것을 개선하기 위해 어떻게 했나요? ∘ 프로젝트에서 팀원 간에 서로 협력이 안 되는 한 일원이 있습니다. 당신은 그 일원을 어떻게 했는지 설명해 보십시오. ∘ 프로젝트를 수행하면서 문제점을 예상하고 그 문제가 발생하지 않도록 한 경험과 방법이 있으면 말씀해 보시오. ∘ 동시에 여러 개의 프로젝트를 수행한 적이 있습니까? 그것을 어떻게 소화했는지 알려주십시오. ∘ 당신이 업무의 목표량을 초과해서 달성한 사례에 대해서 설명해 보십시오. ∘ 예측되지 않는 환경 하에서 당신 자신이 어떻게 적응했는지 설명 바랍니다. ∘ 신속한 결정을 한 적이 있었나요? 어떻게 했는지 설명해 보세요. ∘ 자신이 작성한 보고서에 대해서 설명해 보세요. ∘ 당신이 다른 사람의 어려움을 파악하여 그의 문제를 해결해 준 경험에 대해서 말씀해 주십시오. ∘ 고객을 감동시킨 프레젠테이션 경험을 말씀해 보십시오.
불법적인 사항에 대한 질문	∘ 상사가 불법적인 업무를 지시했을 때 어떻게 하나요? ∘ 팀에서 불법적인 일이 행해졌을 때 어떻게 처리하시겠습니까?
추론적인 질문	∘ 서울에 참새가 몇 마리인가? ∘ 서울에 주유소가 몇 개가 있는가?

3단계의 면접질문의 구체적 사례

〈Linking에 관련한 면접질문 내용 정리〉

질문 종류	질문의 내용
질문의 목적	○ 지원자의 가치체계와 행동양식이 회사의 가치체계에 부합하는 가를 판단한다.
시제	○ 미래에 관련한 질문, 앞으로의 계획
구체적인 내용	○ 가치체계, 생활신조, 윤리관, 생활철학 ○ 회사의 경영이념과 지원자의 인생철학의 부합 여부
질문의 형태	○ 답변의 진위를 판단하기보다는 지원자의 가치관을 판단하는데 주안점을 둔다. ○ 지원자의 가치관이 회사의 가치관에 부합하는가를 판단한다. ○ 가치관의 옳고 그름에 대해서 반박하지 않는다.

제3단계의 구체적인 면접질문을 살펴보자.

질문 종류	질문의 내용
입사 후 계획	○ 우리 회사의 비전을 어떻게 이해하고 계신지 설명바랍니다. ○ 우리 회사의 비전을 달성하기 위해서 어떻게 할 수 있는지 설명바랍니다. ○ 입사했을 때 회사에 어떻게 기여하실 수 있나요? ○ 입사하면 우리 회사에서 어떤 점을 개선할 계획인가요? ○ 앞으로 5, 10년 후의 계획은 무엇입니까? ○ 자신이 갖고 있는 꿈, 희망들은 무엇입니까? ○ 자신의 미래상은 무엇인가요? ○ 입사하게 된다면 어떤 일을 원하십니까?
가치관, 윤리관, 생활철학, 태도	○ 이 포지션에 채용되면 대부분 혼자 일하게 되는 경우가 많습니다. 어떻게 대처하시겠습니까? ○ 어떠한 사람이 되기를 원하는지 설명해 주시기 바랍니다. ○ 상사가 당신이 이해하지 못하는 과업을 맡겼을 때 어떻게 하시겠습니까? ○ 장시간 근무하게 될 경우 어떻게 하겠습니까? ○ 우리가 당신을 채용한다면 이곳으로 이주해야 하는데 가능하신지요? ○ 우리 회사의 인재상과 어떻게 부합한다고 생각하시는지 설명해 주십시오.

질문 종류	질문의 내용
가치관, 윤리관, 생활철학, 태도	◦ 우리 회사의 기업문화에 대해서 어떻게 생각하시는지요? ◦ 자신의 이상적인 기업의 문화에 대해서 말씀해 주십시오. ◦ 상사가 불법적인 일을 저지르는 것을 알게 됐을 때 어떻게 하시겠습니까? ◦ 상사가 불법적인 일을 도모하도록 지시했을 때 어떻게 하시겠습니까? ◦ 자신의 삶의 철학에 대해서 말씀해 주십시오. ◦ 자신의 이익과 윤리관이 상충되었을 때 어떻게 행동을 했는지 설명해 주시기 바랍니다. ◦ 만약 당신이 이직하게 된다면 어떠한 이유로 이직할 것이라고 생각하십니까?

시계열적으로 분석한 면접의 질문 유형

면접의 질문들을 시계열적으로 분석하면 아래와 같다.

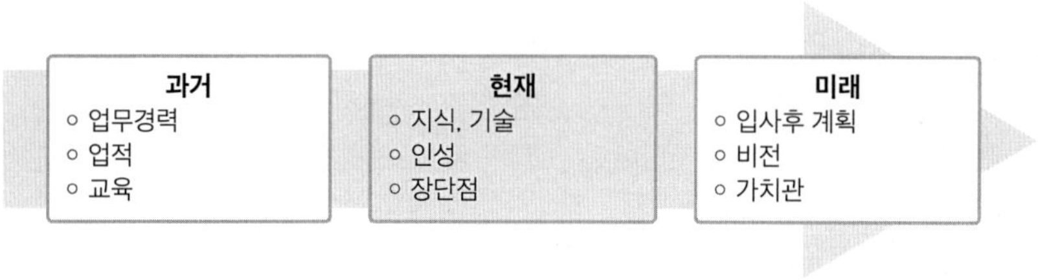

과거
- 업무경력
- 업적
- 교육

현재
- 지식, 기술
- 인성
- 장단점

미래
- 입사후 계획
- 비전
- 가치관

면접질문의 각각 단계들이 무엇을 파악하고자 하는지, 즉 질문의 목적과 각각의 질문 유형을 아래와 같이 정리할 수 있다.

구분	Know	Want	Link
파악 시제	과거	현재	미래
질문 목적	ㅇ정보 파악 ㅇ사실 파악 ㅇ채용의 전초 단계를 위한 정보 검증	ㅇ지원하는 직무에 적합한 역량을 보유하고 있는가를 파악 ㅇ채용과 유지 ㅇ고용계약의 체결	ㅇ지원자의 가치체계와 행동양식 ㅇ결속관계
질문방법	단답식 질문& 단답식 답변	질문과 상호 토론	단답식 질문& 단답식 답변
질문 내용	ㅇ교육 ㅇ직무지식 / 기술 ㅇ직무 경험 ㅇ경력사항 ㅇ업적 ㅇ프로젝트 경험	ㅇ사고체계 ㅇ문제해결 역량 ㅇ리더십 역량 ㅇ의사소통 능력 ㅇ핵심역량 ㅇ대인관계 및 인성	ㅇ앞으로의 계획 ㅇ상황제시 ㅇ가치관 / 태도 / 철학
질문 방법	ㅇ사실을 확인하는 질문 ㅇ제시한 사실을 검증하는 질문 ㅇ결과물을 분석하는 질문 ㅇ답변에 대해서 반박하지 않는다	ㅇ행동관찰 질문 ㅇ심층면접 ㅇ토론 ㅇ문제를 푸는 방법 ㅇ논리성 ㅇYes / No의 답이 없는 자유로운 표명을 구하는 문제(open question) ㅇ당황스럽거나 어려운 질문들	ㅇ정중한 질의 ㅇ가정법적인 질문
면접위원의 질문 태도	중립적, 객관적 태도를 유지함	지원자의 참여적이고 적극적인 토론을 유도함	지원자의 답변을 존중함
질문 예시	ㅇ자신의 전공을 말씀해 주십시오. ㅇ지금까지 회사 경력에 대해서 말씀해 주십시오. ㅇ이제까지의 주요한 업적은 무엇인가요?	ㅇ문제해결 방법에 대해서 설명해 주시기 바랍니다. ㅇ상사나 동료와의 갈등관계를 어떻게 해결했는지 설명해 주십시오. ㅇ프로젝트의 힘들었던 경험에 대해서 말씀해 주시고 어떻게 극복했는지 설명 바랍니다.	ㅇ본인 원하는 업무와 다른 직무와 부서에 배치된다면 어떻게 하시겠습니까? ㅇ다른 회사와 동시에 합격될 경우에 어떻게 하시겠습니까? ㅇ그리고 우리 회사에 입사하여 어떤 사람이 되겠습니까?

구분	Know	Want	Link
질문 예시	◦ 전 회사의 퇴직한 사유를 말씀해 주십시오. ◦ 우리 회사에 대해서 어떻게 생각하나요?	◦ 지금 무인도에 간다면 어떻게 하겠습니까?	◦ 앞으로 10년 후의 계획에 대해서 말씀해 주십시오. ◦ 자신의 가치관에 대해서 설명해 주십시오.

07 + 면접의 질문구조는 어떻게 이루어져 있는가?

중년의 남자가 자신의 옛 애인들을 찾아나서는 이야기가 있었다. 그 가운데는 행복한 여인도 있고 불행한 여인도 있었다. 이 드라마는 과거에 연애하던 당시에 그녀들이 그 남자의 어떤 점을 중요시하면서 그를 만났었는지를 에피소드 형식으로 보여 준다. 각 에피소드들을 통해 그녀들의 가치관이 현재의 행복이나 불행과 어떻게 연관되어 있는지를 보여준다. 그녀들의 갖고 있는 가치관이 현재의 그 여인들의 삶에 어떻게 영향을 미쳤는지를 궁극적으로 보여주려는 데 있다. 이처럼 우리의 삶의 행복에 가장 큰 영향을 미치는 것은 바로 자신의 가치관이다.

삶의 가치관은 인생의 나침반이다. 아무리 뛰어난 능력이라 할지라도 가치관이 나쁜 사람은 인생이 재앙을 초래하는 경우가 흔히 있다. 자신이 갖고 있는 삶의 가치관에 의해서 삶의 방향이 좌우된다. 올바른 가치관을 가진 사람은 행복한 삶을 누리고 그렇지 않은 가치관을 가진 사람은 불행한 삶을 영위한다. 단지 자신은 그 이유를 모를 뿐이다. 인과 응보, 사필귀정이 가치관에 대한 함축적인 단어이다. 자신이 갖고 있는 가치관이 바르지 않음을 알고 개선한다면 얼마든지 행복한 삶으로 전환할 수 있다. 이렇듯 가치관이 자신의 인생의 성공과 행복에서 중요한 인자이듯이 직장에서의 성공과 실패도 가치관에 의해 좌우된다고 해도 과언이 아니다. 그래서 회사는 직원을 채용할 때 지원자가 어떠한 가치관을 갖고 있는가를 중요하게 평가할 수밖에 없다. 올바른 가치관을 갖고 있는 사람이 궁극적으로 회사를 올바르게 발전시킬 것이기 때문이다.

면접에서 가치관을 파악하고 평가하는 것은 가장 중요한 과제이지만 가치관이 잘 드러나는 요소가 아니기 때문에 대단히 어려운 문제이다. 외국의 경우 지원자의 인성과 가치관을 알아보기 위해 오랜 시간 인터뷰를 하고 여러 면접관이 다각도로 면접하기도 한다. 심지어 이혼한 전 부인에게까지 통화해서 지원자의 가치관을 평가한다고 한다. '지금' 그의 가치관은 '과거'의 행동을 통해서 평가할 수 있고 '미래'의 행동을 미루어 짐작하게 하기 때문이다.

면접은 지원자의 현재 가치관에 대한 평가를 통해서 그의 20년 후의 모습을 추정하는 투사 작업 (projection)이다. 회사는 그들의 미래의 모습과 연관되어 있다. 극단적으로 말하자면 회사의 미래는 현재 채용한 사람들의 가치관에 달려 있다고 할 수 있다. 그래서 회사의 면접질문들은 지원자가 과거 어떤 가치관을 가졌으며 그로 인한 현재의 결과는 어떠한가, 그리고 미래에는 어떤 모습일 것인지를 알아 볼 수 있도록 구조적으로 이루어져 있다. 이러한 면접질문 구조를 간단히 정리하자면 다음과 같다.

○ 과거에 어떤 일이 가장 어려웠는가?

○ 그것을 어떻게 극복했는가?

○ 그리고 그로 인한 결과는 무엇인가?

○ 그리고 앞으로 그런 일이 발생한다면 어떻게 할 것인가?

〈면접질문 구조예시〉

예시	질문 구조
예시1	○ 상황: 힘에 겨운 일을 해 본 경험이 있으면 소개해 보십시오. 그리고 구체적으로 무슨 일을 하셨습니까? ○ 행동: 어떻게 역할을 수행하셨습니까? ○ 결과: 결과를 분석하고 평가해 보십시오.
예시2	○ 상황: 질문 예) 10%의 비용을 증가시켜서 고객 만족도를 10% 더 올릴 수 있다면 어떤 선택을 하겠습니까? 평가기준) 문제와 현상을 혼돈하기 쉽니다. 이를 구분하는지를 본다. ○ 행동: 질문 예)왜 그래야 합니까? 평가기준) 일반적인 문제해결 절차를 거쳤는지를 본다. ○ 결과: 질문 예) 어디에 주안점을 두었습니까? 평가기준)결과에 대한 평가를 들어 본 다음 반성에 대한 질문을 하고 답을 평가한다.
예시 3	○ 상황: 질문 예) 지금까지 자신이 해결했던 일 중에서 가장 큰 것을 제시한다면 어떤 것입니까? 그리고 그 문제의 원인은 무엇이었습니까? 평가기준) 문제와 현상을 혼돈하기 쉽니다. 이를 구분하는지를 본다. ○ 행동: 질문 예) 어떻게 그 문제를 풀어갔습니까? 그 과정을 소상히 말해 보십시오. 평가기준) 일반적인 문제해결 절차를 거쳤는지를 본다. ○ 결과: 질문 예) 결과는 어떠했습니까? 만약 다시 그러한 상황에 처해진다면 어떻게 달리 해 보시겠습니까? 평가기준)결과에 대한 평가를 들어 본 다음 반성에 대한 질문을 하고 답을 평가한다.

08 + 면접의 평가요소는 무엇인가?

면접의 평가요소

면접에서 평가하는 항목은 크게 비전, 인재상 그리고 역량이다.

〈역량 분류〉

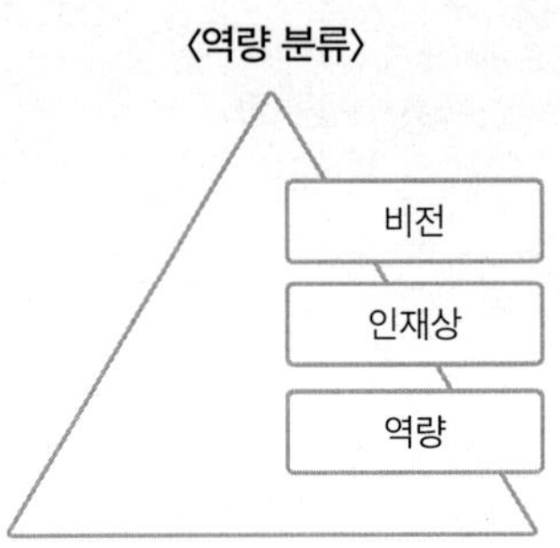

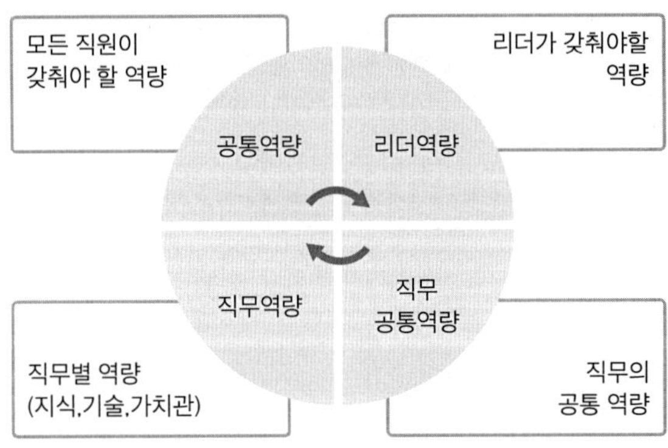

면접 합격의 세 가지 핵심 요소

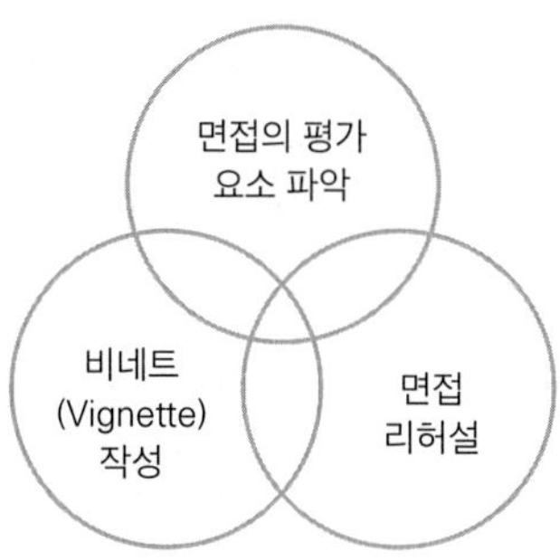

면접의 합격 여부는 준비가 관건이다. 면접 준비와 면접 합격의 세 가지 핵심 요소는 아래와 같다.

○ 면접의 평가요소 파악

○ 평가요소에 대한 비네트(vignette) 준비와 작성

○ 면접에 대한 철저한 리허설

이제 세 가지 요소에 대해서 상세하게 살펴보자.

첫째, 면접의 평가요소는 지원하는 회사의 인사제도를 탐구하고 파악한다. 면접의 평가요소를 정확히 파악하는 것이 면접을 잘 대응할 수 있는 첫째 요건이다. 지원하는 회사의 인사제도는 지원하는 회사의 선배나 회사 홈페이지 및 사보 등을 통해서 일차적으로 정보를 파악할 수 있다.

신입사원 채용 시 평가요소는 태도가 주요한 평가요소이므로 회사의 공통요건을 파악하는 것이 중요하다. 공통요건이란 그 회사의 직원으로서 갖추어야 할 인재의 요건을 의미한다. 예를 들어 창의성, 고객만족,

상호존중, 품질, 도전정신, 팀 정신(team spirit) 등이다. 공통요건은 회사의 비전과 목표와 결부된 모든 직원이 필수적으로 갖추어야 할 요건으로 반드시 신입사원 채용 시 필수적인 면접의 평가요소이다. 최고 경영자가 신입사원 면접에 직접 참여하는 것도 공통요건을 잘 갖춘 인재를 채용하기 위해서이며 공통요건이 중요하기 때문이다. GE의 전 최고 경영자인 잭 웰치 회장은 인재의 가장 중요한 덕목으로 종업원이 갖고 있는 가치였을 만큼 기업의 비전과 일치된 공통요건의 요소는 중요하다. 그러므로 그 회사의 공통요건을 파악하고 면접에 대비하는 것이 가장 중요한 면접의 성공요소이다.

둘째, 면접의 평가요소를 파악한 다음에는 평가요소에 대한 비네트 또는 스토리를 준비해야 한다. 즉, 인터뷰 예상질문 및 답변서를 작성한다. 예를 들어 창의성이란 부분을 준비한다고 했을 때, 면접에서 "본인이 창의성을 발휘한 경험을 말해 보시오."라는 질문에 대비하여 이에 대한 성공 스토리를 만들어야 한다. 창의성에 대해서 복잡한 엑셀(Excel) 작업을 통해서 통계분석을 했다든지, 동아리 활동을 하면서 과제해결을 한 성공스토리 등이 훌륭한 사례가 될 것이다. 최근 것에서부터 가장 오래된 것까지 모든 평가항목에 해당하는 것들을 순서대로 성공 스토리 형식으로 만들어 준비해야 한다.

셋째, 마지막 단계는 준비한 것들을 실제로 시연하는 면접 리허설이 필수적이다. 가상의 답변서를 완벽하게 구조화하여 작성한 다음 꿈속에서도 답변할 수 있을 정도의 면접 리허설을 해야 한다. 면접은 생각보다 더 많은 긴장을 초래하기 때문에 자신이 갖고 있는 역량 또는 면접을 위해서 준비한 것들을 거의 펼쳐 보이지 못할 수 있다. 배우가 무대에서 맡은 배역을 연기하기 위해, 혹은 가수가 노래 한 곡을 무대에서 부르기 위해서 수도 없이 연습을 하는 것과 마찬가지 상황임을 잊지 말자.

면접 리허설을 할 때의 준비 사항을 아래와 같이 정리할 수 있다.

- 자신의 모의 면접을 평가해 줄 모니터 요원을 구성하여 면접을 평가하게 한다.
- 모의 면접위원과 실제로 면접하는 것처럼 리허설한다.
- 모니터 요원의 면접 평가를 듣는 시간을 갖는다. 이때 면접 평가위원 점수와 모니터 요원의 평가를 비교, 분석한다.

〈면접 준비의 세 가지 핵심요소〉

	평가요소 파악	비네트 작성	면접 리허설
어디에서	지원하는 회사의 선배 회사 홈페이지 및 사보	공통요건과 직무 요건	모니터 그룹
무엇을	인재상, 공통요건, 직무 요건 ◦창의성 ◦고객만족 ◦상호존중 ◦품질 ◦도전정신 ◦팀워크	평가요소별로 각각의 스토리를 만든다.	◦모의면접 실시 / 평가 ◦피드백을 받고, 반복해서 연습한다.

09 + 자기소개가 면접 합격의 반을 차지한다

거의 모든 면접에서 면접의 시작은 지원자의 자기소개로 시작된다. 자기소개는 면접의 시작이고 이후의 면접 진행에 심리적 분위기를 좌우하기 때문에 자기소개가 면접 성공의 반을 차지한다고 해도 과언이 아니며 자기소개를 잘하면 나머지 면접시간을 자신이 의도한 방향으로 끌고 갈 수 있다.

실패한 면접과 성공한 면접은 무엇이 다른가?

아래의 표에 있는 자기소개에 대한 두 가지 사례를 살펴보면서 자기소개를 연구해 보자.

실패한 자기소개	성공한 자기소개
저는 1990년 양반의 고장 공주에서 태어났으며 평생 공무원으로 재직하신 아버님의 청렴함을 본받아 초 / 중 / 고를 결석 한 번 안하고 개근했으며 우수한 성적으로 졸업하여 대학교에 입학했습니다. 대학교에서는 경제학을 전공하고 우수한 성적으로 졸업하고 대기업인 이 회사에 지원했습니다. 저의 취미는 바둑입니다. 바둑은 인생의 축소판이라고 합니다. 바둑을 통해 많은 것을 배울 수 있었습니다. 바둑에서 배운 승부 호흡은 앞으로 회사에 입사해서도 도움이 될 것으로 확신합니다.	본 직무의 가장 중요한 스킬은 대인관계 스킬이라고 생각합니다. 동아리활동을 통해서 리더로 활동한 경험은 본 직무를 수행하는데 큰 장점이 될 것으로 생각합니다. 다음으로 중요한 통계학에 대한 지식과 경험입니다. 인턴으로 근무하면서 저는 통계학의 지식을 활용하여 SPSS 통계 패키지로 고객관계의 접점을 분석하는 경험을 쌓았으며 고객관계가 마케팅에서 어떻게 중요한지를 습득하게 되었습니다. 저의 이러한 경험은 본 직무를 수행하는데 많은 도움이 될 것으로 생각하며 이 직무에 지원하게 되었습니다.

위에 제시된 두 종류의 자기소개를 비교해 보자.

첫 번째의 자기소개에 대해서는 면접위원은 별 관심을 갖지 않는다. 지원자가 소개한 내용은 해당 직무를 수행하는 것과 관련이 없는 내용이기 때문이다. 그 결과 면접의 나머지 시간이 자기가 의도한 대로 흘러가지 않는 경우가 많다. 면접이 자신이 의도한 대로 흘러가지 않을 경우 대개는 예상대로 불합격한 경우가 많다. 반면 두 번째 자기소개의 내용은 면접위원의 관심을 끌어 낼 수 있다. 해당 직무 수행과 관련하여 지원자가 어떠한 역량을 갖고 있는지에 대해서 답변했기 때문이다.

면접을 볼 때 지원자의 자기소개로부터 시작하는 데에는 몇 가지 의도가 함축되어 있다.

면접을 이러한 방식으로 시작함으로써 얻을 수 있는 가장 큰 장점은 부드러운 분위기이다. 즉, 면접의 이니셔티브를 지원자에게 줌으로써 면접을 편안하게 진행하고자 하는 의도가 있는 것이다.

지원자의 시각에서 보면 면접이 취조와 같은 느낌을 줄 수도 있다. 면접위원의 날카로운 질문공세로 시작한다면 면접의 분위기가 삭막하게 진행될 수 있고 지원자가 자신의 역량을 충분히 발휘하지 못함으로써 그를 제대로 평가하지 못할 수도 있다. 때문에 면접을 시작하면서 지원자에게 주도권를 줌으로써 긴장을 완화하고 면접위원과 지원자가 부드러운 분위기를 만들어 서로 많은 정보를 교류하고자 하는 것이다.

'자기소개' 단계에서 가장 중요한 것은 면접관이 파악하고자 하는 바, 면접관이 알고 싶어 하는 것을 말해 줘야 한다. 바로 이것이 자기소개라는 면접의 첫 단계를 시작하는 데 핵심 요소이다. 면접관은 자기소개 단계에서 지원자가 어떠한 자세를 갖고 있는지, 또 어떻게 면접을 준비했는지 그리고 직무를 수행하는 데 지원자가 관련 역량을 갖추었는지를 알고 싶어 하는 것을 말해 주기를 원하는 것을 알아야 한다. 그리고 그 것을 어떻게 구조화하여 지원자가 답변하는가를 평가하는 것이다. 그래서 "자기소개를 해 보시오."와 같이 정답이 없는 오픈된 질문은 지원자가 무엇을 어떻게 준비했는지를 있는 그대로 드러낼 수 있는 최적의 방법이다. 면접위원은 지원자가 자기소개를 통해서 무엇을, 어떻게 알려 주고 싶어 하는지를 차분하게 관찰해 볼 수 있다. 그래서 자기소개의 가장 중요한 면접 포인트는 이러한 개방적인 질문에 대한 지원자의 준비와 대응 방식인 것이다.

그래서 면접관은 자기소개를 들으면서 지원자가 얼마나 전략적이고 구조화되어 있는가를 알고 싶어 한다. 살다 보면 많은 사건들과 일들이 예상치 않게 발생하곤 한다. 예기치 못한 일들을 미리 준비하고 대처하는 사람과 미처 준비하지 못하고 계획하지 않은 사람은 큰 차이를 보일 것이다. 준비된 사람과 그렇지 않은 사람의 결정적 차이는 상황을 대처하는 프로세스에 있다. 면접위원은 지원자가 그러한 상황을 그 동안 어떻게 준비하고 대응해 왔는가를 보고자 한다.

또한 "자기소개를 해 보세요."라는 질문의 핵심은 지원자가 지원한 직무에 대해서 핵심 역량을 보유하고 있는가의 여부이다. 그래서 자기소개를 할 때 중요한 핵심은 자신이 지원한 직무를 어떠한 역량을 갖고 수행할 수 있을 지를 설명해야 하는 것이다. 회사는 일을 효율적으로 진행함으로써 계획된 성과를 달성하는 것을 목표로 한다. 일을 효율적으로 진행하기 위해서 회사는 각각의 일들을 직무별로 정의하고 그것에 필요한 스킬을 규정하고 정의한다. 따라서 지원자가 해당 직무에 지원하여 면접할 때 가장 중요하게 평가하는 것은 그 직무를 수행하는 스킬을 당신은 보유하고 있는지의 여부이다. 그래서 "자기소개를 해 보시오."의 함축적인 의미는 "당신은 지원한 직무를 수행하는 데 필요한 역량을 보유하고 있는가?"이고 그것을 말하기를 원하는 것이다.

다시 한번 강조하자면 면접위원이 자기소개에서 가장 중요시하는 것은 지원한 직무와 연관된 지원자의 경험, 스킬 또는 지식이다. "자신을 소개하시오."라는 면접질문 시간에 지원자는 직무와 관련한 자신의 역량을 소개해야 하고, 어디서 성장했는지와 같은 개인사, 취향 또는 취미를 중심으로 답변하는 것은 좋은 평가를 받기 힘들다. 면접위원은 직무와 관계된 지원자의 업무경험을 원한다. 그리고 자기소개가 끝나면 면접위원이 이러한 사항에 대해서 논의하기를 원하는 것이다.

면접위원은 또한 이 질문에 대해서 지원자가 잘 정리하고 구조화하고 또한 잘 연습된 답변을 듣고 싶어 한다. 꿈속에서라 할지라도 막힘이 없이 자기소개를 할 수 있을 정도로 잘 연습해 둘 필요가 있다. "자기소개를 해 보세요."라는 질문은 면접의 첫 단추에 해당하기 때문에 이후 전개되는 면접의 나머지 과정을 좌우할 수밖에 없다. 심리적으로나 내용적으로 면접의 주도권을 지원자가 가져오기 위해서 자기소개의 전략을 제대로 준비할 필요가 있다.

요약하자면, 지원자가 면접에서 가장 전략적으로 준비해야 할 것은 자기소개이다. 이 질문에 어떻게 대답하는가에 따라서 면접에서 나머지 시간의 운명을 좌우된다는 것을 명심하자.

자기소개의 성공 여부는 자신이 지원한 회사에 그리고 지원한 직무에 최적화된 인재라는 것을 부각하는 것이다. 자기소개 단계에서 가장 중요한 핵심은 지원한 직무에 관련한 지원자의 경험, 스킬 또는 지식임을 잊지 말자.

지원자는 다음과 같은 것을 다른 사람과 차별화하여 답변해야 자기소개를 성공적으로 마무리하고 다음 단계의 면접에서 우위를 점할 수 있다. 지원자는 자기소개에서 다음과 같은 사항을 차별화하여 대답해야 한다.

- ㅇ 이 회사에 지원한 사유
- ㅇ 지원한 직무의 지식과 스킬 보유 여부
- ㅇ 자신은 어떠한 사람인가
- ㅇ 자신과 회사의 인재상, 가치관, 미션은 어떻게 부합하는가

위의 핵심 포인트와 더불어 자기소개에서 할 것과 하지 말아야 할 것을 간략히 요약하면 아래와 같다.

자기소개에서 소개할 사항들	자기소개에서 소개하지 말아야 할 사항들
ㅇ지원한 직무에 필요한 역량, 스킬 ㅇ본인이 보유한 스킬, 역량 ㅇ자신이 지원한 사유 ㅇ자신의 장점, 인성 / 성격의 장점 ㅇ타인과의 차이점, 우수성 ㅇ지원한 직무를 수행했을 때 어떠한 성과를 낼 수 있는지.	ㅇ직무수행에 관련이 없는 사항들 ㅇ자신의 출신학교, 학력 ㅇ출생지, 본적 ㅇ가족사항 ㅇ결혼 여부 ㅇ지나치게 성실성을 강조하는 발언, 예를 들어 재학 시 개근상(초중고 시절의 개근상)

10 + 면접에서 답변을 잘하는 방법은 무엇인가?

면접의 답변 원리

면접을 잘하기 위해서는 상대방의 말을 잘 경청하는 기술과 자신의 의사를 상대방에게 정확하게 답변하는 기술이 필요하다. 누구나 잘 알고 있지만 토론 면접에서 잘하기 어려운 것은 남의 얘기를 잘 경청하여 토론하는 능력이다. 핵심을 꿰뚫는 답변은 지식에서 나오기도 하지만 상대방의 발언을 잘 듣고 요지를 정확하게 파악하는 것에 달려 있다. 소박해서 중요하지 않은 것 같지만 주의 깊고 참을성 있게 남의 말을 듣는 태도는 토론에서 핵심적인 요소이다. 그러나 토론을 해 보면 의외로 경청하는 태도를 갖고 있는 사람이 많지 않은 것이 사실이다. 잘 듣는 태도는 능력이라 불러도 부족하지 않다. 지원자는 경청하는 태도와 답변하는 기술을 잘 융합하여 활용해야 한다.

답변할 때는 '무조건 잘한다.'는 열정만 가지고는 면접관을 설득할 수 없다. 답변에는 나름의 원칙이 있고, 이 원칙들은 지원자의 답변에 설득력을 부여하는 기능을 한다. 답변의 원리를 구체적으로 살펴보자면 다음과 같이 요약할 수 있다.

답변의 원리

- 구체성(be specific): 구체적으로 답변한다는 것이 의미하는 바는 자신의 능력을 표명하는 데 있어 필요한 만큼 세부 사항을 제시한다는 것이다.
- 간결성(be simple): 자기의 의견을 논리적으로 간결하게 답변한다. 답변 시간은 2분 이내로 간결하게 답해서 추가 질문이 이어지도록 한다. 이것은 답변의 기술에서 매우 중요한 핵심 포인트이다.
- 사실을 토대로(fact basis): 질문에 대해서 근거와 실제 사례를 제시하여 답변한다.

답변은 다음과 같은 의사소통의 원리를 바탕으로 한다.

- 쌍방 의사소통(two way communication): 면접위원의 추가질문을 유도해야 한다. 총 면접시간을 50% 답변과 50% 질문의 배율이 되도록 하는 것이 이상적이다. 면접은 상호 커뮤니케이션이다. 상호 소통하면 면접위원으로부터 신뢰감을 향상시킬 수 있다.
- 상대방의 입장에서 답변한다(you attitude): 상대방이 묻는 의도를 잘 파악하여 상대방이 알아듣기 쉽게 답변하다.

답변할 때, 답변의 내용에 따라, 또는 지원자의 말하는 스타일에 맞추어 다음의 의사전달 방법을 사용하여 답한다.

- 귀납적(inductive) 방법: 결론을 강조하는 방식의 의사전달 방식
- 연역적(deductive) 방법: 삼단논법. 이유를 명확히 하여 결론에 이르는 방식

토론할 때 다음 사항을 유념해야 한다.

○ 간결하면서도 논리적으로 주장하고 상대방을 존중하면서 반론한다.

○ Assertion(상대주장 존중) → Refutation(자기주장) → Evidence(증거) → Assertion(자기주장 반복)

○ 의사를 표현할 때 강약 조절을 잘해야 한다.

지원하는 회사의 비즈니스 시스템을 연구하고 답변한다

비즈니스 시스템이란 기업이 유형, 무형의 자재를 투입하여 제품을 생산하고 고객에게 서비스하기까지의 전 과정을 의미한다. 물질을 투입하여 결과가 산출되는 투입(input)-결과(output)의 개념으로 이해할 수 있다. 비즈니스 시스템을 이해하고 지원하는 회사의 비즈니스 시스템을 분석하면 면접에서 지원회사에 대한 여러 가지 질문에 대해서 쉽게 답변할 수가 있다. 예를 들어 다음과 같은 질문에 매우 유용하다.

○ 지원하는 회사의 제품에 대한 질문

○ 제도에 관한 질문

○ 회사의 장단점에 대한 질문

○ 지원하는 회사의 전략과 경쟁사의 전략의 비교

○ 지원하는 회사의 제품과 경쟁사의 제품

○ 우리 회사가 경쟁사회사의 매출보다 뒤떨어진 이유와 대책 등

이러한 질문에 대해서 비즈니스 시스템을 이해하고 분석해서 답하면 된다.

비즈니스 시스템을 분석하는 방법은 아래의 예시와 같다.

연구	개발	구매	생산	마케팅	영업	서비스
자사의 강약점	자사의 강약점	자사의 강약점	자사의 강약점	자사의 강약점	자사의 강약점	자사의 강약점
경쟁사 강약점	경쟁사 강약점	경쟁사 강약점	경쟁사 강약점	경쟁사 강약점	경쟁사 강약점	경쟁사 강약점

업무개선/기획	Plan	Do	See	Action
생산/제품개발	설계	시제품개발	제조/생산	사후관리
영업/마케팅	시장조사/분석	판매계획 수립	판촉/영업	사후관리
인사관리	채용	육성	평가	보상
자신의 담당업무				

이러한 비즈니스 시스템을 분석해서 아래와 같은 해결안을 유추할 수 있다.

- ○ 지원하는 회사와 경쟁사의 장단점
- ○ 지원하는 회사가 경쟁사 또는 세계 최고 수준에 도달하기 위한 개선점
- ○ 그것을 위해서 자신은 회사에 입사해서 "~하겠다."라고 설명한다.

면접질문에 대해서는 첫째, 결론을 답변하고, 둘째, 답변의 근거를 제시하며, 셋째, 실행방법을 설명하는, 세 가지 절차로 답변한다.

〈비즈니스 시스템 분석방법을 이용한 답변 방법〉

구성요소	핵심내용	예시
결론	질문에 대한 답변의 핵심 내용	제 답변을 한마디로 말씀드리면 요컨대 ________________ 입니다.
근거	◦ 그러한 결론에 어떻게 이르게 되었는가의 이유에 대해 상대방을 이해시킨다. ◦ 근거의 제시는 사실과 판단의 두 가지가 있다.	◦ 이 결론에 이르게 된 이유는 첫째, ________________ , 둘째, ________________ . 셋째, ________________ 입니다.
방법	자신이 실행할 때 그 실행계획(action plan)에 대한 구체적인 방식을 제시한다.	필요한 실행계획(action plan)은 A, B, C로서 크게 세 가지가 요구됩니다. A의 실행은 ________________ , B의 실행은 ________________ . C의 실행은 ________________ 와 같이 실행하고자 합니다.

면접에서 주의해야 하는 언행들

다음의 이야기는 성공한 면접 사례이다.

"직원 채용 계획을 갖고 있는 회사가 거의 없을 텐데, 일자리를 구하러 다니느라 고생이 많겠군요."

젊은이가 대답했다.

"아닙니다. 일자리를 구하러 다니는 건 고생이 아니죠. 직장을 잡으면 다시 돈을 벌수가 있잖아요."

사장은 속으로 놀랐지만 내색하지 않고 다음 질문을 했다. "여유가 있는 걸 보니 구직 활동을 시작한지 얼마 안 되는 것 같네요. 우리가 처음인가요?"

젊은이가 웃으면서 대답했다.

"아뇨. 실직한 지 두 달이 넘었습니다. 이 회사가 쉰 여섯번째입니다. 인사담당자가 몇 분 시간도 내주지 않은 경우가 대부분입니다만."

"오! 그렇군요. 결혼을 한 것으로 나와 있는데, 배우자의 경제 활동으로 버티고 있나요?"

"아뇨. 집사람도 실직을 했고, 새 직장을 찾고 있습니다."

사장은 젊은이의 조용한 미소와 군더더기 없는 설명에 매료되었다. 흐뭇한 미소를 머금으며 마지막 질문을 던져 보았다.

"내가 당신을 채용하지 않는다면, 집에 가서 아내에게 어떻게 이야기하겠습니까? 실망이 클 텐데요."

젊은이가 거침없이 대답했다.

"아내에게 쉰 여섯번째 면접이 수포로 돌아갔지만, 그 회사 대표 이사에게 커피를 대접받았다고 자랑할 겁니다. 문전박대 당하던 것에 비하면 커다란 발전이니까요. 그리고 내일은 쉰 일곱번째 회사를 찾을 겁니다.

사장은 일어나서 악수를 청했다.

"나와 함께 일해 봅시다. 당신을 채용하겠습니다."[1]

비슷한 처지의 구직자이지만 실패한 면접 사례를 들여다보면서 비교해 보자.

사장이 물었다.

"구직난이 심한데 일자리를 구하느라 고생을 많이 했겠군요."

젊은이가 대답했다.

"네. 넉 달 동안 일자리를 구하지 못했습니다. 경제가 정말 어려우니까요. 저를 채용해 주신다면 정말 열심히 일하겠습니다."

"옛말에 '두드리면 열릴 것이다.'라고 했지요. 여기에 오기 전에 얼마나 많은 회사의 문을 두드려 보셨나요?"

"아. 몇 군데밖에 가보지 않았습니다. 사장님 회사에 대한 정보를 듣고 저한테 꼭 맞는 곳이란 생각을 했습니다."

"우리 회사에서는 영업이 가장 중요합니다. 영업은 사람을 상대로

···

1) 『리스펙트』, 데보라 노빌 지음, 김순미 옮김, 위즈덤하우스(2010), 178~181쪽

하는 것이고, 최고의 영업은 사람을 감동시키는 것이죠. 당신에게 소질이 있는지 어디 봅시다. 사장인 나를 감동시켜 보세요."

"음, 글쎄요, 연기를 하란 말씀인가요? 무슨 말씀인지."

사장이 정리하는 질문을 던졌다.

"내가 당신을 채용하지 않는다면, 당신은 어떻게 할 것인가요? 다음 계획은 무엇인가요?"

젊은이는 깜짝 놀랐다. 사장이 그런 질문까지 할 것이라고는 예상하지 못했기 때문이다. 대부분의 면접은 '좋은 말'로 안심시켜 보내는 것으로 끝을 내는 경우가 많으니까 말이다.

"아, 그건 그래도 저를 채용해 주신다면."[2)]

비슷한 처지에 있고 비슷한 답변을 한 것 같은 두 사람을 비교 분석하면서 면접에서 주의해야 할 사항들을 점검해 보자. 우선 잊지 말아야 할 점은 면접 시 지원자는 무엇보다 면접위원이 자신에게 긍정적일 수 있도록 면접 분위기를 만들어야 한다는 점이다. 자신에게 긍정적으로 형성된 분위기는 면접에서 좋은 결과로 이어질 수 있다. 자신에게 호감을 주는 분위기를 만들기 위해서 지원자가 면접 시 하지 말아야 할 언행들이 있다.

지원자가 이직자일 경우, 면접에서 반드시 나올 것이라고 예상할 수 있는 질문이 이직에 대한 사유를 묻는 것이다. 왜 이직을 하느냐는 질문에 대해 지원자는 퇴사한 회사나 퇴사할 회사를 부정적으로 평하는 답

...

2) 『리스펙트』, 데보라 노빌 지음, 김순미 옮김, 위즈덤하우스(2010), 178~181쪽

변을 하지 않는다. 이전의 직장에 대한 문제를 지적하거나 부정적인 느낌을 주는 답변은 면접위원으로 하여금 지원하는 회사에 대해서도 역시 후보자가 '부정적인 면을 많이 보겠구나, 그래서 언젠가 회사를 또 이직할 수 있겠구나.'라는 생각을 갖게 한다.

지원자는 재직했던 회사가 나쁘다거나 맞지 않아서 이직했다기보다 경력개발이나 자기 발전을 위한 기회로서 이직을 바라보는 지원자의 시각을 제시함으로써 긍정적인 분위기를 만들어야 한다. 승진이나 발전 가능성 등은 긍정적인 이직 사유라 할 수 있다. '다니던 회사에 문제가 있어서…'라는 표현은 면접관에게 부정적인 인상을 주기 때문에 피해야 한다.

답변 시 표정이 긍정적이고 명랑한 표정을 지어야 한다. 면접관이 자신이 싫은 질문을 할 때 이것에 대해서 주의해야 한다. 면접관이 싫은 질문을 하는 것은 지원자가 싫은 상황에 처했을 때 어떻게 반응할 것인가를 추론하기 위해서이다. 그래서 이러한 의도된 질문에 대해서 지원자는 표정을 찡그리지 말고 답변해야 한다. 찡그리는 인상은 면접에서 부정적인 인상을 주기 때문에 그 사람의 역량이 아무리 훌륭하다고 해도 결코 좋은 점수를 받을 수 없다.

좋은 스펙을 갖고 있음에도 여러 회사에서 탈락한 지원자들의 공통점 가운데 하나는 인상이 밝지 못하거나 찡그리는 경향이다. 회사는 다양한 연령대와 상이한 배경, 서로 다른 능력, 때로는 융합하기 힘든 개성을 가진 사람들이 모여서 함께 일을 하는 장소이다. 조직원 간의 갈등은 있을 수 있고 불가피하다. 조직에서 이러한 어려움을 이겨내는 것은 긍정적인 분위기와 화합이며 이것의 바탕은 긍정적인 마음가짐과 표정이다. 개개인의 인성이 중요한 것은 이런 이유에서이다. 언제나 각각의 면접 기회는 단 한 번뿐이다. 과거에 면접에서 탈락한 경험이 있어서 이번 면접에서 실패의 경험을 떠올리면서 찡그리며 면접을 하지 말자. 이 회사에서, 이 면접관과는 한 번뿐인 면접이기 때문에, 더구나 자신에게는 유일한 기회이기 때문에 매번 주어지는 면접의 기회를 언제나 긍정적인 마음으로 밝게 대응해야 좋은 결과를 얻을 수 있다.

면접위원은 면접 마지막에 지원자에게 지원하는 회사에 대해 질문할 기회를 준다. 여기에는 지원하는 회사에 대해서 지원자가 얼마나 열정을 갖고 있는지를 파악하려는 의도가 있다. 지원하는 회사에 대해서 좋은 질문을 한다면 가점을 얻을 수 있는 절호의 기회이다.

그러나 피해야 할 질문을 한다면 오히려 감점을 받을 수도 있다. 가장 피해야 할 질문 가운데 하나는 지원하는 회사의 복리후생, 그리고 연봉에 대한 질문이다. 복리후생에 대한 질문은 지원자를 선발하는 회사의 입장에서 볼 때 직원을 선택하는 사유에 영향을 미칠 수 없는 질문이다. 채용되기를 원한다면 자신이 그 회사에 얼마나 필요한 사람인지를 보여주는 데 역량을 집중해야 한다.

만약 면접위원이 지원자에게 어느 정도 연봉을 희망하는지에 대한 질문을 먼저 하지 않았음에도 지원자가 회사의 복리후생이나 연봉을 질문한 경우 거의 불합격했다고 볼 수 있다. 따라서 면접에서 합격을 한 후 연봉 협상의 절차를 밟는 단계가 아니라면 연봉에 대한 질문은 피해야 한다.

지원자가 하기 쉬운 실수 가운데 하나는 면접위원의 질문에 대한 장황한 답변이다. 자신의 지식과 경력을 충분히 전달하고 싶어서 부지불

식간에 답변을 길게 하는 지원자들이 적지 않다. 성공적인 면접은 상호 소통하는 것이 중요하므로 답변을 간결하게 해서 면접위원이 후속 질문을 할 수 있도록 해야 한다. 지원자의 답변에 대해 면접위원이 질문할 수 있도록 함으로써 자신에게 관심을 유도하고 긍정적인 결론을 끌어낼 수 있도록 해야 한다.

자신의 답변을 면접관에게 설득력 있게 각인시키기 위해서는 지원자가 말하고자 하는 내용의 결론을 먼저 말하는 방식이 좋을 것이다. 그러고 나서 그 결론에 도달하게 된 사유를 설명하는 답변 방식이 면접관의 주의를 집중시키는 데 효과적이다.

한 가지 질문에 대해서 5분에서 10분간 답변을 하면 면접위원을 지루하고 산만하게 만들 수 있다. 국회 청문회에서나 선거 기간에 후보자 TV 토론하면서 일반적으로 한 사람당 답변 시간으로 2~3분을 주는 것처럼 면접에서도 1~2분 내에 간결하게 답변한다.

면접위원의 질문에 대해서 지원자는 "이력서에 있는 것처럼"라는 말을 반복하지 않는다. 지원자가 "이력서에 있는 것처럼"이라는 표현을 하면, 면접위원이 마치 지원자의 이력서를 살펴보지 않은 것처럼 취급을 받는다는 느낌을 갖게 되기 때문에 "이력서에 있는 것처럼"이라는 표현을 쓰지 않는다. 면접위원이 이력서에 있는 내용을 묻는 이유는 이력서의 내용을 확인하기 위한 것이다. 그런데 지원자가 답변을 하면서 "이력서에 있는 것처럼"이라는 표현을 반복해서 사용한다면 면접위원을 불쾌하게 만들 수 있다.

흔히 범하기 쉬운 실수 가운데 하나는 자기 과장이다. 자신의 스펙, 성과, 업적을 설명하다 보면 과장을 할 수가 있다.

겸손이 지나치면 자신 없어 보이고 자신감이 지나치면 과장스러워 보인다. 종이 한 장의 차이를 가르는 것은 삶에 대한 태도와 인성과 직결된다. 자신의 성과를 잘 설명하되 겸손한 태도로 답변해야 한다. 겸손함이 자신을 높이고 자신의 성과를 빛나게 한다. 알고 보면 모든 성과는 혼자 이룬 것이 아니다. 그것을 잘 알고 있는 사람은 겸손할 수밖에 없고 겸손의 미덕을 갖고 있는 사람은 회사에서도 공동의 프로젝트들을 구성원들과 화합하여 성공적으로 수행할 수 있다. 따라서 자신을 과장하지 않는 것이 이러한 사항에 대한 평가에 좋은 점수를 받을 수 있다.

개인사정을 말하거나 신상 발언을 하여 면접위원의 동정심을 유발하지 않는다.

“본인이 이 회사에 합격하면 우리 가족을 결합하게 할 수 있다.”라는 식으로 개인적인 사정을 호소하면서 면접위원의 동정심을 유발하려고 하는 경우가 있다. 가정이나 개인의 신상발언을 통해서 면접위원의 동정심을 유발하고자 하는 태도는 좋은 점수를 받을 수 없다. 회사가 지금 필요로 하는 전문 인력을 선발하려는 목적을 가진 면접에서 이와 같은 태도는 프로페셔널하지 못하다는 인상을 주기 때문이다.

요즈음 이력서에 학력과 학벌을 기재하지 않는 경우가 점차 증가하는 추세에 있다. 이와 같은 채용 방식은 이른바 블라인드 테스트(blind test)를 통해 필요로 하는 인재를 학벌이나 학력이라는 선입견 없이 제대로 선발해 보려는 취지를 갖고 있다. 이력서에 출신 학교나 학력을 기재하는 항목이 없다면 면접할 때 학력이나 학벌을 드러내는 것을 피해야 한다.

면접을 끝내고 나갈 때 그냥 뒤돌아서서 나가지 않는다. 반드시 인사하는 것을 잊지 말아야 한다. 이때 지원자가 흔히 범하는 실수 가운데 하나가 면접위원에게 건네는 "수고하셨습니다."라는 인사이다. "수고하셨습니다."라는 표현은 자기보다 연배가 낮은 상대방에게 하는 인사이기 때문에 면접위원에게 하는 인사로서 바람직하다고 볼 수 없다. 면접위원에게 "수고하셨습니다."라는 표현은 실례일 수 있다.

면접 시작 시 본인의 수험표나 면접 평가표를 면접위원에게 제출할 때에는 면접위원이 보는 방향을 기준으로 해서 면접 용지가 거꾸로 되지 않도록 제출한다. 면접위원이 평가표나 수험표를 제대로 볼 수 있도록 위와 아래를 바르게 제시해야 한다. 상대방을 배려하는 태도(you attitude)는 면접에서 중요한 요소이다. 자기를 기준으로 하는 태도(me attitude)를 보이는 것은 면접에서 마이너스가 될 수 있다. '매너가 사람을 만든다.'는 말이 있다. 사소한 것에서 상대방을 배려하는 태도는 당신을 다르게 평가하게 할 수 있다. 면접관도 사람임으로 지원자를 평가하는데 개인적인 감정을 배제할 수 없다. 사소한 매너가 큰 점수를 좌우하는 것은 아니지만 지원자 자신에게 부정적인 인상을 줄 수 있다. 작은 차이는 큰 기회로 연결될 수 있고 태도는 인성과 결부되어 있기 때문이다.

위에 열거한 면접의 점검 사항들은 면접의 전술에 해당하는 것들이다. 전술은 전략을 구체화하는 것들이고 전투에서 전략 전술 없이는 이기기 힘들기 때문에 면접을 성공적으로 이끌기 위해서는 이상과 같은 일반적인 전술을 익히고 자신의 개성과 장점을 최대한 발현시키는 전략이 필요하다.

지금까지 기술한 면접의 전략들을 아래의 표를 보면서 다시 한번 정리해 보자.

〈면접에서 주의해야 할 사항들〉

	반드시 보여 줘야 할 언행	반드시 하지 말아야 할 언행
표정	긍정적이고 명랑한 표정	찡그리는 표정
행동	◦ 믿을 수 있는 행동과 언어 ◦ 약속과 시간을 잘 지키는 사람 ◦ 면접시간에 적당히 일찍 도착하는 사람 ◦ 답변 시 에너지가 넘치는 발언 ◦ 열정적인 사고와 답변	◦ 거만한 듯한 답변과 행동 ◦ 나태한 인상 및 태도(지각 등) ◦ 남을 비난하는 듯한 언행 ◦ 정직하지 않은 태도 ◦ 무책임한 태도 ◦ 열정이 보이지 않는 태도 ◦ 동기가 없는 태도
이직사유	이직하는 회사에 공헌할 수 있는 기회 경력개발과 자기 발전 보다 많은 승진 기회를 얻기 위함 회사를 발전시키기 위해서	퇴사한 회사에 대해서 부정적으로 답변하지 않는다. 이러한 답변은 후보자가 지금 지원하는 회사 역시 '부정적인 면을 많이 보겠구나. 그래서 언젠가 회사를 또 이직할 수 있겠구나'라는 느낌을 면접관으로 하여금 갖게 한다.
답변 방법	상호 소통하는 면접이 이루어질 수 있도록 답변은 간결하게 해서 후속 질문이 이루어 수 있게 한다. 질문에 대해 결론을 먼저 답변한 다음 그 결론에 도달한 사유를 설명한다.	장황하게 답변하지 않도록 주의한다. 답변 시 "이력서에 있는 것처럼"라는 말을 반복하지 않는다.
표현력	'~을 경험했습니다.', '~을 실천에 옮긴 적이 있습니다.'라는 표현은 행동지향적이어서 긍정적 평가를 받는다.	"제가 적임자입니다", "제 이력서를 검토해 주셔서 감사합니다.", "뽑아만 주신다면 이 몸 다 바쳐 일하겠습니다.", "~라고 생각합니다." 식의 표현은 피하는 것이 좋다.
지원회사에 대한 질문	회사의 신규 프로젝트에 대한 이슈 프로젝트에 대한 투입가능 여부	연봉 또는 복리후생에 대한 질문
성과	겸손하게 답변하여 긍정적인 이미지를 준다.	자신을 과장하지 않는다.
개인신상발언	동정심을 조장하지 않는다.	가정사나 개인의 신상발언을 함으로써 면접관의 동정심을 유발하고자 하지 않는다.
학력사항	학력과 학점은 사실대로 기재한다.	면접에서 학력이나 학벌을 자랑하지 않는다.

	반드시 보여 줘야 할 언행	반드시 하지 말아야 할 언행
면접 후 인사	면접이 끝난 후 반드시 인사를 한다. 감사합니다 또는 면접 기회를 주셔서 감사합니다. 라는 간결한 인사말을 한다.	면접위원에게 "수고하셨습니다."라는 말은 하지 않는다. "수고하셨습니다."라는 표현은 상대방이 자기보다 연배가 낮은 경우에 쓸 수 있는 표현으로 면접위원에게 사용하지 않는다.
수험표 제시	면접 평가표나 수험표를 면접위원이 바라보기에 좋게 위와 아래를 바르게 제시한다. you attitude는 면접에서 중요한 요소이다.	수험표나 면접 평가표를 면접위원에게 제출할 때 거꾸로 제출하지 않는다. me attitude를 보이는 것은 면접의 감점요인이 된다.

〈면접관의 행동으로 추정할 수 있는 면접 합격 여부〉

면접위원의 합격 예시 행동	면접위원의 불합격 예시 행동
◦ 고개를 끄덕인다. ◦ 경청한다. ◦ 계속해서 질문하거나 후속질문을 한다. ◦ 눈을 자주 마주친다. ◦ 웃음을 짓는다. ◦ 명함을 건넨다.	◦ 질문 수가 적거나 쉽고 질문을 거의 하지 않는다. ◦ 말을 끊는다. ◦ 약점을 들춰낸다. ◦ 표정이 굳어진다. ◦ 고개를 가로젓는다. ◦ 다른 곳에 면접을 볼 것을 권한다. ◦ 수박 겉핥기 식의 쉬운 질문을 한다. ◦ 면접시간을 줄인다.

면접 답변서 준비: 스토리텔링(story telling) 기법

스토리텔링 기법은 상대방이 알고자 하는 바를 재미있고 생생하게 이야기로 전달하는 기법이다. 스토리텔링 기법으로 '자신의 이야기'를 감동적으로 구성할 수 있고 면접에서 면접위원에게 재미있게 전달할 수도 있다. 스토리텔링 기법으로 자신의 이야기를 구성해 보자.

- 감동적으로 구성한다.
- 참된 의미가 숨어 있도록 작성한다.
- 친숙한 이야기로 만든다.
- 문제해결한 사례를 만든다. 인간의 존재이유는 문제해결에 있다. 기업이 원하는 인재는 문제해결 역량이 있는 인재이다.
- 갈등 → 문제해결 → 카타르시스의 프레임으로 스토리텔링을 만든다.

11 + 면접과 스타일링: 목소리, 어조, 몸짓, 복장

면접 복장을 갖추어야 하는 이유

인터뷰할 때 복장이 결정적인 중요성을 갖지는 않는다. 구직자가 어떤 가치관을 갖고 있고 어떤 역량을 갖고 있는지, 회사에 대해 얼마나 알고 있는지와 같은 부분들이 더 중요하다. 그러나 면접복장은 역량의 요소들을 돋보이게 하는 기능을 갖기 때문에 간과할 수 없는 요소이다. 보기 좋은 떡이 맛도 있는 법이라는 속담과 같다.

보이는 부분을 세분화하면 복장과 더불어 표정이나, 헤어스타일, 자세, 매너, 스피치와 같은 요소들을 들 수 있다. 이런 요소들은 첫인상을 결정하기 때문에 세심하게 신경을 써야 한다.

통계적으로 첫인상을 결정하는데 30초가 걸린다고 한다. 첫인상을 결정하는 요소들을 분석해 보면, 미소와 같은 얼굴 표정, 말투, 자세, 복장, 인사태도로 중요한 비중을 갖는다.

생각보다 복장이 큰 비중을 갖고 있지 않지만 작은 노력으로 큰 효과를 노릴 수 있고, 찰나와 같은 짧은 시간 안에 자신의 인상을 각인시킬 수 있으며, 지원자의 입장에서 쉽게 변화를 줄 수 있는 용이성이란 측면을 고려해 보면 복장이라는 요소는 가볍게 볼 요소가 아니다. 우리 자신의 경험을 한번 돌아보자. 처음 봐서 이름이 잘 기억나지 않을 때면 입은 옷으로 기억하는 것이 일반적이다.

취업을 준비하는 전 과정은 쉽지 않고 고통스러운 시간들이기도 하지만 자신이 진정 무엇을 하고 싶은 것인지, 스스로가 정말로 무엇을 할 수 있는 사람인지, 자신을 어떤 사람으로 드러내고 싶은 것인지를 깨닫는 과정이기도 하기 때문에, 의무감에서 수행해야 하는 일이란 생각을 넘어서서 자기 정체성을 만드는 시간, 자아를 발견하고 생성하는 시간이라 여기고 즐길 필요가 있다. 면접 복장 역시 자신의 스타일을 만들어 가는 과정이라 여기고 탐구적 자세로 임해 보자.

면접 복장으로 피해야 할 옷차림

어떤 한 개념을 명확히 하기 위해서 반대 개념을 조사하는 것은 철학적 사고를 위한 훈련에서 필수적이다. 예를 들어 '강하다'의 반대말은 '약하다'인가, '부드럽다'인가, 또는 '착하다'와 '강하다' 혹은 '착하다'와

'약하다'는 어떤 관계를 맺는가, '민주주의'의 반대말은 무엇인가 등등. 면접 복장에 적용해 보자면 잘 입기 위해서는 역으로 무엇을 피해야 하는지를 아는 것이 필수적이다.

영국의 데일리 메일이라는 신문에서 직장인들을 대상으로 설문조사를 했다. 여기에서 피해야 할 차림으로 대다수의 직장인들이 지적한 사항이 여직원들의 과한 화장, 즉 진한 립스틱, 눈 화장, 볼연지라고 한다. 이런 부분에 대한 거부감은 동양이나 서양이나 공통적인 것 같다. 우리는 '일반적' 혹은 '통계적'이라는 부분을 재미없다고 제쳐두기 쉽다. 그러나 알고 보면 '일반적'이 되는 것은 의외로 쉽지 않다. 답은 상식에 있고 선을 넘지 않으면서 개성을 추구하는 것에 있다.

피해야 할 옷차림 첫 번째는 '더러운 옷차림'이다. 이것은 너무 일반적이어서 정보로서 소중하게 기억할 필요가 없을 것 같지만 의외로 면접관들이 첫 번째로 꼽는 '피해야 할 옷차림'이다. 지원자들은 대개 면접용 옷들을 옷장에 잘 모셔두는 경향이 있다고 한다. 한두 번 입은 값비싼 블라우스나 셔츠의 더러움이나 재킷에 묻은 얼룩 따위를 제거하지 않고 옷장에 소중하게 보관해 두다가 면접 당일 어쩌지 못하고 입고 나오는 경우가 의외로 많다는 것이다. '깨끗한 옷차림'은 누구나 아는 사실이지만 그만큼 간과하기도 쉬운 부분이다.

사실 '피해야 할 옷차림'의 대부분은 우리가 짐작할 수 있는 것들이다. 그러나 그렇기 때문에 뜻밖에도 주의를 소홀히 할 수 있는 것들이다.

'면접에서 중요하게 생각하는 스타일은 무엇인가'라고 설문조사를 하면 남성과 여성이 다른 답을 한다고 한다. 남성은 '머리 스타일'을 여성은 '옷'을 스타일 가운데 가장 중요한 것으로 간주한다는 것이다. 달리 말하자면 남자는 '헤어'에서 여자는 '의상'에서 '지나침'이 있을 수 있다. 남성은 지저분하거나 과도하게 다듬은 헤어스타일을 조심해야 하고, 여성은 노출이 심하거나 요란한 옷차림, 단정치 못한 헤어스타일, 진한 화장, 과도한 액세서리를 피해야 한다. 너무 쉬워 보여서 누구나 유념하고 있는 것 같지만 면접관들 앞에서 자신을 조금이라도 잘 기억하도록 어필해야 한다는 심리에 집착하면 의외로 실수하기 쉽다.

여기서 오해하지 말아야 할 것은 '몰개성적'이어야 하거나 '전통적'이어야 한다고 주장하는 것이 아니라는 점이다. 이러한 오해의 유형 가운데 첫 번째로 지적하고 싶은 것이 '검은색 정장이 더 좋다'는 선입견이다. 전문가들은 검은색 정장이 답답해 보이는 경향이 있고, 짙은 군청색 계통이 안정감과 신선함을 동시에 어필할 수 있다고 지적한다. 여성의 검정색 스타킹과 뭉툭한 구두 역시 전통적 스타일이기는 하지만 답답하고 둔한 이미지를 준다고 하니 피해야 할 복장이다. 두 번째 오해로 들 수 있는 것이 '유행과 무관해야 한다.'는 면접 복장에 대한 고정관념이다. 유행을 좇아 딱 붙는 트렌디한 정장을 입는 것도 신뢰를 주는 복장이 아니지만, 아버지 세대에 유행했던 무거운 느낌의 정장이나 이전 세대에 유행하던 광택 나는 정장 역시 적절하지 않다. 지금 유행하지만 면접에 맞는 정장, 나이에 맞는 옷이 정답이다.

면접 복장: T.P.O.에 맞는 복장

김태호 피디는 예능 프로그램 '무한도전'의 피디로 유명하다. 최장수

예능 프로그램이기도 하지만 매회 화제를 뿌리는 프로그램이다 보니 피디에 대한 관심이 연예인 못지않다. 그를 따라 다니는 유명한 일화 몇 가지가 있다. 티브이를 볼 때마다 부모님께 '공부 중'이라고 하다가 부모에게 꾸중을 듣지 않고 좋아하는 티브이 시청을 마음껏 하고 싶어서 피디가 되었다는 일화와 더불어 유명한 이야기가 그가 MBC 입사를 위해 입었던 면접 복장이다. 노랑머리에 피어싱, 스니커즈 차림으로 입사 면접을 치렀다는 전설이 전해지고 있다. 나중에 그를 뽑은 면접관은 '왠지 그런 놈이 하나 정도는 있어도 좋을 것 같아서'라는 평을 남겼다고 한다.

김태호 피디에 관한 일화는 면접 복장에 대해 몇 가지 시사하는 바가 있다. 하나는 김태호 피디는 자신의 정체성을 스타일로 배짱 있게 보여주었다는 것이다. 그리고 '그렇게 생겨 먹은 그'를 '운 좋게도' 면접관이 제대로 파악해서 뽑아 주었다는 것이다. 이 이야기가 전설인 것은 흔하게 일어나는 경우가 아니기 때문이다. 대부분의 면접관들은 50대 이상이고 회사를 위한 인재를 골라야 하기 때문에 보수적 경향을 보일 수밖에 없다. 그들은 결국엔 '준비된 지원자, 예의를 갖춘 지원자, 평소에도 단정한 지원자'를 낙점하는 경향을 보인다. 비록 김태호 피디가 입사할 수 있었지만 그와 같은 면접 복장은 일종의 모험이고 그에 따른 리스크가 있을 수밖에 없음을 유념해야 한다.

김태호 피디의 면접 복장이 알려주는 또 다른 시사점은 그가 방송국 면접이 아니었어도 그런 복장을 했을까 하는 가정이다. 일반 공기업이나 금융, 마케팅, 패션 회사들은 자신들만의 개성적인 업무만큼이나 구직자에게 미묘하게 색다른 스타일을 요구한다. 패션에 TPO(Time, Place, Occasion을 가리키는 약자로서 옷을 입을 때의 기본원칙을 나타내는 패션용어. 최적의 스타일을 추구하기 위해서 시간, 장소, 경우에 따라 그에 맞는 옷을 입어야 한다고 강조함.) 가 있듯이, 면접에서도 지원하는 회사에 따라 조금씩 강조점이 다른 스타일을 준비해야 한다.

면접 복장을 위해서 지원자가 유의할 점을 구체적으로 꼽아 보자

너무나 당연하지만 일차적으로 어떤 회사들은 입사 공고나 면접 전형에 면접을 위한 드레스 코드를 명시하기도 한다. 잊지 말고 꼼꼼히 읽어 보자.

입사 지원하는 곳에 따른 복장 분류

대기업과 공기업

공기업과 대기업은 전통과 규율을 중시하는 경향이 있어 '튀지 않는 무난한 정장'을 선택할 필요가 있다. 대체로 어두운 컬러의 복장을 선택해서 차분한 인상을 줄 필요가 있다. 특히 공기업은 가장 보수적이고 대인관계를 중시하기 때문에 개성을 강조하거나 너무 화사한 복장을 피해야 한다.

일반기업 면접에서는 성실한 느낌을 주는 차림이 중요하다. 갈색이나 검은색 정장은 지나치게 지루해 보이기 쉬우므로 면접 시에는 피하는 것이 좋다. 친화력과 업무추진력을 강조하는 영업, 기획, 마케팅 분야의 면접 때에는 짙은 푸른색 계열 정장에 푸른 계열 셔츠로 통일감 있게 코디하면 호감 가는 인상을 줄 수 있다. 다른 지원자보다 개성 있게 연출하고 싶다면, 보라색 계열의 넥타이로 포인트를 주어도 좋을 것이다.

일반사무직, 교사, 공무원 분야의 면접은 화려한 차림을 피하고 무난하고 단정한 스타일을 하는 것을 기본으로 한다. 원 버튼의 베이직한 재킷, 여성이라면 H라인 스커트 또는 바지가 깔끔하고 단정한 이미지 연출에 도움이 된다. 보다 밝은 인상을 원한다면 밝은 베이지 색조의 정장도 나쁘지 않다. 베이지색이 확대되어 보이는 경향도 있으니 스트라이프 무늬를 통해 시각적 효과를 얻을 수도 있다.

금융 영업

주로 사람을 대하는 것이므로 편안한 이미지를 연출하는 것이 좋다. 여기에서 면접 복장의 일반적인 특성에서 벗어나지 않도록 지나치게 튀지 않는 수수한 차림이 기본적이어야 하고 변화를 주기 위해 넥타이를 분홍색 계열로 선택해서 신뢰감과 개성을 동시에 추구할 수 있다.이 직종에서 가장 중요하게 어필해야 하는 이미지는 신뢰감과 편안함임을 잊지 말자. 남색 정장과 하얀색 셔츠, 검은색 구두와 같은 기본 스타일이 무리가 없으며 대인 업무가 많은 영업 분야 면접에서는 편안한 느낌을 주는 갈색 정장도 권할 만하다.

IT 계열

이 직종의 특성상 모험심과 미래지향적인 측면을 주요하게 부각할 필요가 있다. 면접 시 푸른색 계열로 스타일링해서 지적이면서도 활동성 있는 이미지를 연출한다. 여기서도 면접 스타일링의 기본인 감색 정장으로 신뢰감을 주는 것도 좋은 방법이다. 이 분야는 검은색 정장에 평범한 흰색 셔츠보다는 감색 정장에 짙은 블루나 연한 블루 셔츠를 기본으로 스프라이트 혹은 노란색 넥타이를 코디한다면 활동성을 보여줄 수 있을 것이다.

방송, 광고, 벤처기업

구직자의 개성과 감각을 중요시하므로 다소 유행을 따르면서 개성적이고 세련된 스타일이 좋다.

분야를 좀 더 세분화해서 면접 복장을 알아보자.

디자인, 광고

감각적인 면을 중시하는 회사라면 대담한 색상의 셔츠에 화려한 넥타이도 괜찮다. 몸에 달라붙는 슬림 라인의 정장으로 트렌디한 느낌을 강조하는 것도 좋다. 셔츠와 넥타이 가운데 하나에 포인트를 주는 것도 방법이다. 붉은색과 자주색 넥타이를 추천할 수 있으며, 도트 무늬 넥타이로 개성을 드러내거나 줄무늬 혹은 잔잔한 체크무늬 셔츠로 면접관의 눈길을 잡을 수 있다.

홍보, 광고직, 디자이너

개성 연출이 필요한 직종이므로 자신 만의 세련된 옷차림을 시도할 만하다. 여성이라면 차이나칼라 혹은 잔주름 장식 등으로 포인트를 준 블라우스로 감각적인 면을 강조할 수 있다. 아무리 개성을 강조한다고 해도 너무 화려하거나 유행에 앞서가는 디자인은 다소 부담감을 줄 수 있기 때문에 피하는 게 좋다.

패션, 뷰티업계

유행을 선도하는 분야인 만큼 나름의 패션 감각이 좋은 점수를 받을 수 있다. 경쟁 회사의 제품을 착용하는 것을 피해야 하며 가능하면 지원하는 회사의 제품을 입고 가는 것도 좋은 전략일 것이다.

전문직

지적인 이미지가 중요한 전문직종의 면접에는 현대적인 이미지를 줄 수 있는 회색 계열이나 짙은 푸른색 계열의 정장을 선택하는 것이 좋다. 기본 디자인보다 짙은 줄무늬나 사선무늬 정장을 선택하면 한층 고급스러운 인상을 강조할 수 있다. 줄무늬가 들어간 겉옷에 같은 계열 색상의 블라우스를 입어 조화를 시도해 해 본다. 색상을 정돈해서 같은 계열이 되도록 하면 지적인 이미지를 강조할 수 있고 감각을 돋보이게 할 수 있다.

이미지 스타일링

지원자의 합격 여부에 영향을 끼치는 가시적 요소들에 대해 면접위원들에게 설문조사를 한 결과면접에서 영향력이 큰 요인은, 외모와 복장 등 첫인상, 입사의지, 면접 태도와 버릇, 말투, 면접시간 준수 등이었다. 이 가운데 외모, 복장, 버릇 혹은 얼굴 표정, 말투 같은 요소들은 평소에 이미지 스타일링을 통해 꾸준히 관리해야 좋은 결과를 얻을 수 있음을 보여준다.

면접은 '역지사지'의 시각, 즉 '내가 만약 면접관이라면 어떤 사람이 인상적이고 누구를 뽑고 싶은 것일까'라는 시각으로 면접을 준비할 필요가 있다. 자신이 좋아하는 복장이나 표정, 말투를 다른 사람의 시각, 즉 객관화된 시각으로 바라보자. 이 과정은 개성을 버리는 과정이 아니라 '자신의 생각'과 '사회의 시선'을 맞추어서 개성을 다듬는 과정이다. 일종의 사회적 '시각 언어'를 획득하는 과정이라 할 수 있다.

'말'은 여러 사람이 공유하기 때문에 의사소통하는 도구가 될 수 있고, 다 같이 공유하는 것임에도 불구하고 말을 사용하는 개인의 고유한 개성이 들어가 있기도 하다. 마찬가지로 '몸짓'과 '복장', '이미지', '어투' 같은 것도 학습의 과정과 사회화의 과정을 거쳐 자신의 고유한 생각과 개성을 표현하는 도구로 만들어 보자. 자신이 어떻게 보이는지'를 고민하는 것은 남의 눈치를 보거나 남과 같아지는 것이 아니기 때문이다.

복장 보다 조금 더 긴 시간을 들여 준비해야 할 부분이 태도, 표정, 말투이다. 일시적으로 꾸며서는 가능할 수 없는 자연스럽고 몸에 밴 태도와 말투를 얻기 위한 노력이 필요하다.

인상에 영향을 미치는 요소 가운데 말솜씨와 몸짓(gesture), 어조(tone)의 비중에 대한 설문조사는 몸에 밴 자연스러운 몸짓이 얼마나 중요한지를 알려 준다. 통계는 예상 밖의 결과를 보여주는데 면접에서 말솜씨가 미치는 영향은 7%에 불과한 반면 55%는 몸짓, 38%는 목소리 톤이라는 것이다.

이차적 가공이 들어 갈 수 있는 말솜씨 보다 무의식적으로 표출되는 몸짓이나 어조가 더 많은 인상을 남긴 다는 것이다. 구부정하게 앉거나, 코를 만지작거리기나, 아래쪽을 응시하는 사소한 태도들은 그래서 주의해야 한다. 이러한 몸짓들에는 그 사람의 가치관이나 삶의 이력, 정신의 건강 같은 정보가 담겨 있기 때문에 보이지 않는 영향력을 갖고 있고 꾸준한 관리가 필요하다.

12 + 면접 체크리스트(check list)

성공적인 면접을 하기 위해서 지원자가 준비해야 할 사항들을 총정리해 보자. 다음은 면접의 스킬, 면접 에 응하기 전의 준비사항, 효과적인 면접요소, 즉 자신의 장점을 부각하고 부정적인 요소를 극복하는 방법에 대한 팁을 표로 정리한 것이다.

〈면접 전에 준비해야 할 사항〉

No	체크리스트	Yes	No
1	지원한 직무의 평가요소의 분석		
2	면접에서 면접위원에게 할 질문사항		
3	면접을 위한 증거 자료의 준비		
4	해당 조직에 대한 분석		
5	면접위원에 대한 분석		
6	직무 외의 연관된 경험에 대한 준비 및 검토		

〈효과적인 면접을 위해 피면접자가 갖추어야 할 스킬〉

No	체크리스트	Yes	No
1	질문 사항에 대해서 효과적인 답변을 할 수 있도록 준비한다.		
2	질문에 대해서 구체적인 행동을 한 결과를 답변한다.		
3	지원한 직무를 수행할 수 있는 자신의 장점과 직무 적합성을 제시한다.		
4	긴장감을 해소하는 것이 무엇보다 중요하다.		
5	자연스런 분위기로 인터뷰를 종료한다.		
6	어려운 질문을 잘 처리할 수 있어야 한다.		
7	면접위원과 인사 및 관계를 잘 설정한다.		
8	면접위원과 라포르(rapport)의 형성 여부		

〈효과적 면접을 위한 점검 사항들〉

No	체크리스트	Yes	No
1	유용한 정보를 잘 수집했는가?		
2	과거의 성과와 경험을 잘 강조해서 설명했는가?		
3	자신의 개인적인 정보를 잘 드러내어 설명했는가?		
4	가능한 연관성이 있는 정확한 정보를 설명했는가?		

〈자신의 장점을 제공하고 인터뷰에 성공하는 방법〉

No	체크리스트	Yes	No
1	근본적인 질문에 대답한다.		
2	추가적인 정보를 적절히 제공한다.		
3	조직에 본인이 기여할 수 있는 장점을 설명한다.		
4	주요 사항을 정리하고 본인이 지원한 직무에 대한 적합성을 강조한다.		

〈자신의 부정적인 요소의 처리〉

No	체크리스트	Yes	No
1	객관적이고 간결하게 무슨 일이 일어났는지 설명한다.		
2	자신의 역할에 대해서만 집중하여 설명한다.		
3	결과에 대한 책임을 가정하여 밝힌다.		
4	주요 사항을 정리하고 본인이 지원 직무에 대해서 적합성을 강조한다.		
5	경험으로부터 교훈을 토의한다.		
6	경험으로 인해서 현재 어떻게 다르게 하는지에 대해서 설명한다.		

13 + 면접 사례 연구

이 사례는 지원자가 인사의 Compensation&Benefits Specialist 포지션에 지원한 후 면접전략을 수립하고 면접에 합격하여 이직에 성공한 경우이다. 이 사례를 통해 지원자가 어떻게 면접전략을 수립하여 면접에 성공했는지 살펴보도록 한다.

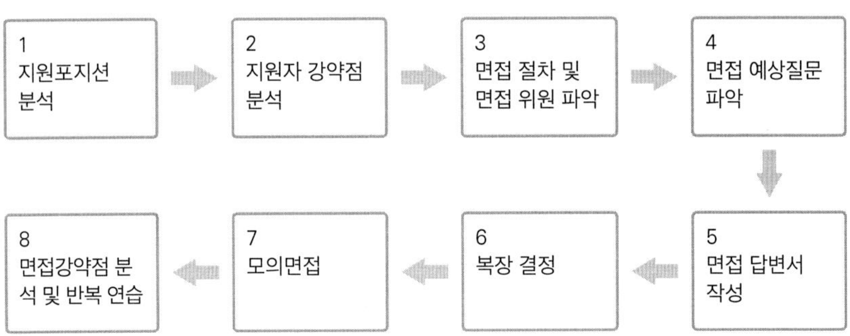

지원 포지션의 분석

지원 포지션: HR Compensation&Benefit Specialist

지원회사: 외국계 회사

직무 기술서와 직무 요건서(Job description&Job requirement)

Job Description	
Division: HR Job Title: C&B Specialist Report to: C&B Manager	
Roles and Responsibilities	**Percentile**
1. Compensation&Benefits ◦ Supports compensation and benefits manager who plans and decides about employee pay, benefits, rewards and other forms of compensation. ◦ Conducts research and analysis in HR areas including compensation, such as salary survey, its statistics and market analysis. ◦ Plans and administrates C&B programs and processes in accordance with compensation strategy and policy. ◦ Conducts job classifications, position evaluations, preparing job descriptions, assessing the budget impact of compensation and labor cost.	30%

Roles and Responsibilities	Percentile
2. Payroll operation ◦ Processes and coordinates various payroll–related activities accurately and on time; activities are preparing payments, benefits, taxes, and calculating overtime, incentives, etc. ◦ Maintain payroll records and be prepared for payroll audit.	20%
3. Human Resource Information System ◦ Updates and maintain HR database such as SAP, employees' master file and organization records to provide accurate employee status, statistics and reports. ◦ Headcount management and reports	20%
4. Business Partner ◦ Conducts as a business partner to provide the professional advice and counsel in accordance with the HR philosophy and strategy to leverage the business growth and success.	(20%)
5. Other HR related activities ◦ Support the HR related activities for the HR function's effectiveness and efficiency. ◦ Participates in Global / Regional projects and conducts the employee communication session.	(10%)
Total	100%

Job Requirement
1. Years of work experience: 4~6 years of experience ◦ Must: C&B experience ◦ Preferred: SAP experience 2. Educational background: University degree 3. Skills, knowledge and attitude ◦ Accuracy and detailed operation ◦ Strong organizational and time–management skills ◦ Strong interpersonal and communication skills ◦ Self–starter and highly motivated ◦ Knowledge over the labor law and general HR ◦ Proficient at Microsoft office ◦ Good English communication ◦ Understands and applies statistics in report writing and decision–making

지원 포지션에 대한 지원자의 강약점 분석

직무 기술서와 직무 요건서를 기초로 지원자 역량의 강약점을 분석하고 면접전략을 수립했다.

NO	필요 역량	강약점 분석
1	Compensation& Benefits	ㅇ대기업에서 복리후생 관련 기획 경험 ㅇ대기업에서의 조직의 변화관리, 의사소통 경험 ㅇ인턴 시 급여조사(salary survey)와 급여체계(salary structure)설계 경험 ㅇ실제적인 직무급 인사제도 경험 부족 ㅇ외국 회사에 근무한 경험이 없으나 보상 및 복리후생 직무에 대한 이해와 경험이 본 포지션을 커버할 수 있는 역량 보유
2	Human Resource Information System SAP 경험	ㅇ급여 지급, 인사 정보 시스템을 SAP로 관리함 ㅇ해외 인원, 본사인원, 각 사업부별 인원관리 및 보고, 인사팀 예산, 회사 인건비관리 ㅇ승진관리에 따른 급여 지급, 인건비관리 등 업무 수행
3	Payroll	ㅇ비정규직 보상기획, 급여 지급 및 관리 업무 경험 ㅇ급여 지급과 비용정산 ㅇ연말 정산 ㅇ시간외 초과수당, 인센티브 계산 및 지급
4	Business Partner	ㅇ비정규직 보상 관련 업무를 수행하면서 고객의 애로 사항에 대한 의견 수렴하고 문제를 해결해 나감. ㅇ정규직 정기 급여 인상 작업을 하면서 각 종 복리후생에 대한 사원들의 의견 수렴과 문제해결
6	English communication skill	ㅇ원어민 수준의 영어 능력(speaking&writing) ㅇ해외인사 경험, 영문 문서 작성 능력 탁월
7	기타	ㅇ지원한 기업의 인사 임원이 대기업에서 인사 경험자로 기획을 잘하는 인사 경력자를 선호하는 점은 본 지원자에게 장점으로 작용할 것으로 생각됨. ㅇ지원하는 회사와 비슷한 산업에서 근무한 경험은 지원한 회사의 조직을 잘 이해할 수 있는 장점을 갖고 있음. ㅇ영어를 잘할 수 있는 장점을 부각하여 자신의 업무경험을 어필할 수 있으면 본 포지션에 합격할 수 있는 가능성이 많다고 판단됨.

NO	필요 역량	강약점 분석
7	기타	◦ 지원자는 그 동안의 몇 차례 지원을 실패하여 면접 시 침체된 표정을 짓는다. 따라서 면접에서 임할 때 표정관리에 신경을 써야 한다. 이를 위해서 면접 연습 시 동영상 촬영을 하여 자신의 표정에 대해서 모니터링함.

면접 절차 및 면접위원 분석

평가요소 분석 및 면접위원별 예상질문 분석

직무 기술서와 직무 요건서를 분석하여 면접에서의 평가요소를 도출했다. 면접은 총 4차로 진행된다. 그리고 면접위원별 예상 면접질문을 파악하고 면접 예상질문과 답변서를 작성했다.

- ◦ 1차 면접은 C&B 상사와의 면접이다. 1차 면접은 C&B의 스킬을 중심으로 평가할 것으로 예상된다. 급여 조사의 절차와 방법론, 급여체계의 설계 방법에 대해서 철저히 준비한다.
- ◦ 2차 면접은 인사담당 임원 면접이다. 2차 면접은 인사의 비즈니스 파트너로서 역할을 중점적으로 평가할 것으로 예상된다. 비즈니스 파트너로서 인사의 역할이 무엇인가에 대한 질문에 대해서 충분한 답변을 준비한다.
- ◦ 3차 면접은 사장 면접이다. 사장은 영업의 경험이 많으므로 지원자의 전직 회사에서의 성과에 대해서 질문이 있을 것으로 예상된다. 전 직장에서의 자신의 성과에 대한 상세한 답변을 준비한다.

○ 4차 면접은 아시아 지역을 담당하는 인사 담당 리더와의 면접이다. 인사에 대한 지원자의 철학이 무엇인지, 비즈니스 파트너로서의 역할이 무엇인가에 대한 질문에 대해서 준비한다.
○ 3차 면접과 4차 면접은 지원자의 가치관과 태도 그리고 인사에 대한 안목을 중심으로 평가할 것으로 예상된다.

가장 중요한 면접은 인사담당 임원과 아시아 지역을 담당하는 인사 담당 리더의 면접으로 예상된다. 인사담당 임원의 면접은 비즈니스 파트너로의 질문이 핵심 질문으로 예상되며 아시아 지역을 담당하는 인사 담당 리더와의 면접은 지원자의 인사에 대한 철학이 핵심 질문이 될 것으로 예상된다.

면접 예상질문 및 답변서 작성 전략

○ 면접 절차별로 캐스케이딩(cascading)방식으로 면접질문과 답변서를 작성한다. 즉, 전체 질문과 답변을 준비하고 면접에서 실제 나온 질문을 제거해 가는 방식으로 면접을 준비한다.
○ 면접 준비는 영어로 준비한다.
○ 직무 기술서의 스킬 세트를 중심으로 면접 예상질문을 도출한다. 지원회사의 최근에 경영환경의 변화를 분석하고 비즈니스 파트로서 인사가 어떤 역할을 해야 하는가에 대해서 중점적으로 준비한다.

○ 지원자는 총 면접 4회에 걸쳐서 아래와 같이 예상 면접질문과 답변을 준비했다.

구분	질문 유형	질문내용	면접차수			
			1	2	3	4
Know	○교육 ○Skill, Knowledge ○업무경력 ○업적 ○지원회사 정보 분석	학업을 다시 시작한 이유	O	O		
		인사업무의 적합성	O	O		
		업무경험 (직무기술서와 요건서의 순서대로 준비)	O	O		
		Salary survey의 방법	O	O		
		Salary structure와 salary range 설계방법	O	O		
		인센티브, 복리후생관련 업무 경험	O	O		
		프로젝트 경험	O	O		
		지원회사의 산업 분석, 현재의 이슈	O	O		
		영어 의사소통 능력(영어로 자기소개)	O	O		
		전 직장의 이직사유	O	O		
		인사의 비즈니스 파트너로서의 역할은 무엇인가?	O	O		
Want	○문제해결 방법 ○갈등 ○프로젝트경험 ○대인관계 스킬 ○인성,성품 ○장점 및 단점	업무의 어려웠던 경험과 극복한 사례		O	O	
		동료와 리더와 어려웠던 점과 해결방법		O	O	
		자신의 장점과 단점은 무엇인가?		O	O	
		자신의 리더십의 장점과 단점은 무엇인가?		O	O	
		문제해결 방법		O	O	
		갈등관리 방법		O	O	
Link	○생활신조 ○윤리관 ○입사사유 ○전직장의 연봉 ○희망연봉 ○비전	왜 우리회사에 지원했는지(지원 및 입사동기)			O	O
		자신의 희망, 비전(5, 10년 계획,비전)			O	O
		Regional HR manager와의 관계에서 중요한 점			O	O
		자신의 생활 철학과 윤리관			O	O
		전직장의 연봉 및 희망연봉			O	O
		회사에 어떻게 공헌(Contribute)할 것인가?			O	O

1차 면접 예상질문과 실제 질문 내용

구분	예상질문
Know	◦영어로 자기소개를 해 주시기 바랍니다. ◦전 직장의 퇴사 사유는 무엇입니까? ◦다시 인사업무로 복직하려는 이유는 무엇입니까? ◦보상과 복리후생 업무에서 어떤 일을 했는지 설명 바랍니다. ◦3년간의 업무 경력에 대해서 설명 바랍니다. ◦3년간의 주요 업적에 대해서 설명 바랍니다. ◦이 포지션을 어떻게 이해하고 있는지에 대해서 설명해 주십시오. ◦이 포지션에서 어떻게 회사에 공헌할 수 있는지 설명해 주십시오. ◦우리와 같은 산업에서 일하기를 원하는 이유를 설명해 주십시오. ◦최근의 우리 회사의 변화에 대해서 아는 대로 설명 바랍니다. ◦우리 회사의 제품과 서비스를 아는 대로 설명해 보십시오. ◦우리 회사를 어떻게 알고 지원하셨는지요?
Want	◦스트레스를 어떻게 이겨내는지요? ◦갈등을 해결하는 가장 좋은 방법은 무엇입니까? ◦자신의 장점과 단점은 무엇입니까?
Link	◦전 직장의 연봉과 입사하면 받고 싶은 희망 연봉을 알려주십시오.

구분	실제 면접질문
Know	◦영어로 본인 소개와 장단점을 설명해 주십시오. ◦우리 회사를 어떻게 알고 지원했는지요? ◦지원 동기는 무엇인가요? ◦전 직장에서 했던 일과 인사팀의 인원, 전체 인원 등에 대해서 소개바랍니다. ◦전 직장의 급여 구조는 호봉제인가요? 기본급 체계에 대해서 설명해 보세요. ◦우리 회사에 입사해서 업무를 할 때 필요한 역량은 무엇인가요? 그리고 그러한 자질들은 구체적으로 어떤 업무를 할 때 필요한가요? ◦보상과 복리후생 업무를 위해서 참고하는 자료들은 어떤 것들이 있는가, 그리고 참여하는 인사 커뮤니티는 무엇인가요? ◦급여조사를 해 보았는지요? 절차를 설명해 보십시오. ◦보상과 복리후생 업무 할 때 재미있었던 일과 힘들었던 일은 무엇이었는지요?

구분	실제 면접질문
Want	◦ 전 직장의 상사는 어떤 스타일이었는지, 어떻게 해 줄 때 일에 본인은 동기부여가 되었고 어떨 때에 일을 하기가 싫었는지요? ◦ 동료 및 리더와 갈등이 생기면 어떻게 해결했나요? ◦ 우리 회사에 입사한 후 이직을 하게 된다면 어떠한 요인이 원인이 될 것 같은지, 그리고 회사의 어떠한 요소가 지원자가 가장 중요하게 생각하는 요소인지요? ◦ 자신의 업무상 장점과 업무 스타일에 대해서 설명해 주십시오. ◦ 우리 회사는 최근 다른 회사를 인수하면서 기존 제도와 새로운 회사의 보상과 복리후생 제도가 있습니다. 입사하게 되면 이 둘의 제도를 통합하여 새로운 제도를 개발해야 합니다. 어떠한 방식으로 할 수 있는지 설명 바랍니다.
Link	◦ 앞으로 5년, 10년 후의 경력 목표와 비전을 말씀해 주십시오. ◦ 현재로서의 입사 의지는 어느 정도인가요? ◦ 지원한 다른 회사나 면접이 진행 중인 회사가 있는지요? ◦ 전 직장의 연봉과 희망 연봉을 알려주십시오.

1차 면접 결과분석

- 1차 면접은 담당 보상 / 복리후생 리더와의 면접으로 실무에 대한 지식과 경험에 대한 질문이 많은 비중을 차지했다. 실제 질문은 예상질문의 범위를 벗어나지 않았다.
- 지원자의 업무경험을 알고자 하는 'Know'에 관련한 질문이 대부분이었다. 질문의 비율은 Know 관련 질문 60%, Want와 Link 관련 질문이 각각 20%의 비중으로 이루어졌다.
- 1차 면접질문에 대한 답변의 적중도는 90% 이상으로 생각되며 1차 면접을 통과하여 2차 면접이 진행되었다.

2차 면접 예상질문과 실제 질문 내용

구분	예상질문
Know	◦ 전 직장의 인센티브 제도에 대해서 설명 바랍니다. 입사를 하다면 우리 회사의 영업사원 인센티브를 어떻게 설계할지에 대해서 설명 바랍니다. ◦ 직무 평가와 급여구조의 설계 방법에 대해서 설명해 보세요. ◦ Compa ratio에 대해서 설명해 보기 바랍니다. ◦ 지원한 회사에 입사하여 기대하는 점은 무엇입니까?
Want	◦ 두 회사가 합병했을 때 일어날 수 있는 문제는 무엇입니까? 인사는 이러한 상황에서 어떤 역할을 해야 합니까? ◦ 이제까지 가장 어려웠던 일은 무엇이었으며 어떻게 극복했는지 설명 바랍니다. ◦ 3년간 가장 어려웠던 프로젝트는 무엇이었습니까? 어려웠던 점은 무엇이고 어떻게 극복하셨나요? ◦ 자신의 성격의 장점과 단점은 무엇입니까? 장점과 단점이 인사업무를 하는 데 어떻게 작용하나요? ◦ 인사의 비즈니스 파트너의 역할이 무엇입니까?
Link	◦ 입사하게 된다면 현재의 학업을 중단하시겠습니까? ◦ 자신의 인생철학, 윤리관을 설명 바랍니다.

구분	실제 면접질문
Know	◦ 대학원에 다니면서 다시 인사로 복귀하려는 이유는 무엇인가요? ◦ 과거 업무에서 가장 잘 한일은 무엇입니까?
Want	◦ 인사가 회사에서 중요한 이유는 무엇인가요? ◦ 본인이 인사업무에 맞는다면 왜 맞는지 설명 바랍니다. ◦ 본인은 우리 회사와 그리고 리더와 잘 맞는다고 생각하나요? 어떤 부분이 잘 맞는다고 생각하는지요? ◦ 문제해결 프로세스에 대해서 설명해 보시오. ◦ 인사의 비즈니스 파트너로서의 역할은 무엇인가요? ◦ 자신이 사람이나 일에 대해서 열정적인 측면에 대해서 설명해 보세요.
Link	◦ 자신이 채용되어야 하는 이유에 대해서 설명해 주십시오. ◦ 희망 연봉 수준은 어느 정도입니까?

2차 면접 결과분석

- 2차 면접의 분위기는 스트레스를 주는 분위기로 시작되었다. 업무 외의 질문으로 시작됐는데 이것은 부정적인 상황에서 지원자가 어떠한 태도로 반응하는가를 보기 위해서였다.
- 2차 면접의 핵심은 문제해결 프로세스와 대인관계에 대한 심층 질문으로 진행되었다. 이는 지원자가 어려운 문제를 스스로 어떻게 해결하는가에 대한 문제해결 능력을 파악하고 리더 및 다른 사람들과 일을 잘할 수 있는가를 파악하기 위한 것이 주목적이었다.
- 2차 면접의 주요 타깃인 'Want'에 관련한 질문이 주로 이루어졌다.

3차 면접 예상질문과 실제 질문 내용

구분	예상질문
Know	◦전 직장에서 이직하여 Law school에 입학했는데 다시 인사업무로 복귀하는 이유를 설명 바랍니다. ◦우리 회사의 조직문화에 대해서 아는 바를 설명 바랍니다. ◦우리 회사에 무엇을 어떻게 공헌할 수 있는지 말씀해 보세요. ◦전 직장에서의 업무 성과에 대해서 설명해 보시기 바랍니다.
Want	◦인사의 비즈니스 파트너의 역할에 대해서 설명해 주시기 바랍니다. ◦우리 회사에서 가장 중요한 조직은 어떤 부서라고 생각하시는지요? 그리고 그 이유는 무엇인가요? ◦자신의 태도와 성격의 장단점을 설명해 주시기 바랍니다.
Link	◦자신의 생활신조, 윤리관 및 생활철학에 대해서 설명 바랍니다. ◦자신의 앞으로의 포부에 대해서 설명 바랍니다. ◦우리 회사에 입사하여 어떠한 사림이 되기를 원하는지 설명 바랍니나. ◦자신의 미래상에 대해서 설명 바랍니다. ◦장시간 근무하게 될 경우 어떻게 하겠습니까?

구분	실제 면접질문
Know	ㅇ3년간 한 일은 무엇인가 소개해 보세요. ㅇ이제까지의 성과를 말씀해 주세요.
Want	ㅇ인사의 비즈니스 파트너의 역할은 무엇인가요? ㅇ자신의 장단점을 말해 보세요. ㅇ우리 회사가 지원자를 왜 뽑아야 하는지에 대해서 설명 바랍니다. ㅇ본인이 우리 회사에 잘 맞는가, 왜 맞는다고 생각하는지 설명해 주시기 바랍니다. ㅇ이 포지션에 왜 잘 맞는다고 생각하는가, 그리고 지원한 사유는 무엇인가요? ㅇ우리 회사에 어떻게 공헌할 수 있는지 설명 바랍니다.
Link	ㅇ인사업무 담당자의 태도는 어떤 것이 바람직한지 예를 들어서 설명해 주기 바랍니다. ㅇ자신의 앞으로의 포부가 무엇인지 설명 바랍니다.

3차 면접 결과분석

- 3차 면접의 핵심 질문은 지원자의 3년간의 업무성과와 지원한 회사의 비즈니스에 대한 이해, 그리고 인사의 비즈니스 파트너의 역할에 대한 심층 면접으로 진행되었다.
- 3차 면접은 행동관찰 면접의 구조로 진행되었다. 과거의 경험을 질문하고 지원한 회사의 상황을 설명하고 그리고 이러한 상황에 대한 앞으로의 해결방안이 무엇인가를 질문했다. 즉, 지원한 회사가 최근에 다른 회사를 인수 합병했고 그래서 두 회사 직원의 문화적인 차이로 발생할 갈등에 대한 인사의 비즈니스 파트너로서의 역할에 대한 질문과 논의로 면접이 진행되었다. 새로 입사하는 사람이 그러한 역할을 수행할 수 있는 인재인지를 파악하는 질문이었다.
- 비중은 Know에 대한 비중이 20%, Want와 Link에 대한 면접질문 비중이 각각 40%로 진행되었다.

4차 면접 예상질문과 실제 질문 내용

구분	예상질문
Know	◦ 3년간의 업무경험 및 업적
Want	◦ 자기소개를 영어로 해 보세요. ◦ 자신의 강약점을 설명해 보세요. ◦ 인사의 비즈니스 파트너의 역할
Link	◦ 인생의 원칙과 철학 ◦ 우리 회사에서의 인사 전문가로서의 비전

구분	실제 면접질문
Know	◦ 3년간의 주요 성과를 세 가지만 설명 바랍니다.
Want	◦ 우리 회사에서 무엇을 공헌할 수 있는지 설명바랍니다.
Link	◦ 자신의 인사 철학에 대해서 말씀해 주십시오. ◦ 인사에서의 자신의 비전은 무엇인지 설명해 주십시오. ◦ 영어를 잘하는데 우리 회사에 입사하면 아시아 지역 인사 담당 리더나 본사와의 영어 커뮤니케이션이 많습니다. 충분히 소화할 수 있습니까?

4차 면접 결과분석

- 4차 면접은 영어로 진행되었다.
- 4차 면접의 중요한 비중은 지원자의 인사에 대한 철학, 인사 전문가로서의 장래성이 있는가, 그리고 아시아 지역 인사 담당 리더 및 본사의 인사담당 리더와 영어로 의사소통이 충분히 가능한가에 대해서 심층적으로 면접이 진행되었다.
- Want에 대한 사항을 확인하는 질문과 Link에 대한 심도 있는 질문으로 진행되었다.

면접 종합

- 면접은 예상질문의 범위 내에서 질문이 나왔다.
- 1차 면접은 업무 관련 면접질문(Know)에 대한 질문이 주로 진행되었다.
- 2차 면접은 태도와 문제해결 능력과 대인관계에 대한 질문(Want)에 대한 질문으로 이루어졌고 지원자의 태도를 평가하기 위해서 스트레스성의 질문이 이루어졌다.
- 3차 면접은 앞으로 지원한 회사에 입사하면 어떻게 일하고 공헌할 수 있는가를 심층적으로 질문했다.
- 그리고 4차는 영어 커뮤니케이션 역량에 대해서 심층 면접이 진행되었다.

〈질문의 내용 분석〉

	1차 인터뷰	2차 인터뷰	3차 인터뷰	4차 인터뷰
Know	업무경험	지원 사유	지원자 성과파악	주요성과
Want	장점 업무 스타일	대인관계 문제해결 능력 갈등 해결 능력	포지션과의 적합성 역할 공헌	입사 후 공헌 여부
Link	입사 의지	지원자의 열정 회사에 대한 열정	지원자의 포부 태도, 가치관	영어 커뮤니케이션 인사 철학 지원자의 장래성 인간관계 질문

〈질문의 중요도 Matrix〉

	1차 인터뷰	2차 인터뷰	3차 인터뷰	4차 인터뷰
Know	높음	중간	낮음	낮음
Want	중간	높음	중간	중간
Link	낮음	높음	높음	높음

면접의 성공요인 분석

이 면접 사례는 어떻게 면접을 준비해야 하는가를 잘 보여준다. 면접의 성공요소에 대해서 다시 한번 살펴보자.

면접은 시험이다. 면접질문과 답변을 철저히 준비한다

면접은 시험이다. 시험은 준비해야 합격할 수 있다. 그래서 면접 준비는 학교에서의 시험을 준비하는 것과 동일하다. 시험에서 자신이 준비한 시험 문제가 나오지 않으면 풀지 못하는 것처럼 면접도 준비하지 않은 면접질문에 답변할 수 없다. 면접은 회사마다 질문이 서로 다르기 때문에 준비하지 않는 경우가 많다. 시험에서 자신이 준비한 문제는 답안을 잘 쓸 수 있고 예상하지 못한 문제는 답안을 작성할 수 없는 것처럼 면접도 시험이기 때문에 예상질문을 준비한 사람은 면접에서 대답할 수 있고 합격할 수 있다.

이 면접 사례에서도 실제 면접질문은 면접 예상질문을 벗어나지 않았다.

그러므로 면접의 제1 성공원칙은 면접의 예상 질문과 답변서를 준비하는 것이다.

면접이 끝나면 면접의 질문과 자신의 답변을 기록한다

면접 후에 면접의 질문과 자신의 답변을 반드시 기록한다. 왜냐하면 1차 면접의 질문이 2차 면접에서도 나올 경우 자신이 답변한 내용이 동일해야 하기 때문이다. 동일한 질문에 대해서는 동일한 답변을 해야 한다. 지원회사의 면접관도 면접에서 지원자의 답변 내용을 기록하기 때문에 자신의 답변 내용은 언제나 동일해야 한다. 그리고 면접의 기록을 통해서 면접의 질문과 답변을 데이터베이스로 축적할 수 있다. 그리고 데이터베이스를 분석함으로써 면접에서 탈락한 원인을 파악할 수 있으며 자신의 면접 스킬을 개발시킬 수 있다. 실패의 교훈은 미래의 성공의 어머니이다.

비전을 점검해야 한다

비전은 수립하는 것도 중요하지만 점검하는 것도 중요하다. 비전에 대한 점검표를 설정하고 정기적으로 자신의 위치를 점검해야 한다. 자신의 위치가 비전에서 설정한 위치와 다를 경우 그 원인을 분석하고 개선 방향을 수립해야 한다. 또는 비전의 설정이 잘못되었는지 점검한다. 구체적인 비전은 구체적인 결과를 가져오지만 막연한 비전은 막연한 아무것도 가져오지 않기 때문에 자신의 비전을 정기적으로 검토하고 구체화해야 한다.

이 면접 사례는 지원자가 비전에 대해서 자신이 확신을 가지지 못해서 시행착오를 겪은 경우이다. 경력 목표를 자신이 설정한 비전과 부합시키기 위해서는 비전에 대한 점검이 필수조건이다.

자신의 이직의 사유를 정확히 파악해야 한다

이 사례는 이직에 대한 사유를 자신이 정확히 판단해야 한다는 교훈을 준다. 지원자는 재직했던 회사를 퇴사한 것은 새로운 비전을 찾기 위해서였다. 그러나 새로운 비전에 도전하면서 자신의 문제는 비전의 문제가 아닌 것을 깨닫게 되었다. 재직했던 회사를 퇴직한 것은 자신이 적응할 수 없었던 조직문화에서 기인했음을 인식하게 되었다. 그러므로 이직하는 원인에 대해서 자신이 그 원인을 정확히 인식해야 한다. 비전의 괴리에서 기인하는 것인지 조직의 문화에서 기인하는 것인지, 사람과의 갈등에서 기인하는 것인지 등에 대한 이직 사유를 정확히 인지해야 한다. 이 사례는 자신의 비전과 이직에 대한 사유를 정확히 파악하고 계획을 세워서 경력관리를 해야 한다는 것을 보여준다.

자신을 약점을 객관적으로 평가하고 면접전략을 수립한다

이 사례에서 지원자는 이 포지션에 대해서 두 가지에 대한 약점을 갖고 있다.

첫째는 직무급 인사에 대한 경험이 부족하고 둘째는 지원자의 연봉이 매우 높다는 점이다. 지원자는 자신의 연봉이 높고 직무급에 대한 인사 경험이 부족해서 면접에서 탈락하고 있다는 사실을 인지하지 못하고 있었다.

그래서 지원자는 이 포지션에서 이 두 가지 약점을 파악하여 면접전략을 수립했다.

급여 조사, 직무급 급여 설계와 직무평가 등에 대한 충분한 스터디를 통해서 면접을 준비하고 이에 대한 질문에 충분히 답변할 수 있었다.

다음으로 자신의 연봉에 대해서는 기재직한 회사의 인센티브와 주식 등을 제외한 기본 연봉을 제시하고 지원회사의 예산으로 커버할 수 있는 희망 연봉 수준을 제시했다.

이 사례는 지원자가 지원 포지션에 자신의 역량을 파악하고 부족한 역량을 어떻게 면접에서 준비해야 하는지를 잘 보여주고 있다. 면접에서 자신의 약점을 객관적으로 분석하여 면접전략을 수립하는 것이 면접의 중요한 성공 요소다.

멘토의 중요성을 일깨워준다

경력개발과 전직에 대해서 자신의 분야의 전문가나 멘토의 도움을 받는 것이 좋다. 이직의 시점, 어떤 회사로 이직할 것인가에 대한 경력 경로 등에 대해서 전문가나 멘토에게 도움을 받으면 자신이 갖고 있는 문제점에 대해서 조언과 해답을 얻을 수 있다. 이 케이스는 지원자의 이력서와 자기소개서 작성, 면접에 대한 선배의 충분한 코칭을 받고 지원자가 갖고 있는 약점을 보완하여 전직에 성공했다. 자신의 경력을 지도해 줄 수 있는 멘토와 동료 그룹을 확보하여 경력관리의 지원을 받는 것이 중요하다.

이직의 시점을 잘 관리해야 하며 이직은 계획과 충분한 시간을 갖고 결정한다

신입인 경우 입사한 회사가 본인이 희망했던 회사가 아니라면 1년 내에 이직을 하는 것이 좋다. 1년이 넘었다면 최소 3년을 근무하는 것이 경력관리에 좋다. 5년 이하의 경력은 전직하기에 가장 유리한 경력이다. 이 사례에서 전직 시점에 대해서 시사하는 바가 크다. 3년의 경력은 전직할 수 있는 기회가 많아서 자신이 희망하는 기업에 성공적으로 전직할 수 있었다.

다음으로 전직은 충분한 계획을 수립하고 시간을 갖고 실행해야 한다.

전직에 대한 계획은 1년 이상의 시간이 필요하다. 1년 동안 전직의 기회가 그렇게 많이 오지 않기 때문이다. 퇴직해야 할 때 자신이 스터디하지 않은 회사에 지원해서는 전직에 실패할 가능성이 높다. 자신이 원하는 산업과 회사를 충분히 스터디한 후 그러한 포지션이 오픈되었을 때 이직해야 한다. 그러한 포지션의 기회는 1년에 1~2차례 올 수 있다. 그 기회를 포착하기 위해서는 전직에 대한 충분한 계획과 시간을 갖고 있어야 한다. 그리고 경력이 길수록 전직에 대한 기회는 많지 않다. 대다수 전직을 하는 사람들이 퇴사를 임박해서 전직을 준비한다. 짧은 시간에 전직을 실천하는 경우 자신이 원하는 회사에 전직하기는 어렵다. 그래서 한 번 이직한 후에 다시 이직하는 경우가 많다. 경력에서 첫 이직하는 시점과 이직하는 회사가 중요하다. 이러한 점을 고려하여 전직과 경력개발을 사전에 충분히 계획해야 한다.

외국 회사는 영어가 필수조건이다

업무적으로 영어로 표현하는 데 문제가 없을 정도의 영어 실력은 외국 회사로 전직하기 위한 필수 역량이다. 이 사례의 경우 지원자는 탁월한 영어 실력으로 자신의 약점을 극복할 수 있었다. 부족한 직무경험은 학습으로 이론을 보완했으며 모든 예상 문제에 대해서 영어로 답변서를 준비하여 반복적으로 연습했다. 그리고 실제 면접에서 유창한 영어로 면접위원에게 우수한 평가를 받을 수 있었다. 외국계 회사에서 영어 능력은 업무 능력이다.

기업에서 채용하는 인재는 '자신을 존중하고 남을 존중할 줄 아는 인재'이다

면접에서 합격하려면 Know와 Want의 단계를 넘어 Link의 단계의 질문에 합격해야 한다. Link의 질문들은 존중과 관련한 질문들이다. Link의 질문은 자신을 존중하는 인재인가, 그리고 지원 회사에 입사해서 회사를 내 회사처럼 존중하고 회사에 충성심을 갖고 일할 수 있는가를 평가한다. 기업은 직원을 채용할 때 고용계약을 넘어서 결속관계를 원한다. 결속관계란 상대를 나와 같이 동일한 인격체로 인정하고 대접하는 관계이다. 이 단계가 Link의 단계이며 상호 간의 존중의 관계이다.

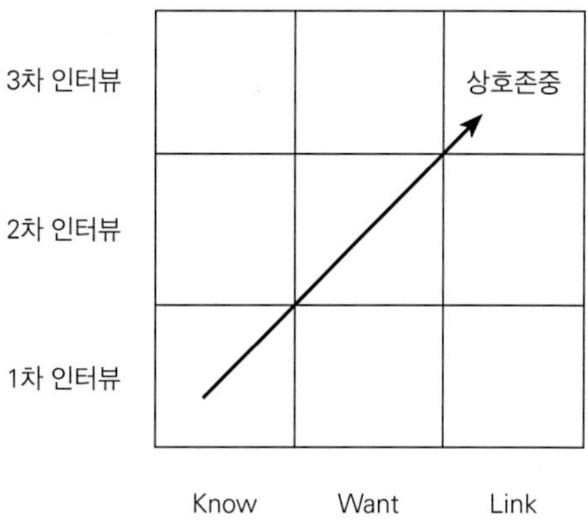

여기서 혜민스님의 『멈추면 보이는 것들』에 나오는 일화를 다시 한번 살펴보자.

"고개를 숙이면 부딪치는 법이 없다."
이 말은 조선 초 맹사성에게 한 고승이 준 가르침입니다. 열아홉에 장원급제하여 스무 살에 군수에 오른, 뛰어난 학식의 맹사성은 젊은 나이에 높은 자리에 올라 자만심으로 가득했습니다. 그러던 어느 날, 맹사성은 그 고을에서 유명하다는 선사를 찾아가 물었습니다.
"스님이 생각하기에, 이 고을을 다스리는 사람으로서 내가 최고로 삼아야 할 좌우명이 무엇이라고 생각하오?"
그러자 스님이 대답했습니다.
"그건 그렇게 어렵지 않습니다. 나쁜 일을 하지 않고 착한 일을 많이 베푸시면 됩니다."
"그건 삼척동자도 다 아는 이치인데, 먼 길을 온 내게 해 줄 말이

고작 그것뿐이오?"

맹사성은 거만하게 말하며 자리에서 일어나려 했습니다. 그러자 스님은 차나 한잔 하고 가라며 붙잡았습니다. 그런데 스님은 맹사성의 찻잔에 찻물이 넘치는데도 계속 차를 따르는 것이었습니다. 이게 무슨 짓이냐고 소리치는 맹사성에게 스님은 말했습니다.

"찻물은 넘쳐 방바닥을 적시는 것은 알고, 지식이 넘쳐 인품을 망치는 것은 어찌 모르십니까?"

부끄러웠던 맹사성은 황급히 일어나 방문을 열고 나가려다 문지방에 머리를 세게 부딪치고 말았습니다. 그러자 스님이 빙그레 웃으며 말했습니다.

"고개를 숙이면 부딪치는 법이 없습니다."

이 일화를 아래와 같이 간단히 도표화하여 설명할 수 있다.

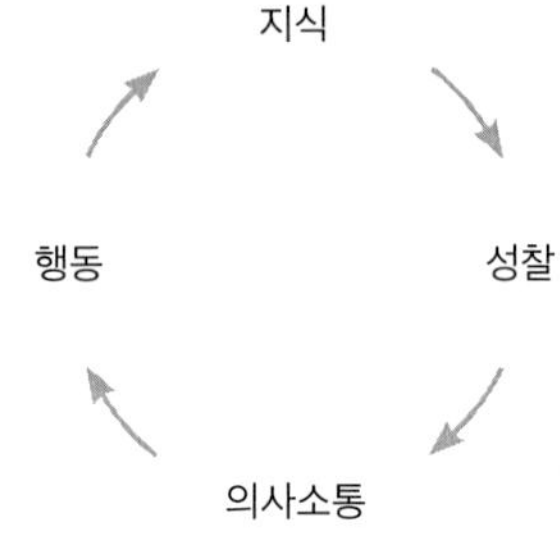

Step	구분	내용
1	지식	맹사성은 자신의 지식이 흘러넘치고 있음을 모르고 있다. 19세에 장원급제를 하고 20세에 군수가 됨. (지식은 당대 최고수준)
2	성찰	자신에 대한 성찰이 부족하다. 남에게 군림하려는 자신의 태도를 인식하지 못하고 있다.
3	의사소통	그래서 고승의 가르침을 경청하지 않고 의사소통이 안 되고 있다.
4	행동	결국 문지방에 머리를 부딪치고 마는 행동의 결과를 가져온다.

사람의 지식과 성찰은 서로 반대의 개념이다. 지식은 남을 생각하지 않는 공격적인 특징이 있다. 과학의 힘으로만 세상을 평화롭게 할 수가 없다. 다이너마이트를 만들고 핵을 만드는 것은 지식의 힘이다. 이러한 지식의 힘으로 타인을 위협하고 전쟁을 일으킬 수 있다. 지식은 한 측면에서 타인을 돌보지 않는 특징이 있고 남을 제압하려는 특징이 있다. 지식만 있고 성찰하지 않을 때 전쟁이 발생한다. 그러므로 지식만으로는 평화와 행복을 가져다주지 않는다. 지식과 성찰이 조화를 이룰 때 나와 타인과 조화를 이룰 수 있고 평화를 이룰 수 있다. 성찰은 자신을 낮추고 상대방을 존중하는 것이다. 지식과 성찰이 조화를 이뤄야 겸손하고 상대를 존중하는 행동과 의사소통으로 발현될 수 있다. 그래서 지식과 성찰이 함께 조화를 이뤄야 품격이 있고 존중을 받는 사람이 될 수 있다.

기업에서 채용하는 인재는 바로 이러한 인재이다. Link의 질문들은 이러한 지원자의 품성을 평가하기 위한 질문들이다. 지식과 성찰의 조화에 따라서 사람의 행동과 의사소통에 어떻게 영향을 미치는가를 보면 아래와 같다.

〈지식과 성찰의 조화에 따른 의사소통과 행동 양태〉

	지식과 성찰	행동과 의사소통	상호 결과
1	지식이 많고 성찰이 깊을 때	ㅇ겸손한 의사소통 ㅇ언행의 일치 ㅇ올바른 행동 ㅇ합리적인 행동 ㅇ남을 배려한다.	Win-Win관계
2	지식이 적으나 성찰이 깊을 때	ㅇ행동은 겸손하나 의사소통의 내용이 부족 ㅇ성찰이 깊어지면 지식도 연마하게 된다.	Win-Win관계
3	지식이 부족하고 성찰도 부족할 때	ㅇ지식이 결여되면 성찰도 결여된다. ㅇ남이 모르는 말을 하거나 남의 말을 못 알아듣는다. 의사소통이 안 된다. ㅇ남들로부터 소외된다. ㅇ남들과 갈등하거나 행동이 불손하다.	Loss-Loss관계
4	지식은 많으나 성찰이 부족할 때	ㅇ자기주장이 강해진다. ㅇ일방적인 의사소통이 된다 ㅇ독단적 행동을 한다. ㅇ지식의 과잉은 전쟁이 야기된다. ㅇ상대를 배려하지 않으며 타도의 대상이다. ㅇ심리적인 병리상태가 온다.	Loss-Loss관계

지식과 성찰과의 관계

〈표 1〉

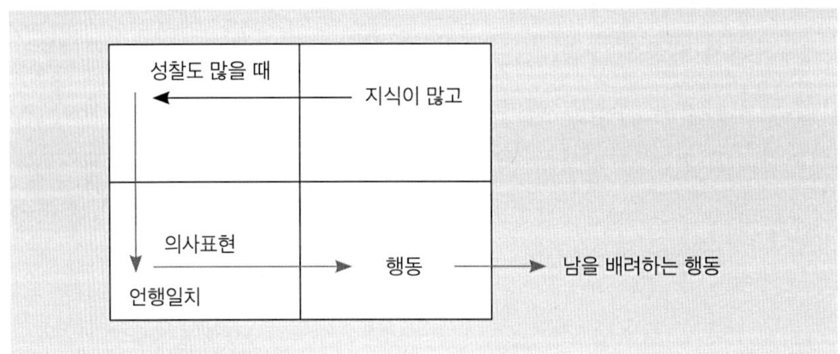

〈표2〉

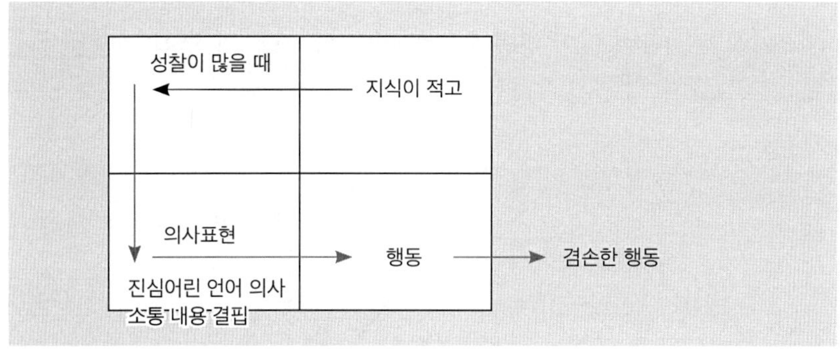

성찰이 많을 때
지식이 적고
의사표현
행동
겸손한 행동
진심어린 언어 의사
소통 내용 결핍

〈표 3〉

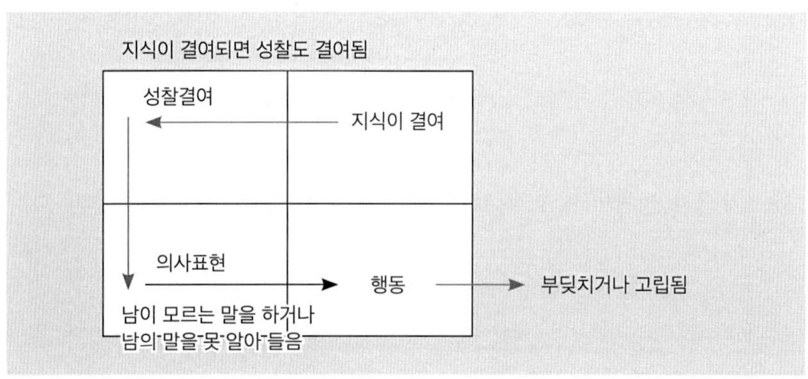

지식이 결여되면 성찰도 결여됨
성찰결여
지식이 결여
의사표현
행동
부딪치거나 고립됨
남이 모르는 말을 하거나
남의 말을 못 알아 들음

〈표 4〉

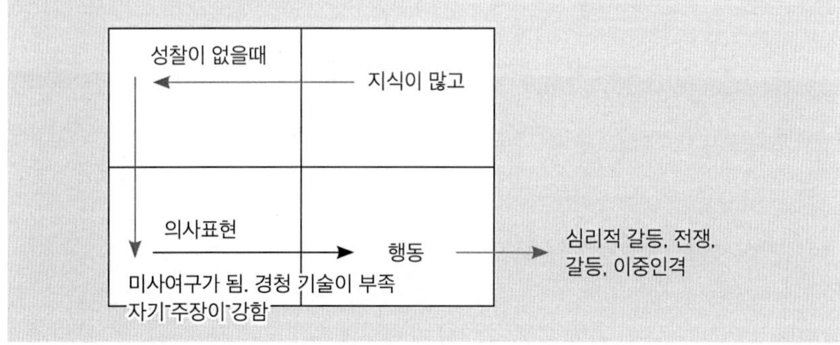

성찰이 없을때
지식이 많고
의사표현
행동
심리적 갈등, 전쟁,
갈등, 이중인격
미사여구가 됨. 경청 기술이 부족
자기 주장이 강함

돈키호테와 햄릿형 인간 비교

○ 지식과 성찰이 없이 행동과 말만 많을 때 → 돈키호테형 인간

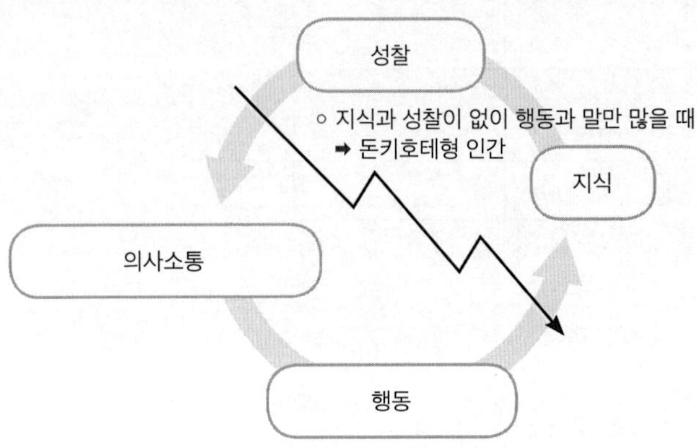

○ 지식과 성찰만 많고 행동이 없을 때 → 햄릿형 인간

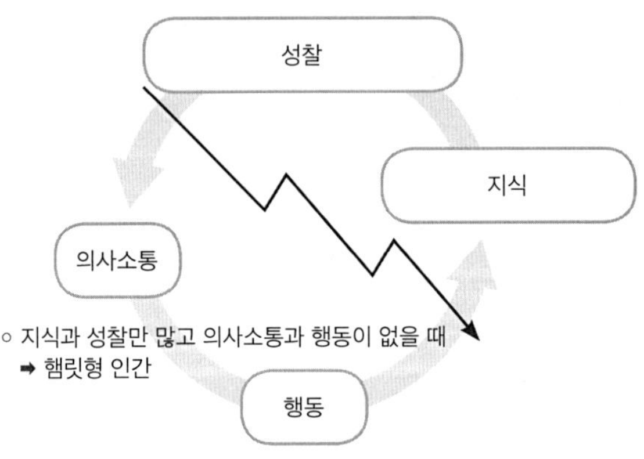

기업이 원하는 인재는 존중형 인간이다.

기업이 원하는 인재는 궁극적으로 자신을 존중하며 남을 존중하는 존중형 인간이다.

그러면 존중은 어떤 의미를 함유하고 있는지에 대해서 살펴보자.

존중의 사전적 의미는 '높여서 귀중하게 대하는 것'이다. '다른 사람의 가치와 고유성을 인정하고, 그들에게 귀를 기울이며, 그 사람의 입장이 되어 생각해 보는 것', 한마디로 상대방과의 차이를 인정하며, 다른 사람의 입장을 존중하는 것을 의미한다.

영어로 'respect'는 '존경'을 뜻하는 고대 라틴어 'respectus'에서 파생한 단어로 'Re'는 '되돌아'의 의미를, 'specere'는 '본다'의 의미를 지니고 있다. 결국 존중이란 자기 자신과 상이한 다른 사람을 '되돌아보는' 것이며 다른 사람이 나를 어떻게 '되돌아보고' 있는가이다.

존중에 관한 연구의 대가인 미국의 데보라 노빌은 '존중을 받을 만한 소질'을 아래와 같이 정의한다.

SRI: Self-Respect Inspection[3)]

- *직업윤리: 집중력, 헌신, 성실성, 열정, 창의*
- *대인관계: 배려, 포용력, 주도적, 자기희생*
- *개인의 성장: 학구열, 실험정신, 고정관념 극복*
- *박애정신: 나의 시간이나 돈을 남을 위해 할애, 남의 문제에 관심, 대의에 참여*
- *인내: 신중, 겸손, 침착*

...

3) 『리스펙트』, 데보라 노빌 지음, 김순미 옮김, 위즈덤하우스(2010), 178~181쪽

이러한 존중의 사상은 동양 사상에서도 찾을 수 있다.

존중의 사상은 논어에서 찾아 볼 수 있는데 존중은 '서恕'의 의미와 동일하다. '서'는 아래와 같은 의미를 내포한다.

恕: 용서할 서

○ 용서하다容恕

○ 어질다, 인자하다仁慈

○ 동정하다同情

○ 어짊, 사랑

○ 남의 처지에 서서 동정同情하는 마음

'서'는 남을 먼저 생각해 주는 것, 예의와 염치, 자기를 미루어 남을 이해해 주는 것, 진심으로 자기의 일처럼 남의 일을 헤아려주는 것을 의미한다. 그리고 '충忠'이란 자기의 성심을 다하여 충실함을 의미하며 '충'과 '서'는 '도道로부터 멀리 어긋나지 않고 자기에게 베풀어지기를 바라지 않는 것을 절대로 남에게 베풀지 말아야 하는 것'을 말한다. 곧 서양 사상의 'Respect'를 일맥상통하는 것이다.

이번에는 면접이란 단어의 의미를 생각해 보자.

면접은 영어로 'Interview'로 'Inter'와 'View'의 합성어이다. 'inter'의 의미는 '사이의, 상호 간의', 라틴어로는 '그중에서도'의 뜻이 있다. 'view'는 '견해, ~에 대한 관점'과 '여기다, 보다, 생각하다' 및 '특히 세심히 살피며 보다'의 뜻이 있다.

따라서 'Interview'란 '대면하여 상호 간에 세심히 보다, 견해를 나누다'라는 의미를 갖는다. 결국 인터뷰란 서로 간에 공유하는 가치관이 있는가를 판단하고 유대감 또는 결속(Link)을 가질 수 있는가를 파악하는 것이라고 할 수 있다.

그러므로 면접을 다음과 같이 정의할 수 있다.

Interview = Link = Partnership

따라서 기업이 채용하기를 원하는 인재는 '존중형(respectful)' 인재로 회사를 존중하고 회사에 공헌하며 그래서 회사가 그와 결속을 맺고 파트너십을 맺을 수 있는 사람이다.

마지막으로 자신은 '존중형(respectful)' 인재인가를 평가해 보기로 하자.

〈자신 VS 타인의 존중 결과분석〉[4)]

No	평가항목	평가점수		
		본인점수	타인점수	차이
1	어려운 일을 해낼 수 있는 능력: 정신적으로나 육체적으로 힘든 일이 닥쳐도 두려워하거나 자만하지 않는다.			
2	의리: 친구들을 늘 생각한다.			
3	호기심: 새로운 사실을 알아내는 것을 좋아한다.			
4	베풀기: 세상을 변화시키려고 노력한다.			
5	신중함: 경솔하게 행동하지 않는다.			

3점 이상이면 자기 존중이 올바른 방향으로 이루어지고 있다는 뜻이다.

• • •

4) 출처: 리스펙트」, 데보라 노빌 지음, 김순미 옮김, 위즈덤하우스(2010), 178~181쪽

이상의 간단한 평가를 통해서 자신은 존중받는 사람인가를 평가할 수 있다.

자신을 존중하고 타인을 존중하며 그래서 타인으로부터 존중받는 사람이 기업에서 원하고 채용하기를 원하는 인재이다.

연구 과제

1. 존중을 평가할 수 있는 평가항목을 개발해 보자. 자신이 자신을 얼마나 존중하는지 그리고 타인이 나를 얼마나 존중하고 있는지를 평가해 보자.
2. 면접에서의 예상질문을 작성해보자. 그리고 자신이 지원할 회사의 기 면접질문과 비교해 보자. 자신이 개발해야 할 과제들을 파악하고 개발 계획을 수립해보자.
3. 기업은 어떤 인재를 채용하는지에 대한 인재상을 정의해 보자. 그리고 자신이 지원할 회사의 인재상을 파악하여 비교해 보자. 그러한 인재상에 부합하기 위해서 자신이 개발할 역량을 파악하고 개발 계획을 수립해 보자.
4. 면접전략을 수립해 보자. 또한 면접 준비 체크리스트를 작성하고 자신의 미진한 사항들을 어떻게 준비해야 할 것인지에 대해서 계획해 보자.
5. 면접에서 가장 출제 빈도가 높은 질문들이 무엇인가를 파악해 보자. 자신이 그 질문들에 대한 면접 답변서를 준비하고 미진한 부분들에 대한 개발 계획을 수립해 보자.
6. 자신이 지원할 회사의 면접 형식과 방식은 어떤지 파악하고 그에 대한 전략을 수립하자. 면접위원이 어떤 사람들로 구성되는지에 대해서 파악해 보자.
7. 면접의 방식에 대해서 파악해 보자. 자신이 강점이 있는 면접 방식과 약한 면접을 파악하고 이에 대한 대응 전략을 설계해 보자.
8. 자기소개를 해보자. 자신의 자기소개를 모니터링하여 문제점을 파악하고 최선의 자기소개 방법을 개발하자.

+

Chapter 4

지원 회사별 면접전략

+

01 + 5급 공무원 면접전략

면접 프로세스

5급 공무원 면접은 집단토론 면접, 개별 면접과 개인프로파일 면접의 세 단계 면접으로 진행된다. 각 면접의 진행 방법을 알아보면 아래와 같다.

집단토론 면접

- 집단토론은 일곱 명 내외를 한 조로 구성하여 면접을 진행한다.
- 리더를 선정하여 토론의 진행을 리드하고 토론주제에 대해서 각 토의자가 자신의 의견을 발표하고 상호 토론한다.
- 토론주제에 대해서 자신들이 찬성 또는 반대하는 논리를 피력하고 면접위원은 토론자들의 토론에 개입하지 않고 토론자들의 논리와 의견에 대해서 평가한다.

개별 면접

- 지원자가 주어진 주제에 대해서 발표자료를 준비하여 발표하고 이를 면접위원이 질문하고 토론하는 형식으로 진행된다.
- 개별 면접이 5급 공무원 면접에서 가장 중요한 면접이다. 문서작성 능력, 발표 능력, 문제해결 능력 등을 종합적으로 평가할 수 있는 면접이다.

개인 프로파일 면접

- 이 면접은 지원자가 경험한 사례를 발표한다. 문제해결과 리더십 역량이 주요한 평가요소이다.
- 자신의 어려웠던 문제를 해결한 사례, 리더십을 발휘하여 조직의 변화를 가져온 사례에 대해서 평가한다. 주어진 주제에 대해서 자료를 작성하여 제출하고 이에 대해서 면접위원과 토의한다.

평가방법 및 평가요소

- 면접위원은 세 명으로 구성된다. 외부 면접위원과 지원한 해당 부서의 책임자급으로 면접위원이 구성된다. 면접위원이 5개의 평가항목별로 상, 중, 하로 평정한다.
- 세 명의 면접위원 중 한 명 이상의 면접위원이 5개 심사항목 중 2개 항목 이상을 "하"로 평정했거나 면접위원 두 명 이상이 어느 하나의 동일한 심사항목에 대하여 "하"로 평정한 경우 불합격된다.
- 불합격 기준에 해당하지 아니하는 자 중에서 성적이 우수한 사람의 석차 순으로 합격자를 결정한다. "상"의 숫자가 많은 사람 순으로 선발하며 "상"의 숫자가 같은 경우 "중"의 숫자가 많은 사람을 선발한다.

〈평가요소〉

No	평가항목	평가내용	평가		
			상	중	하
1	공무원의 정신자세 ㅇ공직에 봉사와 헌신 ㅇ윤리 / 준법정신				
2	전문지식과 그 응용범위 ㅇ임용예정 직위 관련 전문성 ㅇ전문분야의 정보분석 능력				
3	의사 발표의 정확성과 논리성 ㅇ논리적의사소통과 조율 / 조정능력 ㅇ협상과 조정 / 조율능력				
4	예의, 품행 및 성실성 ㅇ건전 성숙한 시민정신, 목표관리 ㅇ목표관리				
5	창의력, 의지력 및 발전가능성 ㅇ창의력 기획, 문제해결, 비전 목표제시 ㅇ리더십				

〈면접 유형과 평가항목과의 관계〉

면접 유형	분석 요소	평가항목과의 연계성
집단토론 면접	ㅇ토론능력 ㅇ경청 능력 ㅇ대화를 풀어가는 능력 ㅇ협동심 ㅇ조직 적응력 ㅇ타인 존중	1. 공무원의 정신 자세: 주제가 공무원의 이해와 관계된 주제가 출제된다. 토론주제에 대한 지원자의 의사 발표 태도를 보고 공무원으로서 바람직한 정신자세를 갖고 있는가를 평가한다. 2. 예의, 품행 및 성실성: 자신의 의사를 발표하고 타인의 의사를 경청하는 능력, 존중과 태도가 예의와 품행에 맞는지 평가한다. 3. 의사 발표의 정확성과 논리성: 타인의 의사를 잘 경청하고 자신의 논리를 상대방에게 피력하며 관철시킬 수 있는 능력이 있는가를 평가한다. 4. 창의력, 의지력 및 발전가능성: 발표주제에 대해서 지원자가 창의적인 아이디어를 개진하고 있는가 평가한다.

면접 유형	분석 요소	평가항목과의 연계성
개별 면접	◦기획 능력 ◦자료분석 능력 ◦자료작성 능력 ◦문제해결 능력 ◦프레젠테이션 능력 ◦의사소통 능력 ◦토론 능력	1. 전문지식과 응용범위: 주어진 주제를 해결하는데 전문지식을 어느 정도 보유하고 있는지, 그리고 지식을 응용할 수 있는 능력을 평가한다. 2. 의사 발표의 정확성과 논리성: 프레젠테이션을 통해서 지원자의 논리의 타당성과 정확하게 의사를 전달할 능력이 있는가를 평가한다. 3. 창의력, 의지력 및 발전가능성: 주어진 주제에 대해서 창의적으로 아이디어를 도출하고 해결방안을 제시할 수 있는가, 창의적인 기획안을 개발할 수 있는가를 평가한다. 4. 예의, 품행 및 성실성: 면접위원의 심층 질문에 대한 답변 자세를 보고 지원자의 성실한 자세와 타인에 대한 예의와 품행을 평가한다.
개인 프로파일 면접	◦의지력 ◦리더십 ◦문제해결 역량 ◦역경극복 능력 ◦타인에 대한 봉사	1. 공무원의 정신 자세: 자신의 문제해결 사례와 공동체에서 문제를 해결한 사례를 통해서 공무원으로서 봉사할 수 있는 정신 자세가 있는가를 평가한다. 2. 창의력, 의지력 및 발전가능성: 문제해결 사례를 검토하고 환경을 극복할 수 있는 의지력과 발전할 수 있는 가능성이 있는가를 평가한다. 3. 예의, 품행, 성실성: 개인의 프로파일을 통해서 긍정적인 마음가짐, 품행과 예의를 보유한 인재인가를 평가한다. 또한 역경을 극복한 사례를 통해서 지원자가 타인과 사회에 대한 존경심을 갖고 있는가를 평가한다.

실제 면접 사례

아래는 실제 5급 공무원 채용에서 출제된 면접 문제이다. 이 사례를 살펴보고 면접전략을 어떻게 수립할 것인지에 대해서 살펴보자.

- 집단 토론의 주제는 공무원의 이해가 결부된 주제가 주로 출제된다.
- 개별 면접의 주제는 주로 공무원의 윤리적인 문제가 출제된다.

○ 개인 프로파일 면접은 지원자의 리더십, 문제해결 능력과 관련된 문제가 출제된다.

〈5급 공무원 실제 면접 사례〉

면접 순서	예제	면접 포인트
집단토론	○ 집단토론 예제: 프랑스 연금법개혁안 정년 60에서 62세로 연금수령 나이를 65세에서 67세로 개혁함. ○ 한국의 경우 연금을 고수할 것인가 국민연금을 유지하면서 개별연금을 도입할 것인가?	○ 국민의 저항에 대한 논리를 파악하는데 주안점을 둔다.
개별 면접	도덕적 해이: 임기가 다 된 자치장의 외유 사례 및 도덕적 해이에 대한 공무원의 도덕적 해이에 대한 방지책 입안 발표	○ 문서작성 능력 ○ 발표력 ○ 문제해결 방법
개인 프로파일 면접	○ 개인의 이익보다 조직의 이익을 위하여 기여한 사례 ○ 생각의 틀을 바꾸어서 문제가 해결된 경우의 사례	○ 개인의 문제해결 능력

집단토론 면접 준비전략

○ 집단 토론 면접의 성공요소는 무엇인가?

- 집단 토론 면접은 일곱 명 내외의 피 면접자로 구성된다. 피면접자 중 한 명을 리더로 선발하여 그룹 토의를 진행하며 토의주제에 대해서 찬성과 반대의 의견을 개진하면서 토론을 진행한다.
- 집단 면접은 토의자들과 의견을 공유하고 자신의 아이디어를 토의자들에게 이해시키고 관철시켜서 토의주제에 대해서 자신

의 의견에 부합되도록 하는 것이 성공요소이다.

- 그래서 토의 주제에 대한 자신의 논리성을 확보하고 상대방이 자신에게 조화롭게 토의할 수 있도록 자신의 색깔을 견지하면서 감정을 조절하고 표현하는 것이 중요하다.
- 면접위원은 각 토의자들의 의견을 경청하면서 토의자가 발표하는 의견에 대해서 논리성을 가장 중요시하게 평가한다. 처음부터 토의가 종결될 때까지 자신의 논리가 흩뜨려지지 않게 끌고 나가는 것이 중요하다.

○ **어떻게 준비해야 하나?**

- 평소 그룹을 구성하여 토론을 하는 연습을 하면서 자신의 발표 의견을 문서로써 정리해 본다. 문서를 보면서 자신의 논리가 모순이 없나, 아이디어가 독창성이 있고 설득력이 있는가를 평가해 본다.
- 집단 면접의 주안점은 토론주제에 대해서 독창적인 아이디어의 제시이다. 그룹 토의를 지속적으로 연습하여 토의 주제에 대한 아이디어를 창출해야 한다. 그룹원간에 상호 보완점에 대해서 토의한다.
- 기 합격한 선배를 그룹토의에 멘토로 초청하여 그룹 면접 스킬에 대해서 코칭과 피드백을 받는다.

개별 면접전략

○ 개별 면접의 성공요소는 무엇인가?

- 개별 면접이 5급 공무원의 합격의 당락을 결정한다. 개별 면접은 발표주제에 대해서 자신이 작성한 자료를 면접위원에게 제출하고 발표내용에 대해서 면접위원과 상호 토론하는 방식으로 진행된다.
- 개별 면접은 발표주제에 대해서 면접위원이 심층적으로 질문을 한다. 그래서 종합적인 문제해결 능력이 요구된다.
- 개별 면접에 좋은 평가를 받기 위해서 기획력, 문제해결 능력, 발표력, 자료작성 능력을 개발해야 한다.

○ 어떻게 준비해야 하나?

No	역량	개발 방법
1	기획력 개발 방법	○ 기획안을 작성하는 연습을 많이 한다. ○ 공무원 연금, 고용문제 등 시사적인 이슈를 분석한다. ○ 언론, 신문에 발표된 내용을 분석하고 자신의 안을 개발한다.
2	자료작성 능력 개발 방법	○ 프레젠테이션 자료를 만드는 기본적인 문서작성 요소와 활용법을 익힌다. ○ 개별 면접의 주제에 대해서 짧은 시간 내에 발표자료를 만들어야 하므로 평소 발표자료를 만드는 연습을 충분히 한다. ○ 자료작성의 프레임워크(framework) 모델을 개발한다.
3	문제해결 능력 개발 방법	○ 문제해결적 사고력을 개발한다. ○ 문제해결에 대한 자신만의 방법론, 도구와 프레임워크를 개발하고 적용시킨다. ○ 문제를 팩트 베이스(fact base)로 분석하고 검증한다. ○ 로직 트리(logic tree)로 문제의 분석력을 개발한다. ○ MECE(Mutually Exclusive and Collectively Exhaustive)와 같은 문제해결 방법론을 습득하여 적용한다.

No	역량	개발 방법
4	프레젠테이션 능력 개발 방법	1. 프레젠테이션 스킬을 개발한다. ○청중분석과 대응 방법 ○보고 유형별 대응방법 ○청중의 신뢰를 확보하는 방법 ○핵심 메시지 구성 방법 ○체계적 내용 구성 기법 ○문장구성 기법 ○정확성과 설득력을 높이는 표현스킬 ○인상적인 시작(opening) ○청중을 몰입시키는 상호 교류(linking) ○성공을 확인하는 마무리(closing) ○효과를 극대화하는 보디랭귀지(body language) 2. 모니터링 ○자신의 프레젠테이션 스타일을 진단한다. ○모니터 그룹을 구성하여 자신의 프레젠테이션에 대해서 모니터링을 실시한다. ○ 프레젠테이션에서 사용하는 자신의 언어를 분석하여 긍정적 단어 구사, 분석적인 언어, 논리적인 언어의 활용 방법을 개발한다.

개인 프로파일 면접전략

○ 개별 프로파일 면접의 성공요소는 무엇인가?

개인프로파일 면접은 지원자의 문제해결 능력을 평가하기 위한 면접 방법이다. 문제해결 능력은 리더십, 조직에서의 문제해결 사례나 자신의 성장과정에서 사고의 전환을 이룬 경험 등이 문제로 주어진다. 그러므로 이런 분야에 대한 예상 문제에 대해서 지신의 성공 시례를 잘 정리해 놓아야 한다.

○ 어떻게 준비해야 하나?

문제해결, 리더십 역량 및 자기계발 관련 역량에 대한 성공 사례를 아래와 같이 정리한다.

역량	예상질문	성공사례
리더십 역량		
문제해결 역량		
자기계발		

개별 면접과 프로파일 면접에서는 면접위원의 질문에 대해서 올바르고 명확하게 대답해야 한다. 정확한 커뮤니케이션 스킬을 개발하기 위해서 다음과 같이 자신의 의사소통 능력에 대해서 체크리스트를 만들어 연습한다.

No	체크리스트	강약점 분석
1	근거를 토대로 답변하고 있는가?	
2	육하원칙에 의해 말하고 있는가?	
3	숫자를 제시하며 답변하는가?	
4	구체적인 사례를 제시하며 답변하는가?	
5	사실과 판단을 구별하여 의사를 전달하는가?	
7	객관적으로 표현하고 있는가?	
8	추론을 유도하는 질문에 대답하는 방법을 아는가?	

02 + 6~9급 공무원 면접전략

평가항목 및 평가방법

- ○ 면접위원은 두 명 이상으로 구성되며 지원한 소속 부서장과 외부 면접위원으로 구성된다. 면접위원이 평가항목별로 "상", "중", "하"로 평정한다.
- ○ 세 명의 면접위원 중 한 명 이상의 면접위원이 5개 심사항목 중 2개 항목 이상을 "하"로 평정했거나 면접위원 두 명 이상이 어느 하나의 동일한 심사항목에 대하여 "하"로 평정한 경우 불합격된다.
- ○ 불합격 기준에 해당하지 아니하는 자 중에서 성적순으로 합격자를 결정한다.

	평가항목	평가내용	평가		
			상	중	하
1	공무원의 정신자세 ○공직에 봉사와 헌신, 윤리 / 준법정신				
2	전문지식과 그 응용범위 ○임용예정 직위 관련 전문성 ○전문분야의 정보분석 능력				
3	의사 발표의 정확성과 논리성 ○논리적의사소통과 조율 / 조정능력 ○협상과 조정 / 조율능력				
4	○예의, 품행 및 성실성 ○건전 성숙한 시민정신, 목표관리				
5	창의력, 의지력 및 발전가능성 ○창의력 기획, 문제해결, 비전 목표제시, 리더십				

면접 프로세스

순서	면접질문 순서	면접 준비
1	자기소개	◦ 면접에 들어가기 전에 자기소개를 할 시간을 준다. ◦ 자기소개가 면접의 성공 여부의 반 이상을 좌우한다. 면접질문을 잘 유도하기 위해서 스스로 단추를 잘 끼워야 한다. 자신의 장점을 잘 부각하면 나머지 시간의 면접질문들을 긍정적인 분위기에서 진행할 수 있다. ◦ 공무원이 되고 싶은 이유, 본인의 역량, 성품의 장점에 대해서 자기소개를 한다.
2	공무원의 정신 자세	◦ 지원동기는 면접에서 반드시 나오는 질문이다. 반드시 답변을 준비해야 한다. 자신이 공익을 위해서 한 경험을 예로 들어 답변하면 좋은 점수를 받을 수 있다. ◦ 최근의 공무원 연금법과 같은 시사적인 이슈에 대한 질문에 대해서 준비한다. ◦ 공무원으로서 윤리적인 문제에 대해서 소신이 있는 답변을 준비한다. 윤리적인 문제는 불의에 대응할 수 있는 논리를 만들어서 답변한다.
3	전문지식과 응용범위	◦ 지원한 부서의 사이트에서 담당업무를 충분히 숙지한다. ◦ 지원한 직무의 수행 업무를 파악한다. 업무 수행을 위한 필요한 지식을 질문하므로 지원한 직무를 수행하는데 필요한 지식을 반드시 파악하여 정리해야 한다.
4	예의, 품행 및 성실성	◦ 공무원이 되려는 사유는 부모님이나 형제가 공무원이기 때문에 또는 고용이 안정적이기 때문이라는 답변은 좋은 점수를 받을 수 없다. ◦ 공무원이 되고자 하는 계기를 설명하고 어떤 미션을 갖고 있는지를 답변하는 것이 좋은 점수를 받을 수 있다. ◦ 화려한 옷이나, 치장 등은 삼가며 공무원이 되려는 의지와 진실성이 있는 답변을 하는 것이 중요하다. ◦ 졸업 학교를 언급하지 않는다. 졸업한 학교를 언급해서 긍정적인 효과를 얻는 경우는 없다. 따라서 졸업 학교를 언급하는 것은 피해야 한다.

이 다섯 가지 요소 중에서 첫 번째 '공무원으로서의 정신 자세'는 봉사정신과 윤리의식을 어떻게 평가하는지에 대해서 살펴보자.

봉사정신 및 윤리의식의 평가방법

공무원 채용은 채용 시 공직 적합성을 검정함으로써 공무원에게 가장 필요한 국가와 국민에게 봉사하는 자세를 갖춘 자를 선발하는데 목적이 있다. 따라서 봉사활동을 어떻게 했는지는 봉사정신을 평가하는 중요한 척도이다.

봉사정신을 평가하기 위해서는 지원자의 봉사활동이 진정성에서 우러나온 것인지의 여부를 파악하기 위해서 봉사활동의 동기와 의도 등 질적인 측면에 중점을 두어 질문한다. 봉사 활동 당시 어려웠던 점, 배우거나 느낀 점 등에 대한 다양한 탐색 질문을 통해서 실제 경험인지를 파악하고 진정한 봉사정신을 갖추었는지 검정한다.

다음으로 봉사활동이 면접에 대비한 단발적인 경험인지, 지속적인 활동인지 여부 등을 파악하기 위해 횟수, 시간 등 양적인 측면을 질문한다. 만약 봉사활동이 공무원 필기시험에서 합격한 후에 한 봉사활동이 주였다면 이는 봉사활동이 진정성에서 우러나온 평소의 활동이기보다는 면접을 대비한 봉사활동으로 판단할 수 있다.

봉사활동을 많이 했다고 높은 평가를 하는 것은 아니다. 양적인 측면도 중요하지만 한가지의 봉사활동을 얼마나 지속적으로 했는가가 더 중요한 평가 척도이다. 한 가지 봉사활동을 꾸준히 할 수 있다면 어려움을 극복할 수 있다는 좋은 사례가 될 수 있다. 짧은 시간 동안 여러 가지 봉사활동보다 좋은 평가를 받을 수 있다.

지원자가 저소득층, 장애인일 경우 실질적으로 봉사활동이 어려운 경우가 있다. 이러한 대상자들에게는 일상생활 중 남을 도운 경험에 대해서 심층질문을 하여 거창한 봉사활동 경험이 없더라도 헌신하고 봉사하고자 하는 정신을 갖추었는지를 평가할 수 있다.

딜레마적인 상황을 부여하고 이에 대한 선택과 근거를 탐색적으로 질문하거나 평소의 가치관을 간접 질문을 통해 평가한다.

면접관은 지원자가 이야기를 지어내는 능력이 뛰어날 경우 면접자가 거짓 진술에 현혹될 수 있다. 따라서 면접자가 지원자의 경험의 동기, 대답의 근거 등에 대한 심도 있는 탐색 질문을 하게 되며 다양한 상황에서 반복하여 질문함으로써 일관되게 봉사정신을 갖고 있는지 평가한다.

이상의 봉사정신과 윤리의식의 평가방법과 척도를 생각할 때 지원자는 봉사활동을 다음과 같이 준비해야 한다.

본인이 어떠한 직종의 공직으로 나아갈 것인지에 대해서 진로에 따라서 이에 필요한 봉사활동을 해야 한다. 직무와 무관한 봉사활동보다 직무에 필요하고 도움이 되는 봉사활동은 보다 좋은 평가를 받을 수 있다.

양적인 측면보다 질적인 측면에서 봉사활동을 해야 한다. 시간을 채우기 위한 봉사활동은 면접에서 좋은 평가를 받을 수 없다. 하나의 봉사활동에 꾸준히 매진하는 것이 여러 가지의 봉사활동보다 좋은 것이며 좋은 점수를 얻을 수 있다.

공직에 나가기로 결정했다면 그 순간부터 봉사활동을 정해서 시작해야 한다. 공무원 필기시험이 끝나고 봉사활동은 좋은 점수를 받을 수 없다. 봉사활동의 좋은 점수를 받기 위해서 봉사활동을 했다면 그러한 봉사활동은 의미를 상실한다. 점수를 얻기 위한 봉사활동은 있을 수 없다.

인생은 봉사활동을 통해서 인생이 풍부해지고 배울 수 있다는 자세로 봉사활동을 해야 할 것이다. 천직으로서의 직업이 더 의미가 있는 것처럼, 봉사활동도 사명감에 의한 봉사일 때 비로소 값진 것이며 이러한 사람이 공직에 나갈 수 있는 자격이 있을 것이다.

면접질문 유형 분석

면접에서 질문의 기본형은 아래와 같이 세 단계로 구성된다.

상황 제시 → 그 상황에서 어떻게 행동했는가 → 결과 평가

모의면접을 통해서 면접의 기본형을 충분히 숙지하고 예상문제와 답변을 문서로써 준비하여 실전에 대비하도록 한다. 면접의 세 가지 유형을 살펴보면 아래와 같다.

〈면접유형 예시 1〉

- ◦ 힘에 겨운 일을 해본 경험이 있으면 소개해 보십시오. 그리고 구체적으로 무슨 일을 하셨습니까?
- ◦ 어떻게 역할을 수행하셨습니까?
- ◦ 결과를 분석하고 평가해 보십시오.

〈면접유형 예시 2〉

상황	행동	결과
○ 10%의 비용을 증가시켜서 고객 만족도를 10% 더 올릴 수 있다면 어떤 선택을 하겠습니까? (평가기준) 문제와 현상을 혼돈하기 쉽니다. 이를 구분하는지를 본다.	○ 왜 그래야 합니까? (평가기준) 일반적인 문제해결 절차를 거쳤는지를 본다.	○ 어디에 주안점을 두었습니까? (평가기준)결과에 대한 평가를 들어 본 다음 반성에 대한 질문을 하고 답을 평가한다.

〈면접유형 예시 3〉

상황	행동	결과
○ 지금까지 자신이 해결했던 일 중에서 가장 큰 것을 제시한다면 어떤 것입니까? 그리고 그 문제의 원인은 무엇이었습니까? (평가기준) 문제와 현상을 혼돈하기 쉽니다. 이를 구분하는지를 본다.	○ 어떻게 그 문제를 풀어갔습니까? 그 과정을 소상히 말해 보십시오 (평가기준) 일반적인 문제해결 절차를 거쳤는지를 본다.	○ 결과는 어떠했습니까? 만약 다시 그러한 상황에 처해진다면 어떻게 달리 해보시겠습니까? (평가기준)결과에 대한 평가를 들어 본 다음 반성에 대한 질문을 하고 답을 평가한다.

면접전략

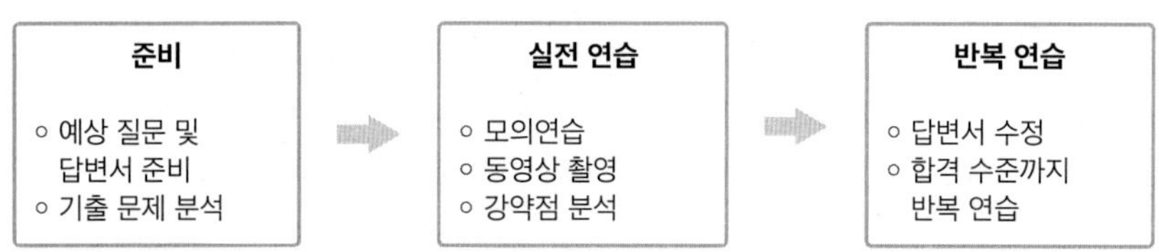

5개 항목에 대한 예상 면접질문을 정리하면 아래와 같다. 각 평가항목의 역량을 충분히 숙지하고 기출예제 및 예상 문제를 만들고 답변서를 준비한다. 예상질문에 대해서 예상 답변서를 작성하여 사전 모의 면접 연습을 하는 것이 중요하다. 멘토나 합격한 선배로부터 자신의 면접 스킬과 답변서에 대해서 조언을 받는 방식으로 완벽한 면접이 될 때까지 연습한다.

질문예제 분석

〈질문 예시〉

NO	평가요소	질문 예제 / 평가 포인트
1	공무원으로서의 정신자세	◦공직을 지원하게 된 계기나 이유는 무엇입니까? ◦공무원은 민간기업체 사원과 어떤 면이 다른가요? ◦국가 발전을 위하여 공무원으로 자신이 할 수 있는 일은 무엇입니까? ◦현재 국민이 공무원에게 요구하는 것이 무엇이라고 생각합니까? ◦ 공직자로서 갖추어야 할 덕목을 말해 보시오. ◦ 공무원에게 특히 강조되는 공직윤리는 무엇입니까? ◦ 공무원의 의무에 대해 아는 대로 답해 보시오. ◦ 자신이 생각하는 공무원관을 설명하시오. ◦ 오늘날 가장 시급히 해결해야 할 사회적 문제가 무엇인가요? ◦국가 경쟁력 향상을 위한 공공부문의 경쟁력 제고방안은 무엇인가요?

NO	평가요소	질문 예제 / 평가 포인트
1	공무원으로서의 정신자세	◦ 우리가 유지하고 계승해야 할 전통윤리에는 어떤 것이 있나요? ◦ 오늘날 우리 사회가 도덕성이 상실되었다고 하는데 원인을 말해 보시오. 그리고 도덕성 회복을 위한 방안은 무엇입니까? ◦ 공직사회 부정 비리의 원인과 그 대책 방향에 대해 말해 보시오.
2	의사 발표의 정확성과 논리성	◦ 질문을 바르게 이해하고, 적절한 답변을 하는가? ◦ 음성이 명료하고 적절한 용어를 사용하는가? ◦ 자신의 주장을 간결 정확하게 말하는가? ◦ 사고방식이 합리적인가?
3	용모, 예의, 품행 및 성실성	◦ 예의, 자세는 바른가? ◦ 표정 등 인상은 밝고 자신이 있는가? ◦ 침착하고 안정감이 있는가? ◦ 태도가 분명하고 진지한가? ◦ 용모, 복장은 단정한가?
4	창의력, 의지력, 기타 발전가능성	◦ 문제분석 및 해결능력이 있는가? ◦ 위기상황에 대처할 능력이 있는가? ◦ 젊은이다운 기백이 있는가? ◦ 근면 성실하고 발전적인 성격의 소유자인가
5	전문지식과 그 응용범위	◦ 해당 사이트에서 지원직무 대한 업무분장, 직무요건을 파악한다.

반드시 면접 준비를 한다

같은 직무에 두 번 지원해서 합격한 지원자가 있다. 그 지원자는 응시한 첫해 년도에 면접에서 불합격해서 이차 년도에 재차 시험에 응시하여 합격했다. 첫해 년도 시험에 불합격한 이유는 면접시험을 준비하지 않고 응하여 불합격되었기 때문이다. 면접은 자신이 알고 있는 것을 짧은 시간에 명확하고 바르게 답변하는 것이 핵심이다. 머릿속에 있는 것을 사전에 정리하지 않고 면접 장소에서 일목요연하게 답변하는 것은 어렵다. 사전에 면접 예상 문제와 그에 대한 답변서를 준비했을 때 실제 면접에서 자신이 원하는 답변을 할 수 있다. 그래서 이 지원자의 경우 차기 년도에 필기시험에 다시 합격하고 1년 동안 충분히 면접 준비를 하여서 최종 합격할 수 있었다. 특히, 프레젠테이션 연습을 꾸준히 하여 면접 스킬을 크게 향상시킬 수 있다.

면접위원 구성을 알아야 한다

면접위원은 외부 면접위원과 지원한 부서의 책임자로 구성된다. 그리고 면접장에서 각 면접위원의 역할이 구분된다. 소속부서의 책임자는 주로 직무 관련 질문을 담당하고 외부에서 온 면접위원은 공무원의 자세와 문제해결에 관한 질문을 한다. 면접의 질문은 공무원의 자세, 전문지식, 창의력과 문제해결 순으로 진행한다. 면접위원이 구성과 면접 평가항목을 매치(match)시켜 면접 예상질문과 답변서를 준비하면 효과적으로 면접에 응할 수 있다.

그룹 스터디에서 준비한 면접 답변을 그대로 하지 않는다

어느 면접장에서 지원자의 대다수가 자기소개를 할 때에 "저는 입사하여 5년 후에는 후배사원으로부터 존경을 받는 선배사원이 되고 상사로부터는 일을 잘 한다고 칭찬을 받는 공무원이 될 것입니다."와 같이 똑 같은 내용으로 대답한 경우가 있었다. 이것은 면접 그룹 스터디에서 표준 답변서를 작성하고 외워서 면접장에서 똑같이 대답을 한 경우이다. 그래서 그러한 자기소개를 한 지원자는 면접위원으로부터 좋은 점수를 받지 못했다. 실제 면접에서는 그룹 스터디에서 작성한 표준 답변을 그대로 발표해서는 좋은 점수를 받지 못한다. 면접위원은 지원자가 자신의 소신이 담긴 내용인지를 판단할 수 있기 때문이다. 소신이 담긴 자기소개를 함으로써 면접위원에게 감명을 주고 좋은 평가 점수를 받을 수 있다.

자기소개 시 감동적인 자신의 모습을 보여야 한다

면접에 들어가기에 앞서 자기소개를 한다. 약 1분 정도 시간 자기소개를 할애하는데 자기소개를 감동적으로 전달해야 한다. 특히 공무원을 지원한 동기에 대해서 감동을 줄 수 있다면 좋은 평가를 받을 수 있다. 특히 국민이 바라는 공무원의 상은 청렴결백이다. 어느 면접에서 한 지원자는 정장이 없어서 친구의 정장을 빌려 입고 옷이 커서 옷핀으로 줄여서 입고 온 사례가 있었다. 이 경우는 자신이 연출한 경우가 아니어서 지원자의 태도가 면접위원에게 감동을 주었다. 이처럼 면접에서 자신의 소신이 있는 모습을 보인다면 면접위원을 충분히 감동을 줄 수 있다.

그리고 면접에서 동일 점수를 받았을 경우에 자기소개서를 검토하여 자기소개서의 내용이 충실한 지원자에게 높은 점수를 준다. 따라서 자기소개서는 충실하게 잘 써야 한다.

영어 자기소개로 좋은 점수를 받을 수 있다

공무원 면접은 직무에 관련된 것이 아니면 영어 면접은 하지 않는다. 자신이 영어에 자신이 있다면 영어로 자신을 소개해 보는 것도 면접에서 다른 지원자와 자신을 차별화할 수 있는 방법이다. 면접의 마지막 시간에 지원자가 하고 싶은 말이나 질문할 시간을 준다. 이 자신의 소개를 영어로 한다면 좋은 인상을 줄 수 있고 좋은 평점을 받을 수 있다. 실제로 한 지원자는 질문 시간에 자신을 영어로 소개한 적이 있다. 영어로 소신 있게 자기소개를 하여 면접위원을 감동시켰고 면접에서 좋은 평점을 받았다. 이렇듯 면접에서 면접위원을 감동시킬 수 있는 방법을 착안한다면 좋은 결과를 얻을 수 있다.

03 + 대기업 면접전략

대기업 채용전략의 특징

대기업에 지원하기 위해서는 대기업의 전반적인 채용전략을 이해해야 한다. 대기업의 채용전략은 한마디로 요약하면 "Right people in right place."이다. "Right people"의 역량을 검증하고 채용하기 위해 다양한 면접 기법을 활용하는 것이 대기업 면접의 특징이다.

Right people

"Right people"이란 채용하려는 직무에 적합한 역량을 보유한 인재로 정의할 수 있다. 그리고 조직의 미래 방향에 대한 목표의식을 갖고 성과를 창출하는 사람, 자신의 일을 스스로 찾아서 하는 사람이며 보상보다는 일을 통한 만족과 성취감에 의해 동기를 받는 사람이다. Right people은 따라서 기업의 가치관, 사명감, 목표 및 문화에 부합하는 인재이다. 그러므로 지원자는 지원하는 회사의 가치관, 미션과 기업문화를 이해하고 자신이 지원하는 직무에 적합한 역량을 보유한 인재인가를 판단해야 한다. 대기업의 채용과 면접 방법에 대해서 살펴보자.

면접방식의 다양화

기업은 Right people을 채용하기 위해서 면접 방식을 다양화한다. 토론면접, 프레젠테이션 면접, 케이스 스터디와 사례면접, 스트레스와 압박면접 등으로 면접 방식을 다양하게 하고 면접의 횟수도 2회 이상으로 하여 지원자가 'Right people'의 역량을 보유하고 있는지를 심도 있게 평가한다.

면접질문은 역량모델(competency based selection) 기법을 활용한다

면접관은 지원자에게 직관에 의한 질문이 아닌 체계적이고 구조화된 질문으로 지원자의 역량을 파악한다. 체계적이고 구조화된 면접질문을 개발하기 위해서 역량 모델을 활용한다.

직무수행에 필요한 지식, 기술과 태도를 정의하고 이를 토대로 표준화된 면접질문을 개발한다.

구조화된 면접(structured interview) 방식을 사용한다

각 직무의 관련지식, 기술, 태도 등 지원자의 역량을 파악하기 위해서 면접위원은 미리 작성된 표준화된 질문을 통해 지원자를 면접한다. 이것은 면접위원 간의 주관적 판단을 배제하고 평가 오류를 최소화하도록 하기 위해서이다. 평가항목, 평가기준, 평가착안점, 평가질문을 표준화하고 지원자의 답변에 면접관이 객관적인 평가를 하기 위한 방법이 구조화된 면접 방식이다.

역량 모델에 근거한 면접의 표준적인 질문방식(STAR)

역량모델에 근거한 면접의 표준적인 질문방식은 아래와 같다.

Situation: 어떠한 상황에서, Task: 무슨 목표를 가지고, Action: 어떻게 행동을 해서, Result : 어떤 결과를 얻었다.

STAR	질문 내용
Situation	◦ 그 당시의 프로젝트 상황을 구체적으로 설명하세요.
Task	◦ 자신에게 주어진 구체적인 목표, 책임과 역할이 무엇이었는지요? ◦ 어떤 점이 가장 힘들었나요? ◦ 그리고 왜 힘들었는지요?
Action	◦ 프로젝트 목표를 어떻게 달성했는지요? ◦ 어떻게 자원을 활용했는지요? ◦ 어려운 점을 어떻게 그것을 극복했는지요? ◦ 다른 대안은 없었는지요? ◦ 어떤 조언 및 피드백들이 있었는지요?
Result	◦ 그 결과는 어땠는지요? ◦ 만족하고 있는지요? ◦ 아쉬운 점은 무엇이었는지요? ◦ 유사한 상황이 있게 되면 어떻게 하시겠는지요?

기업의 인재상을 이해한다

인재상이란 기업의 비전을 달성하는 데 필요한 인재 요건에 부합하는 인재의 모델이다. 기업은 인재상과 부합하고 자기 회사를 오랫동안 취업 목표로 하여 준비한 인재를 선발하고 싶어한다. 그리고 지원한 회사의 인턴 경험이 있거나 프로젝트를 수행해서 회사의 사업을 쉽게 이해할 수 있고 현업에 바로 투입하여 성과를 낼 수 있는 인재를 원한다. 결론적으로 기업은 자신의 인재상과 부합하고 인재 요소를 보유하고 자기 회사의 사업과 비즈니스 시스템을 이해하고 경험한 인재를 선호한다.

그래서 지원자는 자신이 지원하려는 기업의 인재상에 부합하는 인재인가를 첫째로 분석해 봐야 한다. 적어도 지원하는 기업에 대해서 1년 이상의 꾸준한 시간을 투입해서 인재상, 기업문화와 비즈니스 시스템을 이해하고 있어야 한다.

회사가 바라는 공통적인 인재상에 대해서 살펴보자.

- 자신의 미래에 뚜렷한 목표를 가진 사람
- 조직사회에 능동적으로 적응하고 팀워크를 잘하는 사람
- 글로벌 시대의 주역이 될 능력과 감각을 갖춘 사람
- 인간미와 도덕심을 갖춘 사람
- 건전한 가치관과 투철한 정의감을 갖춘 사람
- 정직하고 책임감이 강하며 남과 협조를 잘하는 사람
- 적극적이고 도전적인 사람
- 창의성이 높고 개선의욕이 강한 사람
- 창조 융합형 인재 (경영+디자인+스토리 창작 등등)

삼성그룹의 인재상과 내용을 살펴보면 아래와 같다.

- **열린 마음, 인간미와 도덕성으로 충만한 마음을 지닌 사람**
  - 비뚤어진 것을 바로 고치도록 당당히 말하는 용기 있는 사람
  - 더불어 사는 삶을 실천할 수 있는 따뜻한 사람

- 이기주의를 버리고 서로를 격려 및 배려하고 동료애를 갖는 사람

○ **열린 머리, 창의와 협력을 바탕으로 미래를 개척하는 창조형의 사람**

- 진취적인 정신과 자기계발을 위해 노력하는 사람
- 변화를 리드하며 조직과 사회에 활력과 신선함을 주는 사람
- 자신의 전문 분야 외에도 폭 넓은 지식과 유연한 사고를 가진 사람

○ **열린 행동, 국제적인 감각과 능력을 갖춘 사람**

- 명확한 목표와 목적의식 속에 무한경쟁의 열린 시대에 살아남기 위하여 기본기와 능력을 갖춘 사람
- 국제화된 사고와 에티켓을 갖추고 인류사회에 공헌하는 사람

04 + 외국계 회사 면접전략

외국계 기업에 입사하기 위해서는 어떻게 해야 하나?

외국계 기업은 국내 기업과 업무 스타일이 다른 것을 알아야 한다.

국내 기업의 업무 방식이 직원의 수행 역량을 기준으로 한다면 외국계 기업은 직무 중심으로 업무를 수행한다. 예를 들어 인사의 급여인상 업무를 살펴보자. 한국 기업은 이 업무를 수행하는 방법과 절차가 사원

은 문서작성, 대리는 벤치마킹 업무, 과장은 급여인상 기획, 파트장이나 팀장은 기획안을 검토하고 총괄업무를 수행한다. 그러나 외국계 회사의 경우는 다르다. 보상직무 담당자(Compensation Manager)가 경쟁사의 급여조사, 급여인상 기획 및 이에 수반하는 문서작성부터 기획 업무를 모두 담당한다. 한국 기업의 경우 한 직무를 횡적으로 분할하여 직원의 역량에 따라서 업무를 분업하여 분담하지만 외국계 회사는 한 직무를 종적으로 담당자가 총괄적으로 담당한다. 외국계 기업은 그래서 간접인원을 두지 않는 것도 한국 기업과 다르다. 그래서 외국계 기업에서는 리더나 임원도 실무 업무를 하고 문서 작성을 직접 한다. 한국 기업의 리더나 임원은 스스로 문서작업을 하지 않는 때가 많다. 외국계 기업으로 전직을 할 때는 이러한 한국 기업과의 업무 스타일이 다르다는 것을 이해해야 한다.

〈한국 기업 VS 외국 기업의 업무스타일 비교〉

업무사례	한국 기업	외국 기업
급여인상	사원: 문서 작업 대리: 급여 조사, 벤치마킹 과장: 급여인상안 기획 파트장: 총괄기획 ○ 관리자의 경우 업무에 적용할 수 있는 엑셀, 워드, 파워포인트 등의 오피스 능력이 요구되지 않음.	보상직무 담당리더(Compensation Manager) ○ 문서작업 ○ 급여 조사, 벤치마킹 ○ 급여인상안 기획 ○ 업무에 적용할 수 있는 엑셀, 워드, 파워포인트 등의 오피스 사용 능력이 요구됨.
차이점	직무를 수평적으로 분할하여 직급별로 업무를 분담함.	한 직무를 담당자가 실무작업부터 기획까지 모두 담당함.

그래서 외국계 기업은 직무에 대해 실무적이고 한 분야에서 집중 경험을 쌓은 특정 분야에 정통한 전문가를 선호한다. 전문성 위주로 인재

를 채용하기 때문에 한 분야에서 오랜 경험과 경력을 쌓은 경력자를 선호한다. 이렇게 외국계 회사의 업무 스타일이 다른 것은 외국계 회사의 인사제도가 다르고 기업문화가 다르기 때문이다. 외국 회사에 전직할 경우 외국사의 인사제도를 잘 이해해야 한다.

외국계 회사의 기업문화와 인사제도를 이해한다

〈외국 기업의 기업문화 비교〉

국가	인사제도	채용 방식	인재상과 문화
한국	역량급	신입채용: 제너럴리스트(generalist) 경력관리: 순환 보직 경력채용: 스페셜리스트(specialist)	◦개인의 이해보다 조직의 목표를 중시 ◦업무의 효율성과 조직의 위계를 중시
일본	역량급	신입채용: 제너럴리스트(generalist) 경력관리: 순환 보직 경력채용: 스페셜리스트(specialist)	◦예의가 바르고 남의 의견을 경청할 줄 아는 인재를 선호한다. ◦협업을 중시하는 문화
유럽	직무 역량급	신입채용: 스페셜리스트(specialist) 경력채용: 스페셜리스트(specialist)	◦독일과 일본 기업은 자신의 의견을 강하게 내세우는 구직자를 꺼린다. ◦인화를 중시하는 문화
미국	직무급	신입채용: 스페셜리스트(specialist) 경력채용: 스페셜리스트(specialist)	◦개인의 의사가 분명한 것을 선호 ◦개인의 전문성과 조직에서의 팀워크를 중시한다.

지원하는 회사의 성장성을 파악한다

한국에 진출한 외국 기업은 오너에 의한 경영체제보다 전문인 경영체제가 많다. 전문 경영인에 의해 회사를 운영한다. 투자보다는 수익에 초점을 두며 장기적 관점보다 단기적 관점에서 경영목표 달성에 초점을 둔다. 따라서 외국계 기업에 입사할 때는 기업의 성장 가능성을 면밀히 분석해서 입사를 결정해야 한다. 대개 외국계 회사에서의 재직기간은 한국 기업에서의 근속 기간보다 짧다. 이것은 외국계 기업이 한국 기업보다 회사 규모가 작고 자신이 성장하는 데 한계를 느끼기 때문이다. 이러한 단점이 있으나 해외로 진출할 수 있는 기회가 있고 선진화된 경영 시스템을 경험할 수 있는 장점이 있다. 그리고 학연이나 지연을 따지지 않는 장점이 있어 외국계 기업을 선호한다. 이러한 장단점을 세밀히 분석하여 자신의 경력 목표에 부합하는 기업을 선택해야 한다.

〈지원기업 분석〉

NO	분석 항목	분석 내용
1	자신의 성장 가능성	○해외 근무가 가능성 ○장기 근무 가능성 ○자신의 직무의 성장성
2	회사의 성장 가능성	○본사에서의 경영 전망 ○시장에서의 한국의 중요도 ○핵심역할 수행 정도 ○연구개발 등의 지속적인 투자 여부 ○회사의 성장성

영어로 의사소통하는 데 문제가 없어야 한다

외국계 회사에서 성공하기 위해서는 영어는 어느 정도 수준으로 해야 할까? 한마디로 외국계 회사에서 임원으로 승진하기 위해서는 영어를 자유롭게 구사할 수 있어야 한다. 외국계 회사에서는 팀장, 리더, 임원으로 승진하면 해외 출장, 컨퍼런스, 세미나의 업무적인 면뿐만 아니라 파티 등이 업무 외적인 활동들도 많아진다. 그러므로 어떤 경우에도 영어로 의사소통이 자유로워야 한다. 자신의 취미, 한국 문화, 상대국의 문화 등을 공유하고 자유롭게 소통할 수 있는 영어 능력을 필요로 한다.

결론적으로 외국계 회사에서의 외국어 역량은 직무 역량보다 중요하다. 직무 역량이 우수해도 영어로 구사할 수 없다면 능력을 인정받기 어렵기 때문이다. 그러므로 외국계 회사에서 성공하기 위해서는 영어 능력을 개발하는데 매진해야 한다.

또한 성격상 외국인과 친해질 수 없으면 외국 회사에서 근무하는 것을 재고해 봐야 한다. 같이 식사하는 것 뿐만 아니라 문화를 공유할 수 있는 자세가 돼 있어야 한다. 외국 회사에서 성공하려면 그 나라 사람이 되어야 한다. 언어뿐만 아니라 행동, 태도 등도 그들과 동일하게 할 수 있는 능력이 있어야 한다.

외국계 회사의 면접질문 유형

외국계 회사의 면접에 잘 나오는 질문을 파악해 보자. 외국계 회사에서 잘 나오는 면접질문은 프로젝트 경험, 업무성과, 문제해결, 대인관계, 프레젠테이션, 팀워크에 관련한 질문들이 대표적이다. 이러한 질문들을 간추려서 살펴보자.

1. 자기소개를 해주시기 바랍니다.
2. 지금까지 재직한 회사에서 이직한 사유에 대해서 설명하여 주십시오.
3. 어떠한 성과가 가장 만족을 가져다주었는지 설명해 주시기 바랍니다.

4. 이익을 증대시키거나 비용을 절감하기 위해서 회사를 위해서 어떤 일을 했는지 말씀해 주십시오.
5. 모든 회사는 조직원 서로 간의 갈등이 존재합니다. 당신이 특히 싫어하는 사람과 함께 일하게 되었을 때 어떻게 하시겠습니까?
6. 프로젝트를 완료하기 위해서는 자신이 제시한 방법이 최선의 방법인 것을 어떻게 상사에게 설득하고 상사가 확신을 갖게 했는지에 설명해 주시기 바랍니다.
7. 지원한 업무를 앞으로 어떻게 수행할 것인지에 대해서 설명해 보시기 바랍니다.
8. 자신이 가장 좋아 하는 일과 싫어하는 일은 무엇입니까?
9. 우리 회사에 입사하여 앞으로 1년 동안 많은 성과를 내실 것이라고 생각합니다. 1년 후에 어떤 성과를 이룰 것으로 생각하시나요?
10. 문제를 해결하기 위해서 새로운 방법을 모색한 경험에 대해서 설명해 주세요.
11. 신속한 의사결정을 내린 사례에 대해서 설명해 보세요.
12. 우리 회사에 재직하고 있으면서 다른 회사에서 스카웃 제의가 온다면 어떻게 하시겠습니까? 그리고 어떠한 조건을 제시하면 이직을 고려하시겠습니까?
13. 마지막으로 저희 회사에 대해서 질문이나 하시고 싶은 사항이 있으신가요?

답변 시 주의할 사항들

- 올바른 경칭을 사용한다.
- Yes와 No를 분명하게 대답한다.
- 애매하게 대답하지 않는다.
- 모르는 것은 다시 물어본다.
- 칭찬이나 배려에는 감사의 표시를 한다.
- 답변을 길게 하는 것보다는 간단명료하게 답변한다.
- 자신에 넘친 어조로 답변한다.

+

Chapter 5

LG CNS 면접 사례 스터디

+

01 + LG CNS 일반현황

LG CNS는 국내 IT(Information Technology)기업이다. 삼성 SDS, SK C&C와 더불어 국내 대표적인 IT 전문기업이다. 1987년에 설립되었으며 일반 현황은 아래와 같다.

- 사업분야: 컨설팅, 시스템 통합, 아웃소싱, ERP / BI, IT인프라 솔루션, IT컨버전스를 사업 기반으로 한다. Smart Technologies& Services를 통해 고객에게 기대, 그 이상의 가치를 주는 글로벌 IT 서비스 전문기업을 지향하고 있다.
- 설립년월: 1987년 1월
- 대표이사: 김대훈
- 직원 수: 2013년 3월 기준으로 해외법인 / 자회사 포함하여 직원은 약 10,000여 명
- 본사: 서울특별시 영등포구 여의대로 24, FKI타워
- 해외법인: 중국, 유럽, 미주, 인도, 인도네시아, 일본, 브라질, 콜롬비아, 말레이시아
- 해외지사: 중동, 폴란드
- 자회사 현황
  - LG 엔시스(전문 IT인프라솔루션&서비스)
  - 유세스파트너스(Total BPO 서비스: 컨택센터, 전자거래, 전자문서, HR서비스)
  - 비앤이파트너스(중소기업 ERP 및 BI 전문컨설팅과 솔루션)

- SBI-LG시스템즈(일본 금융 IT서비스)
- 코리아일레콤(전장 시뮬레이션 솔루션)
- 에버온(전기차 셰어링 및 관련 솔루션)
- 원신스카이텍(무인 헬기 Total 솔루션)

○ 재무 현황:

2013년, IFRS 연결기준으로 매출액은 3조 1,967억 원

LG CNS의 최근 3년간의 재무 상태는 아래와 같다.

2011년	2012년	2013년
자산: 16,851억 원 부채: 10,579억 원 자본: 6,272억 원	자산: 19,546억 원 부채: 12,640억 원 자본: 6,906억 원	자산: 20,639억 원 부채: 12,995억 원 자본: 7,644억 원

- **손익계산서**

2011년	2012년	2013년
매출: 31,912억 원 영업이익: 1,214억 원 당기순이익: 494억 원	매출: 32,496억 원 영업이익: 1,372억 원 당기순이익: 877억 원	매출: 31,967억 원 영업이익: 1,479억 원 당기순이익: 924억 원

02 + LG CNS의 기업문화

LG CNS의 채용제도와 면접의 실제 사례를 분석하기에 앞서 LG CNS의 비전, 경영이념, 조직문화를 살펴보자.

비전

LG CNS의 비전은 "2020년 LG CNS는 창의적 인재들로 가득 찬 최고의 스마트 기술과 서비스 분야의 글로벌 리더로의 도약"이다.

LG WAY

LG WAY란 "LG 임직원의 사고 및 행동의 기반으로서 경영이념인 고객을 위한 가치창조와 인간존중의 경영을 LG의 행동방식인 정도경영으로 실천함으로써 LG의 비전인 일등LG를 달성하는 것이다."

조직문화

조직문화 창의와 자율을 통해 꿈을 이루는 행복한 LG CNS!

LG CNS는 다양한 커뮤니케이션 활동을 통해 창의와 자율이 넘치는 조직문화의 활성화를 도모하고 있다.

미래구상위원회 '미래구상위원회'는 사내 Junior Board로서 일하기 좋은 직장을 만들어나가는 변화관리자(Change Agent)이자 조직문화 혁신의 주요 추진체 역할을 수행합니다. 주요 미션은 '비전, 인재상 내재화 및 혁신활동', '최고 경영층 및 직원 간의 커뮤니케이션 활성화', '기타 회사 및 직원의 발전을 위한 제반 사항 건의'등 입니다.

노경협의회 LG CNS는 1998년 2월 '노경협의회'를 구성하였으며, 현재 근로자 대표 9인과 경영자 대표 9인으로 구성되어 있습니다. 노경협의회는 분기에 한번 정기 모임을 가지며 사원 개인의 고충처리에서 임직원의 근로조건, 경영전략 이슈까지 다양한 안건에 대해 토론하여 발전적인 노사협조 체제를 만들어 가고 있습니다.

Location Manager 제도 지방 사이트의 이슈를 함께 고민하고 해결방안을 모색하고자 파주, 경남, 경북, 전라, 충남, 충북 등 6개 지역을 대상으로 지역별 리더제도인 'Location Manager' 를 운영하고 있습니다. 커뮤니케이션 활성화, 지방출장자에 대한 Care 등 지방 근무자 Care 및 소속감/로열티 고취를 위한 다양한 활동을 진행하고 있습니다.

사내 제안제도 '좋은 회사 만들기' '미래구상위원회'는 '좋은 회사 만들기'라는 이름의 제안 게시판을 운영하고 있습니다. 게시판에는 사내 임직원 누구든지 좋은 회사를 만들기 위한 제안을 게시할 수 있으며 의견을 접수한 '미래구상위원회'는 제안의 타당성과 실행 가능성을 판단해 관련부서로 전달합니다. 관련부서는 이를 2~4주 이내에 처리하도록 되어 있습니다.

훈훈한 이야기 CEO와 구성원과의 소통을 위한 게시판으로, '훈훈한 이야기'라는 명칭은 사내 공모를 통해 선정하였습니다. '훈훈한 이야기'는 CEO(김대훈)를 연상시키며, 훈훈한 소통으로 가득한 공간이 되기를 바라는 의미를 담고 있습니다. 매주 CEO가 공유하고 싶은 이야기를 전하고 있습니다.

사내 트위터 'Twittalk'은 2010년 8월, 창의와 자율의 소통문화 활성을 위해 도입하였습니다. 직급에 관계 없이 자유로운 소통과 실시간 쌍방향 정보 교류를 가능케 하며 구성원들의 아이디어 및 다양한 노하우를 촉진시키는 새로운 소통의 장場입니다.

Family Value Program Work & Life Balancing을 적극적으로 추진하고 있는 LG CNS는 구성원의 가족과 함께 하는 다양한 프로그램을 운영하고 있습니다. 여의도 FKI 타워 본사에 'LG CNS 어린이집'을 운영하고 있으며 임직원 출산 축하선물, 초등학교 입학 자녀 축하선물, 자녀 수능 격려 선물 등의 Care 프로그램을 실시하고 있습니다.

LG의 정도경영

윤리경영을 기반으로 꾸준히 실력을 길러 정정 당당하게 승부하는 LG만의 행동방식을 의미한다. LG가 추구하는 근본적인 가치 즉, 경영이념을 실천하는 LG 고유의 행동 방식이 바로 정도경영이다. 진정한 의미의 정도경영이란 단순히 윤리경영만을 의미하는 것이 아니며, 경쟁에서 이길 수 있는 진정한 실력을 키워 실질적인 성과를 창출하는 것을 의미한다.

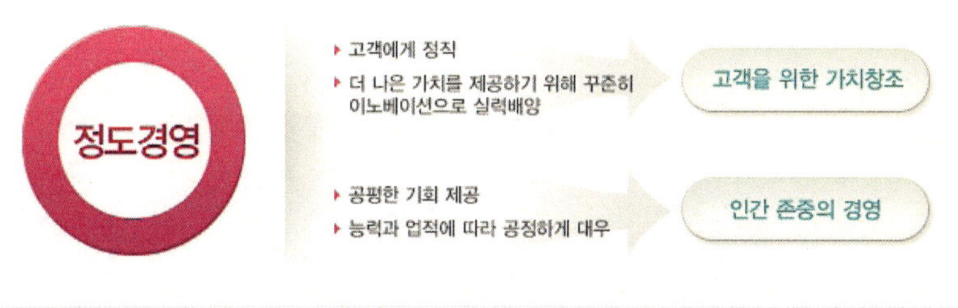

03 + LG CNS의 인재상

인재상의 필요성

인재상은 LG CNS의 구성원들이 보여주어야 하는 바람직한 모습이다. 기업의 인재상은 구성원이 지향해야 하는 가치이며 인재의 육성 방법에 대한 관점 정립이라는 측면에서 의의가 있다.

LG CNS의 인재상

LG CNS의 인재상은 "Right People with Great Value(가치를 실현하는 강한 인재)"이다.

그리고 LG CNS의 인재요소는 아래와 같다.

○ **인재요소**

- 열정을 겸비한 도전정신: 1등 목표 달성을 위해 열정을 갖고 끊임없이 도전한다.
- 전문성을 바탕으로 한 실행력: 주인의식을 가지고 업무에 몰입하여 최고의 성과를 창출한다.
- 협력을 통한 시너지 창출: 열린 사고의 의사소통을 통해 동료와 원활한 관계를 형성하고 시너지를 창출한다.

○ **LG CNS의 행동규범**

- 목표는 높게, 끊임없이 도전한다.
- '할 수 있다'는 자신감으로 고객성공을 위해 몰입한다.
- 오늘보다 나은 내일을 위해 항상 학습한다.
- 아는 것이 전부는 아니다, 반드시 실행한다.
- 힘을 모아 함께, 일등성과를 만들어 나간다.

04 + LG CNS의 면접 사례

직군 / 직무 분류

- System Engineer
- Project Management&Business Analyst
- Consulting
- Marketing&Sales
- Human Resource
- Finance
- Corporate Operation

시스템 엔지니어(System Engineer)의 직무 내용

No	직무	직무내용
1	Application Programming	Application System 개발, 코딩, 구축, 유지보수
2	Application Analysis&Design	Application System 분석, 설계, 구축, 통합, 유지보수
3	Testing	시스템 Test 관련 업무
4	Package Solution Expert	Package 분석, Configuration 및 적용
5	Quality Assurance	품질보증, 변경과 구성관리, 그리고 방법론의 적용과 관리

시스템 엔지니어의 공통 직무 요건서

공통 직무요건	설명
IT 산업이해 및 비즈니스 이해	IT산업과 동향에 대한 지식 및 비즈니스 개념에 대한 이해, 이를 업무에 적용하고 고객에게 부가적인 가치를 부여할 수 있는 역량
고객 산업 이해, 업무 지식 및 적용	성공적인 시스템구축을 위한 고객의 산업과 업무에 대한 폭 넓은 이해 및 이를 적용하는 능력
커뮤니케이션 역량	원활한 의사소통을 수행하고 다양한 팀 및 고객들과의 협의 및 설득을 통해 효과적인 방법으로 프레젠테이션 할 수 있는 능력
문제해결 역량	자료를 분석, 수집하고 핵심요인을 파악하여 체계적인 접근방법에 의해 고객관점에서의 효과적인 해결 안을 제시하는 능력
동료, 고객과의 협업 및 리더십 역량	◦ 팀원 및 고객과 협업을 원활히 수행하고 신뢰를 증진시켜 시너지를 발휘하는 능력 ◦ 팀원들과 정보를 공유하고 동료 후배들을 교육 / 육성하는 능력 ◦ 업무수행에서 팀원 및 고객을 리드할 수 있는 리더십 역량
시스템 개발 방법론에 대한 이해 및 적용	Application System 개발과 관련하여 표준화된 방법론과 절차를 이해하고 이를 적용하는 능력
Application 관련 기술에 대한 지식	해당 역할을 효과적으로 수행하기 위한 Application 개발 영역 전반에 대한 지식 및 이를 통해 타 역할과의 시너지 창출에 적용하는 능력
Infrastructure 환경에 대한 이해	효과적인 Application기술 적용을 위한 H / W, N / W, O / S 등 Infrastructure 요소 기술에 관한 개괄적인 지식 및 이를 업무에 적용시키는 능력

LG CNS의 면접 사례연구

평가항목

LG CNS의 인재상 항목을 면접 평가항목으로 하고, 추가적으로 직무 관련 항목을 평가한다.

인재상	평가항목	질문과 평가(예)
열정 / 도전정신	(1) 지원동기 (2) 입사 후 포부 (3) 지원자의 장단점	◦ 질문: 본인에게 맡겨진 일이 아닌데 자발적으로 맡아서 열심히 수행한 경험이 있습니까? 어떤 식으로 동기를 부여했습니까? ◦ 평가: 시키는 일만이 아닌 스스로 문제를 찾아서 해결해 나가는 적극성이 보이는가, 스스로 동기부여를 할 수 있는 인재인가
전문성 / 실행력	(1) 재학 중 전공분야 (2) 해당 직무와 적합성 (3) 문제해결 능력, 실행력	◦ 질문: 꼭 하고 싶었던 일, 성취하고 싶었던 것 중 실패한 경험이 있습니까? 실패했던 일을 재도전하여 성공시킨 경험은 있나요? ◦ 평가: 과거와 똑같은 문제를 지금 다시 담당했을 때 개선할 수 있는 점을 알고 있는가
협력 / 시너지 창출	(1) 의사소통 능력 (2) 팀워크와 리더십	◦ 질문: 자신이 가지고 있는 인적 네트워크를 활용하여 일해 본 경험이 있으시면 얘기해 주십시오. ◦ 평가: 인적 네트워크를 만들 줄 아는가, 만들어진 네트워크를 효과적으로 이용할 수 있는가

평가방법

LG CNS의 인재상 항목을 기본 면접 평가항목으로 하고, 면접위원이 자율적으로 지원자가 예상하지 못한 IT 관련 및 직무 역량 질문을 추가하여 지원자의 역량을 평가할 수 있도록 한다.

평가항목	평가세부항목	평가의견	평가등급
열정 / 도전정신	◦당사 지원동기 ◦입사 후 포부 ◦지원자의 장단점	당사에 입사하기 위해 많은 노력을 한 것으로 보이며 실제 당사의 사업 / 업무내용 등에 대한 많은 지식이 있으며, 입사 후 시스템 개발자로서 회사의 핵심인재가 될 것으로 보임.	A
전문성과 실행력	◦해당 직무의 적합성 ◦문제해결 능력 ◦재학 중 전공 분야	◦전산 비전공자이지만 교육 수강 등 IT에 대한 이해가 있음. ◦어려운 문제를 성공적으로 해결한 경험이 있으며 접근 방법이 합리적임.	A
협력 / 시너지창출	◦팀워크와 리더십 ◦의사소통 능력	◦동아리 생활에서 리더와 충돌한 경험이 있으며 이를 개선하기 위한 노력을 효과적으로 하지 못함. ◦본인의 능력은 뛰어나지만 팀웍을 이루어서 성과를 달성하는 능력은 부족함.	B–
종합 평가	OO 사업부 AA 사업담당 시스템 개발자 직무로 추천 (항목별 평가등급을 참조하여 최종판정 등급 결정)		B+
	평가등급: A(90), B+(85), B(80), C+(75), C(70)		합격

평가항목 질문 예시 및 평가 가이드

가. 열정 / 도전정신

(1) 지원동기

질문	평가 가이드
1. 당사에 입사 지원한 동기에 대해 말씀해 보십시오. 2. 당사에 입사하기 위해 언제부터 무엇을 준비해 왔는가? 3–1. [IT전공] IT업계에 대해서 알고 있습니까? 다른 IT회사도 많은데 당사에 지원한 이유는 무엇입니까? 3–2. [Non IT 진공] 당사의 매출액 / 인원 / 경쟁사 / 사업영역은 무엇입니까? 4. 당사가 원하는 인재상은 무엇이라고 생각하십니까?	1. 뚜렷한 지원동기를 가지고 있는가? 당사에 대한 로열티를 가지고 있는가 2. 당사 입사에 대한 열의가 있는가 3–1. [IT전공] IT업계를 잘 알고 있는가, 경쟁사를 제외하고 당사에 지원한 이유가 있는가 3–2. [Non IT 전공] 당사의 현황을 잘 파악하고 있는가, 지원 이후 자사에 입사하고자 노력하는 의지가 보이는가 4. 자사의 인재상에 대한 충분한 학습을 하고 왔는가

(2) 입사 후 포부

질문(예)	평가 가이드
1. 입사 후 어느 단계까지 승진하기를 원하십니까? 2. 지원분야로 입사하신 후 어떤 경력 목표를 갖고 싶으십니까? 그렇게 되기 위해서는 무엇을 어떻게 해야 한다고 생각하십니까? 3. 본인에게 맡겨진 일이 아닌데 자발적으로 맡아서 열심히 수행한 경험이 있습니까? 어떤 방법으로 스스로 동기를 부여했습니까? 4. 새로운 방법으로 무엇을 변화시킨 적이 있습니까? 혁신적인, 창의적인 시도를 하신 적이 있으면 말씀해 주십시오.	1. 당사에서 발전할 가능성이 있어 보이는가 장기근무가 가능한 인력인가 2. 구체적인 경력개발 계획을 가지고 있는가 입사 후 교육을 받은 후에 열심히 할 자세가 있는 것으로 보이는가 3. 수동적으로 시키는 일만이 아닌 스스로 문제를 찾아서 해결해 나가는 적극성이 있는가 스스로 동기부여를 할 수 있는 인재인가 4. 자신만의 창의성이 보이는가

(3) 지원자의 장단점

질문(예)	평가 가이드
1. 스스로 생각하는 자신의 성격의 장단점과 타인이 말하는 자신의 성격의 장단점을 말씀해 보세요. 2. 자신을 한마디로 요약한다면 어떤 사람인가요?	◦ 장점에 대한 구체적인 사실이 있는가 ◦ 단점을 제대로 파악하고 이로 인해 발생한 문제를 정확히 인식하고 있는가 ◦ 단점을 개선하기 위해 구체적인 노력을 하고 있는가

나. 전문성 / 실행력

(1) 재학 중 전공분야

질문(예)	평가 가이드
1-1. [IT전공] IT 트렌드에 대해서 얘기해 보세요. [non IT전공] IT 비전공자인데 엔지니어로 지원한 이유가 무엇입니까? 2. 최근 IT에 대한 신문기사나 뉴스를 보신 적이 있습니까? 구체적으로 어떤 내용이었습니까? 3. IT에 의한 생활의 변화를 체험한 경험이 있습니까? 4. IT 관련 행사(세미나, 학원, 자격증 공부)에 참여한 경험이 있습니까? 5. IT기술 또는 방향성에 대해 생각해 본 것이 있습니까?	◦ IT에 대한 기본적인 개념이 있는가 ◦ 입사지원 전 / 후에 공채 합격을 위해 어떤 노력을 했는가 ◦ 당사에 해당 직무로 입사하여 적응 및 성장할 수 있겠는가

(2) 해당 직무의 적합성

질문(예)	평가 가이드
1. 〈보유 스킬〉 JAVA를 3년 사용했다고 하는데 구체적으로 어떤 일을 해 보았는지 말씀해 보십시오. 2. 〈경력사항〉 기 재직하신 회사에서 IT업무를 1년 동안 했다고 하는데 어떤 일을 수행했는지 말씀해 보십시오. 3. 〈교육사항〉 해당 교육을 받을 때 실무에서 도움 또는 활용될 수 있겠구나 하는 것이 있었으면 말씀해 보십시오.	1. 자사에 입사해서 활용이 되는 스킬인가 수준은 적정하게 평가하고 있는가 2. 경력사항이 경력인정으로 할 수 있는 수준인가 타사 근무 시 결격사유가 보이지는 않는가(이직 사유, 조직적응 등) 3. 목적의식을 가지고 교육을 받았는가 자사에 입사해서 활용이 될 수 있는 교육인가

(3) 문제해결 능력 / 실행력

질문(예)	평가 가이드
1. 자신이 목표했던 것보다 높은 성취를 이뤘던 경우를 말씀해 주십시오. 2. 자신이 계획하고 성취하고 싶었던 것 중 실패한 경험이 있습니까? 실패했던 일을 재도전하여 성공시킨 경험은 있나요? 3. 회의에서 모든 사람의 의견을 경청하고 더 좋은 대안을 제시한 경험이 있으시면 말씀해 주십시오. 4. 귀하의 학점은 낮은데 특별한 이유가 있나요? 5. 학교 또는 조직생활에서 포상을 받은 적이 있습니까? 어떻게 좋은 성과를 이루어 해당 포상을 받으셨습니까?	1. 어려움을 해결하여 성취를 이룬 사례가 있는가 ◦ 있다면 성취 사례가 도전적인가 ◦ 문제를 해결하는 과정에서 독창성이 있는가 ◦ 목표를 달성한 사례에서 성실성이 있는가 ◦ 문제를 해결할 때 조직에서 주도적인 역할을 했는가 2. 과거와 똑같은 문제를 지금 다시 담당했을 때 개선할 수 있는 점을 알고 있는가 3. 타인의 의견을 경청하여 핵심원인을 파악하고 해결방안을 제시할 수 있는가 4. 학점관리는 성실히 했는가, 자기관리에 충실히 할 수 있는 인재인가 5. 성과를 이루어 가는 과정에서 문제해결 능력과 스트레스를 견디는 능력이 있는가

다. 협력 / 시너지 창출

(1) 의사소통 능력

질문(예)	평가 가이드
1. 자신이 가지고 있는 인적 네트워크를 활용하여 프로젝트를 수행한 경험이 있으시면 말씀해 주십시오. 2. 친한 친구들끼리 의견 다툼이 있을 때 화해를 주선해 본 경험이 있으면 상세히 얘기해 주십시오. 3. 본인 때문에 일이나 업무가 잘못 되었던 경우가 있습니까? 있다면 그 원인에 대해 말씀해 주십시오. 4. 다른 사람의 문제점을 조언하고 그 사람의 의견을 변화시켰던 사례를 말씀해 주십시오. 5. 조직과 직장생활에서 이상한 사람도 있을 수 있습니다. 이런 경우에 어떤 식으로 헤쳐 나가겠습니까?	1. 인적 네트워크를 만들 줄 아는가, 만들어진 네트워크를 효과적으로 이용할 수 있는가 2. 조정과 협상 능력이 있는가 3. 실패한 원인을 잘 파악하고 교훈으로 삼아 발전할 가능성이 있는가 4. 인간관계의 중요성을 알고 있는가, 남을 변화시킬 수 있는 능력이 있는가 5. 조직에 인화할 수 있는 능력이 있는가, 그리고 적응할 수 있는 능력이 있는가

(2) 팀워크와 리더십

질문(예)	평가 가이드
1. 조직에서 리더를 맡은 경험을 한 적이 있습니까? 리더 역할에서 어떤 교훈을 얻었습니까? 2. 동아리, 군대 등의 조직 생활에서 문제를 일으키는 인원과 같이 일한 적이 있습니까? 그 일원을 어떤 방법으로 일했습니까? 3. 조직에서 주변의 갈등을 무릅쓰고 자신의 주장을 관철시킨 사례를 말씀해 주십시오. 어떻게 갈등을 해결해 나갔습니까? 4. 조직생활에서 경험 중 좋았던 사례나 나빴던 사례 중 한 가지를 얘기해 보고 이유를 설명해 보세요. 5. 리더에게 불만을 가진 적이 있습니까? 자신이 리더를 했다면 어떤 식으로 대처했겠습니까?	1. 리더 경험이 있는가, 리더십이 있는가 2. 문제 인원에 대한 대처를 할 줄 아는가 3. 혁신적인 사고를 통해 고객을 리드할 수 있는 역량이 있는가 4. 자신의 성공 또는 실패의 원인을 정확히 파악하고 있는가 5. 어려움을 극복하면서 팀워크의 중요성과 팀원으로서의 참여를 적극적으로 했는가

LG CNS 면접 사례 분석결과

LG CNS의 면접 사례를 통해서 나타난 면접의 특징을 종합해 보면 아래와 같다.

면접질문에 대비하기 위해서는 지원하는 회사의 인재상을 연구해야 한다

인재상과 면접질문이 어떻게 결부되어 있는지 다시 한번 살펴보자.

○ 인재상의 열정과 도전정신과 연관된 면접질문은 지원동기와 입사 후 포부, 그리고 지원자의 장단점이다.

○ 인재상의 전문성과 실행능력과 결부된 면접질문은 전공과 직무적합성 그리고 문제해결 능력에 관한 질문이다.
○ 인재상의 협력과 시너지에 대한 면접질문은 의사소통, 팀워크와 리더십이다.

인재상에서 도출된 면접질문을 분석해 보면 다른 면접에서 나오는 일반적인 면접질문들과 거의 동일하다는 것을 알 수 있다. 이러한 점에서 면접을 준비할 때 일반적인 면접질문을 예상하여 준비하는 것보다 인재상에서 나올 수 있는 면접질문을 도출하여 준비하는 것이 효과적임을 알 수 있다. 왜냐하면 면접에서 나올 수 있는 수많은 질문을 준비하는 것은 시간이 많이 소요되고 면접에서 실제로 나올 수 있는 가를 확신하기 어렵기 때문이다. 그리고 실제로 많은 기업이 신입 사원을 채용할 때 면접질문은 인재상을 기반으로 구성하기 때문이다. 이렇게 기업이 신입 사원을 채용할 때 면접에서 인재상을 기반으로 질문하는 이유는 인재상은 비전과 연계되어 있고 궁극적으로 신입사원으로서 갖추어야 할 자질이 함축되어 있기 때문이다. 그래서 입사지원 시에는 지원하는 회사의 인재상을 연구하고 자신의 자질에 부합하는 인재상을 갖고 있는 회사에 지원해야 취업할 수 있는 가능성이 높다.

지원하는 회사의 산업을 분석하고 채용전략을 수립한다

LG CNS는 시스템을 개발하는 SI(System Information) 및 IT(Information Technology) 기업이다. 시스템을 개발하는 개발자(System Engineer)가 회사의 핵심 인력이다. 그런데 시스템을 개발하는 인력으로 IT 전공자만을 채용하지 않는다. 다양한 산업의 전공자를 채용한다. 이유는 고객의 시스템을 개발하기 위해서는 시스템 개발 기술보다는 고객의 산업에 대한 지식이 업무에서 더 중요한 역량이기 때문이다. 다양한 산업 전문가를 채용하여 시스템 개발 기술은 회사에 입사한 후 일정 기간 교육을 통해 시스템 개발자로 육성한다.

그래서 취업 지원전략을 수립할 때 지원자는 지원하려는 기업의 산업과 그 기업의 채용전략을 면밀히 분석해야 한다. 지원하는 기업의 산업을 파악하고 채용전략을 분석하면 그 회사의 채용 인력에 대한 보다 넓은 시야와 정보를 확보할 수 있기 때문이다.

스펙에 대한 면접질문은 없다

LG CNS의 면접 사례에서 면접질문을 살펴보면 "어느 대학을 졸업하셨습니까?" 또는 "전공은 무엇입니까?", "영어 점수는 몇 점입니까?" 등의 지원자의 스펙에 대한 질문은 없다. 지원자의 교육 항목은 지원한 직무와 관련이 있는 사항만을 질문한다. 그런데 취업 준비생은 취업을 위해서 높은 TOEIC 점수를 획득하고 각종 자격증을 취득하는데 많은 시간과 비용을 투자하고 있다. 이력서에 기재하는 스펙과 관련한 요건은 서류전형에 합격할 수 있는 점수 이상의 의미가 없다. 이것은 지원자는 지나친 스펙 쌓기에 열정을 낭비하지 않아야 함을 의미한다.

리더십, 팀워크로 일하는 방법, 문제해결 역량을 개발해야 한다

기업에 입사하기 위해서는 문제해결 능력, 리더십 개발과 팀워크로 일하는 방법을 습득하는 것이 중요하다. 기업에서 어떠한 과업도 혼자의 힘으로 해결되지 않는다. 과업의 각각의 업무는 서로 연관되어 있어서 서로 간의 공조와 협조로 과업이 달성된다.

조화로운 팀워크를 이루는 방법과 팀워크로 문제를 해결하는 방법을 습득해야 기업에 입사해서 일을 잘하는 좋은 인재가 될 수 있다. 면접에서는 이러한 역량을 가졌는가를 평가하기 때문에 이러한 역량을 개발하는데 노력해야 한다. 이 면접 사례에서도 다수의 면접질문들이 문제해결 역량, 리더십과 팀워크의 질문들로 구성되어 있다. 그러므로 평소에 이 세 가지 역량을 개발하는 데 초점을 두고 취업 준비를 해야 한다.

연구 과제

1. 자신이 지원할 회사를 선정하자. 지원할 회사의 비전, 기업문화, 장단기 목표, 상품, 경쟁회사, 매출과 손익, 해외지사, 인사제도 등에 대해서 분석해 보자. 그리고 자신의 비전과 부합하는 회사를 선정해 보자.
2. 자신이 이상적으로 생각하는 인재상에 대해서 기술해 보자. 그리고 지원할 회사의 인재상을 파악해 보자. 자신이 생각하는 인재상과 지원할 회사의 인재상을 비교해 보자. 그리고 자신이 지원할 회사의 인재상에 대한 예상 면접질문을 작성해 보자.
3. 자신이 이상적으로 생각하는 기업문화를 기술해 보자. 그리고 자신이 지원할 회사의 기업문화를 파악하고 자신이 생각한 이상적인 회사의 기업문화와 비교해 보자.
4. 자신이 지원할 직무와 직무의 직무 요건서를 작성해 보자. 직무 요건서에 의거하여 면접에서 나올 수 있는 면접질문을 작성해 보자. 그리고 그 질문에 대한 답변서를 작성해 보자.
5. 문제를 해결한 사례를 정리해 보자. 학업, 프로젝트, 친구와의 갈등, 프로젝트 성공 사례, 동아리 활동 등 자신이 활동한 것 중에서 성공한 사례를 간단히 정리해 보고, 그 사례들의 성공 요소는 무엇인지 분석해 보자.

+

Chapter 6

경력관리

+

01 + 경력관리

경력관리의 원칙

"No one is indispensable." 필수불가결한 사람은 아무도 없다.

"Begin with in end." 끝을 생각하고 시작하라.

이 두 가지가 경력관리의 핵심 원칙이다. 모든 사람은 자신이 회사에서 필수불가결한 사람이라고 생각한다. 본인이 없으면 회사가 큰 손실을 입을 것이고 이직하면 만류할 것이라고 생각한다. 그러나 회사의 생각은 다르다. 한결같이 종업원으로 회사를 위해 충성해 주기를 원하고 용도가 끝나면 퇴직해 주기를 바란다. 이것이 계약의 원칙이다. "끝을 생각하고 시작하라."는 처음과 끝이 한결같아야 한다는 의미이지만 경력관리에도 적용되는 원칙이다. 본인이 퇴직 후에 무엇을 하며 살 것인가를 생각하고 회사에서 어떤 업무를 할 것인가를 결정해야 한다. 이것은 입사 전부터 계획하고 재직 시에도 그리고 자신이 퇴직한 후에도 본인이 할 수 있는 일과 연계하여 직장에서 경력을 쌓아야 한다. 직장의 재직기간은 회사를 퇴사하여 본인이 사업을 영위하기 위한 경력을 쌓는 기간인 것이다. 회사에서의 업무와 경력이 자신의 전 생애의 목표가 될 수는 없다.

실직기간(between period)에 어떤 일을 할 것인가를 구상하라. 실직기간은 현재 직장에서 다른 직장으로 이직할 때 발생하는 무직의 기간이다.

모든 사람들은 직장에서 퇴사한다. 자의에 의해서 회사를 퇴사하거나 회사로부터 강제로 퇴직을 당하거나 둘 중의 하나이다. 장래에 대한 계획이 없이 강제 퇴직을 당했을 때 실직기간이 발생한다. 대부분 사람들이 실직기간이 발생하면 좌절하기 쉽다. 그러나 이 실직기간이 발생하면 본인이 퇴직 후에 하려던 일에 대한 준비, 교육 등을 받아야 한다. 또한 재취업을 하기 위해서 본인의 가장 부족한 역량을 개발하는 기간과 기회로 삼아야 한다. 실직기간을 어떻게 대처하느냐에 따라서 차후 본인의 사업을 현명하게 준비하는 기간이 될 수 있고 재취업을 위한 역량 개발의 시간이 될 수 있다. 재취업이던 사업을 영위하건 실직기간에 좌절해서는 안 된다. 이기간은 에너지의 충전기간이다. 누구든 회사를 퇴직하면 실직기간에 좌절하지 않는 지혜가 필요하다.

창업은 30대에 한다. 40대 이후에 창업하여 실패하면 다시 회사에 재취업하는 것은 매우 어렵다. 창업을 하려면 따라서 30대에 하는 것이 좋다. 창업을 목표로 한다면 오랜 기간의 직장에서의 경력이 창업에 필수불가결하지 않다. 창업을 하기 위한 핵심 업무를 섭렵했다면 충분하다. 창업에 대한 열망을 과감하게 실행하지 않고 시간이 지나면 회사 생활을 영위하는 것이 부담이 된다. 따라서 창업을 위해서 회사에서 자신의 사업에 핵심 기술과 업무를 습득하여 젊은 나이에 창업하라. 왜냐하면 30대 실패의 경험은 극복할 수 있으나 40대에 창업하여 실패한다면 회복하기가 어렵다. 그리고 창업은 가족과 함께 협의하고 준비한다. 가족과 배우자가 반대하는 창업은 실패할 가능성이 많기 때문이다. 그러므로 창업은 가족과 배우자와 협의하고 준비하고 창업하는 것이 좋다. 그리고 망하면 회복할 수 없는 창업은 하지 않는 것이 좋다. 창업을 위한 준비는 회사를 재직하면서 구상하라. 퇴사 후에 창업을 준비하는 것은 비용적인 측면에서 압박을 받을 수 있다. 재직기간 중에 충분히 창업에 대한 구상과 준비를 한다.

경력관리의 주체자는 회사가 아니고 자신이다. 회사에서 제공하는 교육은 직원이 업무를 잘 수행하도록 하기 위한 교육과 경력개발 계획이다. 자신을 위한 경력개발 계획과 교육 계획을 스스로 계획하고 실천해야 한다. 이를 휴가기간 동안 자신의 미래를 위한 교육에 투자한다.

본인의 핵심역량을 파악한다. 재직 중에 담당한 업무에 필요한 역량이 자신의 핵심역량인지를 파악하고 판단해야 한다. 이를 위해서 전문가의 진단을 받을 필요가 있다. 담당한 업무의 역량이 핵심역량이라면 퇴직 후에도 이 역량에 연관한 창업을 할 수가 있다. 그러나 현재 담당한 업무에 필요한 역량이 자신의 핵심역량이 아니라면 퇴직 후 창업 시에 어떠한 역량이 필요한가를 재점검할 필요가 있다.

대부분 직장 생활은 50세를 전후해서 퇴직하는 경우가 많다. 국민연금을 받을 수 있는 나이는 65세이다. 퇴직한 후에 10~15년간 자신이 영위할 수 있는 일을 준비해야 한다. 앞으로 인생의 평균나이 85세를 예상한다면 퇴직 후에 30년을 내다보고 자신의 경력을 준비해야 한다.

경력관리 마스터플랜 수립

경력관리 계획을 어떻게 수립할 것인가?

공자는 자신의 인생을 회상하면서 자신이 걸어온 길과 나이를 비교하여 다음과 같이 정의했다.

정의	나이	내용
지학志學	15세	'十有五而志于學'에서 유래한 말로 열다섯 살이 되어서 학문에 뜻을 두었음을 의미한다.
이립而立	30세	'三十而立'에서 나온 말로, 서른 살에 학문과 사물에 대한 모든 기초를 세웠다는 의미이다.
불혹不惑	40세	마흔이 되어서는 세상일에 미혹되지 아니하여 사물의 이치를 터득하고 세상일에 자신의 의지가 흔들리지 않았음을 의미한다.
지천명知天命	50세	'五十而知天命'이라 하여 쉰 살에 하늘의 뜻을 알았다고 했다.
이순耳順	60세	'六十而耳順'에서 나온 말로 예순 살에 이르러서는 인생에 경륜이 쌓이고 사려思慮와 판단判斷이 성숙하여 남의 말을 거슬림이 없이 받아들였음을 의미한다.

공자의 이러한 삶의 교훈은 경력관리에도 좋은 지침이 될 수가 있다.

15세는 중학교 2학년이다. 고등학교의 진학을 계획하는 시기이다. 이시기가 처음으로 자신의 학업 진로와 전공을 계획하는 시기이고 고등학교에서는 대학교의 전공을 결정해야 한다. 그러므로 15세 전후는 본인의 학업에 계획을 세우고 전공을 결정하는 시기이다.

30세는 대학을 졸업하고 사회에 입문하는 시기로 자신이 어떤 일을 할 것인지, 어떻게 살 것인지에 대한 삶의 진로를 설정하는 시기이다. 30세 전후는 첫 직장에 입사해서 5년 내외의 경력을 쌓는 시기이다. 이

시기가 경력 개발 계획에서 가장 중요한 기간이다. 이 기간은 전 생애 경력관리의 근간을 마련하는 시기이다. 이 시기에 해야 할 경력개발 계획에 대해서 살펴보자.

첫째, 이 시기에는 무엇보다도 평생 재직할 수 있는 회사를 결정해야 한다. 평생 다닐 수 있는 회사가 아니라면 이 시기에는 과감히 이직을 한다. 경력 5~10년의 경력자는 조직에서 가장 수요가 많은 시기이다. 신입사원으로 입사하는 것보다 이 시기에 전직할 수 있는 확률이 더 많다. 그러므로 직장에 첫 출발을 하고 5년 이내에는 평생직장을 결정해야 한다.

둘째, 장기적인 안목으로 경력개발을 계획한다. MBA나 석사, 박사를 더 할 것인가 등에 대한 진로를 모색한다. 직장에서 학비 지원이 없다면 MBA나 석사를 지원해 주는 회사를 적극적으로 탐색한다. 그리고 이러한 진로를 결정하고 40세 전까지 자신의 경력을 개발하는 데 최선을 다해야 한다. 자신의 경력의 목표, 경력경로, 이직의 횟수, 이직의 시점, 원하는 회사 그리고 경제적인 수입 등을 점검한다. 또한 외국 회사에서 경력을 쌓을 것인지, 대기업에서 경력을 쌓을 것인지, 벤처에서 경력을 쌓을 것인지에 대한 로드맵을 구체화한다. 공자가 말한 30대, 이립의 나이에 자신의 경력관리의 마스터플랜을 설계하고 실천해야 한다.

40세는 불혹의 나이로 세상일에 미혹돼서는 안 되는 나이이다. 대기업에서 40세 초중반에 임원으로 승진한다. 본인이 임원으로 승진할 수 있는 명확한 비전을 세워야 한다. 임원으로 승진이 어렵다면 다른 회사로의 전직을 타진해 볼 수 있는 마지막 시기이다. 40세 이전에 전직을 시도하고 40세 이후에는 전직을 하지 않는 것이 좋다. 불혹이라는 뜻은 외부의 유혹이 많다는 뜻으로 이해할 수 있다. 기업은10년 내외의 유능한 경력자가 스카웃 대상이다. 따라서 본인이 설계한 경력관리 기준에서 흔들리지 말고 초심으로 전진해야 한다. 이직에서 많은 실패를 하는 경우 대부분 40대에서 경력관리를 잘못한 경우이다. 이직은 40세 이전에 하고 40대 이후는 재직하는 회사의 임원으로 승진하여 퇴직하는 것을 목표로 한다. 40대 이후 이직의 기회는 줄어든다. 최고 경영자까지 목표로 한다면 회사에서 10년 이상 재직해야 임원으로 승진하고 최고 경영자가 될 수 있다. 더구나 대기업의 임원은 외부에서 영입하는 경우가 적으므로 대기업에서 벤처기업, 중소기업으로 이직은 신중을 기해야 한다. 대체적으로 최초의 이직 시점은 입사하여 5~10년 이내에 가장 많이 주어지고 다음의 이직 시점은 10~15년 내에서 기회가 주어지므로 15년 이내에서 이직이 세 번 이내에서 한정하는 바람직하다고 할 수 있다. 이후에 이직의 기회가 있다면 임원으로서 그리고 최고 경영자로서의 이직의 기회를 탐색할 수 있을 것이다.

50의 나이는 지천명으로 하늘의 뜻을 알아야 할 시기이다. 이제까지 자신의 경력관리를 잘했다면 이 시기는 결실을 맺는 시기이다. 이 시기는 전직의 기회나 재취업의 기회는 거의 희박한 시기이다. 하늘의 뜻은 곧 자신으로부터 비롯된 결과의 산물이다. 이 시기는 이제까지 본인의 경력관리를 잘했다면 마지막으로 재직회사에서 좋은 결실을 맺을 수 있을 것이며 또한 더 좋은 기회가 주어질 수 있는 기회이다.

자신의 경력개발을 어떻게 점검할 것인가?

○ 자신의 경력을 1년에 한 번씩 주기적으로 점검한다

자신의 비전을 수립하고 경력관리를 정기적으로 점검하는 것이 경력관리의 비결이다. 일년에 1회씩 자신의 목표를 점검한다. 자신의 목표를 달성하지 못했다면 그 원인을 찾아서 목표를 수정해야 한다. 그리고 수정한 목표에 대한 새로운 실행과제도 설정해야 한다.

목표를 달성했으면 한 단계 높은 목표를 설정하여 경력개발을 한다.

○ 경력관리 Matrix를 설계한다

20, 30, 40, 50대의 각 시기별 자신의 목표의 이정표를 설계하고 가장 중요한 목표를 어떻게 달성했는지에 대해서 정기적으로 점검한다.

〈경력관리 Matrix〉

경력관리 핵심 사항	20대 후반~ 30대	30~40대	40~50대
입사			
MBA / 석박사			
이직			
연봉			
창업			

○ 자신의 경력관리을 자문받을 수 있는 그룹을 만든다

이직, 창업 등 경력의 중요한 이슈를 혼자 결정하는 것은 위험에 빠질 수 있다. 대부분의 사람들이 직장 생활에서 어려움에 처했을 때 홀로 이직을 결정하거나 문제를 혼자 해결하는 경우가 많다. 승진에 누락되었거나 성과를 달성하지 못했을 때 좌절하는 경우가 많다. 자신을 스스로 객관적으로 자신을 바라보지 못하고 문제의 원인을 판단하지 못하기 때문이다. 따라서 자신에게 객관적으로 문제를 인식시켜 주고 해결안을 코치해 줄 수 있는 자문그룹을 만들고 경력의 중요한 사항에 대해서 그들의 자문을 받는 것이 필요하다.

○ 경력관리에서 터득한 교훈(lessons learned)을 기록한다

자신의 경력관리에서 성공과 실패에 대해서 원인을 분석하고 기록한다. 실패는 성공의 어머니이다. 모든 위대한 사람은 실패로부터 교훈을 얻었다. 실패와 성공의 차이는 실패한 원인으로부터 교훈을 얻느냐 얻지 못하는가에 있다. 자신이 목표로 한 이직, 승진 등을 달성하지 못했을 때 바로 그 실패원인을 기록하고 분석하여 교훈을 얻고 장래 경력관리를 위한 타산지석으로 삼아야 한다.

○ 끊임없이 좋은 경력관리 사례를 벤치마킹하고 경력 목표를 개발한다

자신과 동일한 경력을 가진 사람들의 성공 케이스를 끊임없이 벤치마킹한다. 그리고 자신의 경력 목표와 달성방법에 반영하고 수정한다. 자신의 경력목표를 달성하기 위해서는 다른 사람이 목표를 달성한 방법을 학습하고 그것을 교훈으로 삼을 수 있어야 한다.

실직기간(between period)의 경력관리

실직기간은 재직하던 회사를 퇴사하고 새로운 직장에 취업하기 전까지의 미취업 기간을 의미한다. 현 직장에서 새로운 직장에 스카우트돼서 이직하는 경우는 실직기간이 발생하지 않지만 새 직장을 구하지 못하고 현재 직장을 퇴사한 경우에는 새 직장에 취업하기까지 실직기간이 발생한다. 실직기간을 어떻게 관리하는가는 재취업할 수 있는 중요한 요소 중의 하나이다. 왜냐하면 실직기간에 재취업을 포기하는 경우와 재취업을 위해서 적극적으로 대처하는 경우는 그 결과가 상반되기 때문이다. 실직기간은 크게 두 가지 유형이 있고 그 유형별로 어떻게 대처해야 하는지에 대해서 살펴보자.

첫째의 경우는 회사가 경영상의 사유로 해고를 했을 때 자발적인 의사로 회사의 명예퇴직(Early Retirement Plan)에 지원하여 퇴사하여 실직기간가 발생하는 경우이다. 이 경우 퇴직자는 대부분 실직기간을 능동적으로 대처한다. 자신이 회사에서 퇴직을 당한 경우가 아니고 자발적으로 퇴직을 신청하고 적정한 보상을 받고 전직을 능동적으로 대처하기 때문이다. 둘째 경우는 본인의 의지와는 상관없이 회사가 경영상의 악화 등으로 인해서 강제 퇴직을 당하는 경우이다. 이 경우는 실직기간을 대처하는 태도가 대체적으로 소극적이고 좌절하는 경우가 많다. 직급이 올라갈수록 구직하기 어려워서 더욱 좌절하는 경우가 많다.

그러나 어떠한 경우에서도 이러한 실직기간을 적극적으로 대처해야 한다. 실직기간이 발생했을 경우 어떠한 일을 해야 할 것인지에 대해서 사전에 계획을 세워두어야 한다. 이러한 실직기간에 할 수 있는 일들은 다음과 같다.

외국계 회사에 재취업을 목표로 할 경우 외국어 능력을 개발하는데 매진해야 한다. 국내 대기업에서 퇴직하고 많은 경우 외국계 회사에 지원한다. 대기업 경력자는 외국계 회사에서 채용 수요가 의외로 많다. 그것은 국내 대기업 경력자가 프로젝트 경험이 많고 조직에 대한 충성도가 높고 목표 달성에 열정적이기 때문이다. 그러나 대기업 경력자들이 외국계 기업에 입사하지 못하는 이유는 대부분 영어 의사소통이 어렵기 때문이다.

그래서 외국계 회사의 재취업을 목표로 한다면 실직기간이 발생하면 외국어 실력을 연마하는데 진력해야 한다. 외국계 회사에 입사하기 위해서는 첫째로 외국어 실력이 필요하기 때문이다. 해외 어학연수를 가서 일정기간 한국어를 한마디도 하지 않고 강훈련하는 것은 권고할 만한 방법이다.

다음으로 일정한 프로젝트를 수행한다. 일정한 프로젝트에 컨설턴트 업무를 수행하는 것이다. 평소 프로젝트를 수행하는 곳과 일정한 네트워크를 갖고 있다면 이러한 기간에 일정 프로젝트를 수행한다.

그리고 비교적 경력기간이 짧은 경우 퇴사했다면 실직기간에 MBA 과정을 입학하는 것도 좋다. 해외이든 국내이든 MBA과정을 졸업하면 더 나은 직장으로 재취업하는 것은 어렵지 않다. 학력은 차후에 본인의 경력에서 좋은 플러스 요인으로 작용한다. 나이가 젊고 커리어가 많지 않다면 명예퇴직으로 인한 퇴직이든 강제퇴직이든 MBA입학은 좋은 대안이다.

마지막으로 실직기간이 어느 정도가 될지 그 기간을 스스로 예측하기 어렵다. 짧은 기간일 수도 있고 그 기간이 길어질 수도 있을 것이다. 따라서 실직기간이 길어질 경우의 경력 단절을 예방하는 것이 중요하다. 보통 회사를 퇴사하고 6개월 이상의 경력 단절이 있다면 다음 직장에 재취업하는 데 어려움이 많다. 이렇게 실직 기간이 길어질 경우 선배나 지인의 회사에 가급적 적을 두고 있는 것이 좋다.

이상에서 실직기간에 대처하는 방법을 살펴보았다. 평소 자신이 실직기간에 처했을 때 어떻게 할 것인지에 대해서 계획을 세우고 실직기간에 처했을 때 계획대로 실천하여 슬기롭게 이 기간을 극복해야 한다.

02 + 이직관리

이직을 결정하는 요인

같은 회사에서 어떤 사람은 오랜 재직하는 반면 어떤 사람은 이직을 한다. 이직을 결정하는 요소들은 무엇일까?

이직에 영향을 미치는 요소는 크게 인간관계, 직무 만족도, 조직 시스템과 조직문화가 있다. 첫째, 인간관계는 조직에서 사람과의 관계가 얼마나 원활한가의 정도이다. 둘째, 직무 만족도는 자신이 하는 일에 얼마나 만족하여 직무를 수행하는가의 정도이다. 마지막으로 조직문화는 조직의 구성원들의 공통의 의미체계 또는 일이 이루어지는 방식이다. 회사의 인프라스트럭처(infrastructure)가 얼마나 잘 구축되어 있는지, 구성원들이 일하는 스타일과 회사에 대한 공유 의식의 정도이다.

그러면 인간관계, 직무 만족도, 그리고 조직문화는 어떻게 서로 상관관계를 갖고 이직에 영향을 미치는지 살펴보자.

인간관계와 이직

사람은 이타적인 스타일과 자기중심적인 스타일이 있다. 그리고 긍정적인 스타일과 부정적인 스타일이 있다. 이직은 대개 부정적인 사람 그리고 자기중심적인 사람일수록 많다. 이러한 사람들은 조직 적응력이 낮기 때문이다. 그리고 부정적일수록 좋지 않은 회사로 이직한다. 조직은 변화시킬 수 없다. 긍정적인 사람은 조직에 적응하여 발전하지만 부정적인 사람은 조직에 부적응하며 발전하지 못한다. 이로 인해서 더 좋지 않은 회사로 이직하는 경우가 많다. 긍정적인 사람은 조직에서 자신을 발전시키는 데 초점을 두지만 부정적인 사람은 조직에 적응하지 못하고 조직이 자신을 위해서 변화해 줄 것을 기대하거나 그렇지 못할 경우 이직을 하게 된다. 그래서 인간관계와 조직의 적응력과 이직은 서로 상관관계를 갖고 있다. 조직에 대한 적응력이 낮고, 이직이 많을 경우 자신의 인간관계에 대해서 먼저 살펴보는 것이 좋다. 사람관계적인 직무에서 사람과의 관계가 부정적이고 자기중심적일 때 이직의 횟수가 더 많다고 볼 수 있다.

직무만족도와 이직

- 직무 만족도의 요소에는 직무의 창조성, 승진, 고과 결과, 업무에서의 성공과 인정, 프로젝트 경험 등이 있다.

○ 경력이 짧을 경우가 경력이 긴 사람보다 직무 만족도가 낮으면 이직의 확률이 높다. 이것은 직급이 높을수록 조직에서 사람과의 관계가 더 중요하고 직급이 낮을수록 직무의 만족도가 사람과의 관계보다 더 중요하기 때문이다.

○ 사람관계적인 직무를 담당하는 사람이 업무 중심적인 직무를 담당하는 사람에 비해서 이직의 횟수가 많다. 대체적으로 사람관계적인 마케팅 업무의 사람이 직무 중심적인 기술연구의 직무의 사람보다 이직률이 높다.

조직문화와 이직

조직문화에 영향을 미치는 중요한 요소는 의사 결정 프로세스, 인사 시스템, 최고 경영자의 리더십 등이다. 사람과의 관계가 부정적인 사람이 조직의 시스템이 후진적인 회사로 이직하면 재직기간이 점차 짧아지고 이직횟수가 많아진다.

자신이 사람과의 관계가 좋지 않지만 시스템이 잘된 회사에 이직하면 재직기간은 조직문화가 상대적으로 후진적인 회사에 재직했을 때보다 길어진다. 가장 근무기간이 길어지는 조건은 직무에 대한 만족도가 높고 사람과의 관계가 좋으며 그리고 시스템이 잘 갖추어진 회사에서 재직했을 경우이다.

이러한 세 요소의 지표에는 어떤 것이 있는지 살펴보면 아래와 같다.

〈이직에 영향을 미치는 요소들〉

No	이직 요소	상세 지표	자기 평가				
1	인간관계	리더십 지표	1	2	3	4	5
		고객 만족도	1	2	3	4	5
		사람과의 갈등 횟수	1	2	3	4	5
		의사소통 만족도	1	2	3	4	5
2	직무 만족도	고과 결과	1	2	3	4	5
		직무 만족도	1	2	3	4	5
		승진여부	1	2	3	4	5
		프로젝트 성공 여부	1	2	3	4	5
3	조직문화	고객만족도	1	2	3	4	5
		의사결정의 투명성	1	2	3	4	5

위의 상세지표를 이용해서 자신을 평가해 보자. 그리고 자신이 이직의 고려 요인은 무엇인지 그 요소들이 이직 후에 극복되었는지에 대해서 평가해 볼 수 있다. 평가한 결과에 대해서 다음과 같은 결론을 얻을 수 있다.

- 이직을 할 경우 자신이 가졌던 불만족 지표가 개선되어야 한다. 이직을 했으나 전 직장에서의 불만족했던 지표가 이직한 직장에서도 개선되지 않았다면 이직 요소를 다시 한번 점검해 볼 필요가 있다.
- 이직한 요소가 개선되지 않았다면 이직할 때 이직할 회사에 대한 분석을 잘못한 경우이다. 이직할 때 전 직장에서 불만족한 지수에 대해서 이직할 회사에 대해서는 충분히 분석을 해야 하기 때문이다.
- 특히 인간관계의 지표가 이직 후에 개선되지 않았다면 자신의 인

간관계 지표에 대해서 재고가 필요하다. 인간관계 지표는 외부 변수가 아닌 내부 변수로 자신이 통제해야 할 지표이기 때문이다.

- 이직의 계획과 이직 요소를 파악하고 자신이 이직했을 때 지표들이 개선되었는지 분석하고 자신의 개선점을 모색해야 한다. 왜냐하면 이러한 과정을 통해서 자신의 경력개발을 성공적으로 달성할 수 있는 길이 될 것이기 때문이다.

이직의 법칙

성공하는 이직과 실패하는 이직의 차이점은 무엇일까? 성공한 이직은 자신이 재직한 회사에서 경력 목표를 달성하고 또 다른 목표를 위해서 이직하는 경우이다. 이러한 이직은 목표가 있는 이직이다. 실패하는 이직은 자신의 경력 목표를 달성하기 보다는 재직하고 있는 회사가 싫어서 이직하는 경우이다. 회사가 싫어도 자신이 그 회사에서 목표했던 경력 목표를 달성하는 것이 더 중요하다. 경력목표를 달성하기보다 회사가 싫어서 이직하는 경우에 이직에 실패할 경우가 많다. 그러한 경우 이직이 많아지고 재직기간이 더 짧아져서 결국 실패하는 경력이 된다.

그래서 이직에 실패하지 않기 위해서 이직에 대한 원칙을 세울 필요가 있다. 다음은 성공적인 이직을 위해서 고려해야 할 원칙들이다.

자신의 경력 목표와 부합했을 때 이직한다

이직은 자신의 경력 목표를 달성해 가는 과정과 부합해야 한다. 이직을 통해서 직무에 대한 권한, 책임, 연봉, 교육기회 등의 확대가 이루어지고 그래서 자신의 최종 경력 목표와 부합해야 한다. 자신의 경력 목표와 다른 경우 이직하지 않는 것이 좋다.

연봉이 이직의 첫 번째 사유가 돼서는 안 된다

연봉 인상이 이직의 첫째 사유가 돼서는 안 된다. 팀장 이하의 연봉은 차이가 많지 않다. 중견기업의 경우 대기업보다 연봉을 많이 주고 스카우트하는 경우가 있다. 그러나 이러한 경우 이직한 회사의 임원의 급여는 대기업의 임원보다 현저히 낮다. 그리고 권한과 책임도 낮다. 회사에서 경력개발의 목표는 임원이나 최고 경영자가 되는 것이므로 이직한 회사의 임원으로 승진했을 때 처우를 파악하여 비교해야 한다. 이직하는 회사의 연봉만 높다고 이직해서는 안 된다. 팀장 이하의 이직에서는 연봉이 아니라 본인의 경력개발의 최종 목표에 부합해야 한다.

좋은 회사로 이직한다

좋은 회사로 이직해야 한다. 자발적인 이직일 경우 현재의 회사보다 안 좋은 회사로 이직하는 것은 좋지 않다. 현재보다 좋지 않은 회사로 이직하여 이직에 실패한 경우가 많다. 이류 회사에서 일류 회사로 다시 돌아오는 것은 매우 어렵다. 이직할 때는 현재의 회사보다 더 좋은 회사로 이직해야지 더 안 좋은 회사로 이직하지 말아야 한다.

이직의 횟수는 적을수록 좋다

몇 번 이직하는 것이 좋은가? 이것에 대한 답은 자신이 이상적으로 생각하는 회사를 찾을 때까지 이직한다. 이직을 적게 하여 그런 회사를 찾는 것은 더욱 좋다. 그러므로 이직의 횟수를 최소한으로 하고 자신에게 최선의 회사를 찾아야 한다. 잭 웰치는 GE에 신입사원으로 입사하여 최고 경영자로 퇴직했다. 한 회사에 입사하여 자신의 경력 목표를 달성하고 그 회사에서 퇴직하는 것이 경력관리의 가장 이상적인 모델이다.

정규직에서 비정규직으로 이직하지 않는다

정규직에서 비정규직으로 이직하지 않는다. 비정규직에서 정규직으로의 전환하는 것은 매우 어렵다. 특히 외국 회사의 경우 비정규직에서 정규직 전환은 본사에서 승인을 받아야 전환이 가능하다. 그래서 비정규직에서 정규직으로의 전환이 어렵다. 따라서 정규직에서 비정규직이나 계약직으로 이직하지 말아야 한다.

입사하는 회사와 고용계약서 체결한 후 재직하고 있는 회사에 사직서를 제출한다

이직 시 입사하는 회사와 반드시 고용 계약서를 체결한 후에 재직하고 있는 회사에 사직서를 제출한다. 이직 시 입사할 회사와 고용 계약서를 체결하지 않고 입사가 취소될 경우 입사가 취소된 것에 따른 불이익을 법적으로 보호받을 수 없다. 그리고 입사할 회사의 입사가 취소되고 현재 재직 회사에 퇴직서를 제출했을 경우 직장을 잃을 수 있는 불행한 경우가 발생할 수 있다. 따라서 이직할 경우 전직할 회사와 고용 계약서를 체결하고 현재 재직하고 있는 회사에 사직서를 제출한다.

시스템이 결여된 회사로 이직하지 않는다

시스템이 결여된 회사로 이직하지 않는다. 시스템이 결여된 회사는 시스템적으로 사고하지 않으며 시스템적인 결정을 하지 않는다. 좋은 아이디어를 제안해도 합리적인 논의와 결정을 하지 않는다. 시스템이 결여된 회사의 특징은 의사결정을 오너의 결정에만 의존하며 오너의 이익과 배치되는 결정을 하지 않는다. '자식과 마누라만 빼고 다 바꾸라.'는 혁신적 사고체계가 없다. 합리적인 경영을 하지 않으므로 시스템을 갖출 필요가 없다. 그러므로 시스템이 결여된 회사로 이직은 하지 않는 것이 좋다.

안정적인 회사로 이직한다

이직은 안정적인 회사로 한다. 그래서 벤처나 중견기업에서 대기업이나 외국계 회사로 이직하는 것이 바람직하다. 외국계 회사나 대기업에서 벤처나 중견기업의 이직하는 경우에 경력을 망치는 경우가 많다. 왜냐하면 시스템이 잘 갖추어진 대기업이나 외국계 회사에서 그렇지 못한 회사로 전직했을 때 적응에 실패할 확률이 높기 때문이다. 시스템이 잘 갖추어진 외국계 기업이나 대기업에서 중견기업이나 벤처기업으로 이직하는 경우 잘 적응하지 못한다. 따라서 이직의 경로는 중견기업이나 벤처기업에서 대기업이나 외국계 기업으로 이직하는 것이 좋다.

선배를 따라서 이직하지 않는다

사람을 따라서 이직하지 않는다. 현재 직장의 선배가 이직해서 스카우트 제의를 할 경우 따라가지 않는 것이 좋다. 인정이나 사람관계에 의해서 이직하는 것은 위험성이 많다. 이직하는 회사가 어떤 회사인지, 성장성이 있는가 등을 면밀히 분석하고 이직을 결정해야 한다. 이직은 사람간의 인정에 의한 것이 아닌 이직할 회사를 객관적으로 평가하고 그 회사가 장래성이 있는가를 판단하고 결정해야 한다.

권한이 부여된 회사로 이직한다

팀장 이상으로 이직하는 경우 의사 결정 권한이 없는 회사로 이직하지 않는다. 의사 결정 권한이 없으면 일에 대한 결정 권한이 없어 업무에서 성과를 낼 수 없다. 팀장이상으로 이직할 경우 어느 정도의 권한이 있는지를 파악하고 이직을 해야 한다. 예를 들어 마케팅 팀장으로 이직할 때 이직하는 회사의 마케팅 부서의 연간 예산이 어느 정도인지 자신이 팀장으로서 전결권한이 어느 정도 있는지에 대해서 사전에 파악한다. 이직 후 이러한 전결 권한이나 예산이 없다면 실제적으로 성과를 낼 수가 없기 때문이다. 따라서 리더 이상, 즉 팀장 이상으로 이직할 경우 업무의 권한, 책임, 전결권, 예산의 범위 등을 파악하고 이직을 결정한다.

경영권 분쟁이 있는 회사로 이직하지 않는다

중견기업이나 중소기업으로 이직하는 경우 2세에게 경영권이 이양되어 있지 않은 회사로는 이직하지 않는다. 이러한 회사는 대부분 오너가 2세에게 경영권을 위양하지 않아 2세가 경영을 자율적으로 할 수 없는 경우가 많다. 그래서 업무의 권한이 주어지지 않는 경우가 많다. 현대와 같은 대기업도 왕자의 난이 있었던 것을 생각하면 소규모 규모의 회사는 이러한 일이 비일비재할 수 있다. 그러므로 2세에게 경영권이 완전히 이양되지 않은 회사로 전직은 피해야 한다.

이직하는 회사의 정보는 스스로 파악한다

이직하는 회사에 대한 정보는 헤드헌터에게 전적으로 의존하지 말고 스스로 파악한다. 자신이 스스로 파악할 정보와 헤드헌터에게 얻을 수 있는 정보를 구분하고 자신이 파악해야 할 정보는 스스로 파악하고 판단한다. 연봉, 직무 기술서, 회사의 정보 등의 기초적인 정보는 헤드헌터를 통해서 얻는다. 그리고 지원하는 포지션이 오픈된 사유, 공석이 자주 발생했다면 그 사유를 자신이 직접 파악하고 확인한다. 같은 포지션이 반복적으로 오픈된 경우는 그 포지션에 잠재된 위험이 많다. 이런 포지션의 경우 자주 오픈되는 사유를 본인이 직접 확인하고 이직을 결정해야 한다. 중요한 정보는 그 직장의 선배나 동료 등 모든 채널을 통해서 본인이 직접 확인하고 판단해야 한다. 회사의 문화, 리더의 스타일 등도 본인이 직접 파악해야 한다.

고용계약서를 체결하고 입사하지 않는 경우 헤드헌팅 비용을 배상해야 한다

판례에 의하면 헤드헌터를 통해서 이직을 한 경우 고용계약서를 체결하고 입사하지 않으면 헤드헌터가 고객으로 받는 헤드헌팅 비용(head hunting fee)를 지원자가 대신 배상해야 한다는 사례가 있다. 고용 계약서에 서명한 것은 지원한 회사에 입사하겠다는 책임이며 약속이다. 이 약속을 이행하지 않는 것은 본인의 귀책사유이다. 고용 계약서를 체결하고 본인의 사유로 입사를 취소한 경우 헤드헌터가 고객으로 받을 헤드헌팅 비용을 지원자가 배상해야 함을 유념해야 한다.

채용 프로세스를 확인하라

이력서를 송부한 후 수신자에게 이력서 수신여부를 반드시 확인한다. 인터뷰 후에는 인터뷰 결과를 확인한다. 이력서를 송부하고 이력서의 수신 여부나 면접 후 면접 결과를 문의하는 것은 지원자가 지원한 회사에 입사하고자 하는 열망의 표시이다. 이러한 지원자에게는 지원 회사나 추천한 헤드헌터는 신뢰감을 갖게 된다. 채용 프로세스마다 헤드헌터나 인사담당자와 신뢰를 주는 것이 중요하므로 채용 프로세스가 끝날 때마다 그 결과에 대해서 문의해야 한다.

헤드헌터의 사전 인터뷰(pre-interview) 요청에는 반드시 응한다

헤드헌터가 지원 회사에 추천하기 전에 사전 인터뷰를 요청할 경우 인터뷰에 응한다. 헤드헌터가 추천회사와 인터뷰 전에 사전 인터뷰를 원하는 것은 후보자를 추천했을 때 합격할 수 있는 가능성이 높기 때문이다. 따라서 헤드헌터가 사전 인터뷰를 원할 경우 반드시 사전 인터뷰에 응하고 면접에 대한 정보를 충분히 얻는다. 그리고 무엇보다도 헤드헌터와 신뢰관계를 구축할 수 있는 기회이므로 헤드헌터의 사전 인터뷰에는 꼭 응하도록 한다.

이직은 혼자 결정하지 않는다

이직은 혼자서 결정하지 않는 것이 좋다. 이직을 계획할 때 본인의 이직에 대해서 모니터링 그룹으로부터 객관적인 의견을 청취할 필요가 있다. 특히 인간관계에 의해서 이직하는 경우 주위 사람들의 의견을 겸허하게 청취할 필요가 있다. 자신의 인간관계 스타일을 파악하고 갈등의 원인이 본인으로부터 야기되지 않았는지를 살펴볼 필요가 있다. 자기의 결정이 완벽하지 않을 경우가 있음으로 이직에 대해서 멘토의 조언을 들을 필요가 있다.

연봉협상은 한 번으로 끝낸다

지원하는 회사와 연봉 협상은 한 번으로 끝낸다. 지원하는 회사의 연봉에 대해서 지원할 때 헤드헌터나 채용담당자를 통해서 충분히 정보를 파악해야 한다. 그리고 면접에 합격한 후에 연봉을 협상할 때는 한 번에 종결한다. 두 번 이상 연봉을 협상하면 지원회사로부터 신뢰감을 잃는다. 사전에 연봉에 대해서 정보를 파악하고 분석을 한 후 연봉협상은 한 번에 종결하는 것이 좋다.

성공하는 이직 프로세스는 어떤 것인가?

성공적으로 이직하기 위해서는 이직 프로세스에서 세 가지 성공 요소가 필요하다. 첫째, 좋은 이직 기회를 포착하고, 둘째, 좋은 회사로 이직해야 하고 셋째, 이직하는 회사에서 성공할 수 있도록 새로운 환경에서 잘 적응해야 한다. 이 세 가지 요건에 대해서 상세히 살펴본다.

좋은 이직 기회를 포착한다

과거에는 각 기업들이 경력사원을 채용할 때 공개적으로 채용을 했으나 최근에는 전문적인 서치펌(search firm)을 통해서 비공개적으로 채용한다. 이것은 자기 회사의 비즈니스를 이해하는 서치펌에 채용을 대행시킴으로써 유능하고 전문적인 인재를 채용할 수 있고, 회사의 비즈니스에 관련한 비밀이 경쟁사에게 노출되는 것을 회피하기 위해서이다. 신규 사업의 핵심인력을 채용하는 것은 회사의 중요한 비밀로 경쟁사에 노출시키는 않는 것이 좋기 때문이다. 새로운 사업에 신규인력을 채용하는 것을 경쟁사에 노출시키면 그러한 사업의 일부 전략을 노출시키는 것이 되기 때문이다.

이직 희망자의 입장에서는 이직할 때 자기 분야에 전문적인 헤드헌터를 통해서 자신이 원하는 회사를 소개받고 자신이 원하는 직장으로 이직할 수 있다. 이를 위해서 자신의 분야를 잘 아는 헤드헌터와의 충분하고 일정한 기간의 신뢰를 쌓아서 좋은 이직의 기회를 포착해야 한다. 헤드헌터는 그들의 고객에게 훌륭한 인재를 추천해야 하므로 좋은 인재를 확보하는 것이 그들의 역할이다. 이러한 헤드헌터에게 이직 희망자는 자신이 유능한 인재 풀(pool)로 확보되어야 한다. 그리고 헤드헌터와 신뢰를 형성하고 자신의 역량을 헤드헌터에게 확신시켜야 한다. 자신은 어떠한 분야에 남다른 역량을 보유하고 있는지, 성공 사례가 어떤 것이 있는지, 그리고 앞으로의 포부가 무엇인지에 대해서 헤드헌터와 충분한 교감을 갖고 상호 간 신뢰관계를 유지해야 한다. 그렇게 함으로써 헤드헌터는 고객의 오픈 포지션에 가장 신뢰하는 자신을 1순위로 추천하게 될 것이다. 그래서 이직에 성공하기 위한 첫째 성공 요소는 헤드헌터와 신뢰관계를 쌓고 자신이 원하는 이직의 기회를 포착하는 것이다.

〈이직 기회의 포착방법〉

	실패할 가능성이 많은 방법	바람직한 방법
이직 방법	퇴사 시, 새 직장을 찾는다.	이직은 장기적으로 계획한다.
헤드헌터 선정	퇴사할 때 헤드헌터를 찾는다.	자신을 신뢰하는 헤드헌터와 유대를 쌓고, 좋은 이직기회를 포착한다.
취업회사 선택	이직할 회사를 헤드헌터에 전적으로 의존한다.	이직할 회사를 헤드헌터로부터 꾸준히 정보를 얻고 추천받은 회사를 분석한다. 자신이 이직할 최고의 회사인가를 스스로 판단한다.

자신이 직접 이직하는 회사의 정보를 파악하라

조선시대 인조는 광해군 다음으로 반정으로 임금으로 등극했다. 본래 적자의 소생이 아니어서 임금이 된 후에도 이에 대한 열등감이 많았고 주위 사람을 불신했다. 소현세자는 인조의 장자로 세자에 책봉되어 1636년 병자호란이 일어나 인조가 삼전도에서 항복한 이후 청나라에 인질로 끌려갔다. 소현세자는 그 후 9년간 심양에서 머물면서 많은 서양 문물을 접하고 새로운 문물에 눈뜨게 된다. 예수회 선교사 아담 샬을 만나 서양 역법과 과학에 관련된 지식을 전수받았고 천주교 사상에 눈뜨게 된다. 소현세자는 평등의 사상인 가톨릭 정신과 과학이 세상을 변화시키는 원리와 이념이고 조선이 만물과 우주의 근간으로 여기는 주자학은 낡은 학문에 지나지 않음을 깨닫게 된다. 그리고 1644년 볼모의 처지에서 석방되어 그리던 고국에 귀환한다. 이때 많은 서양 문물, 서적 등을 갖고 들어왔으며 청나라의 가톨릭 신자들과 함께 귀국한다.

그러나 인조는 이러한 사상을 갖고 돌아온 소현세자가 왕위를 계승하게 되면 조선을 괴기하게 바꿔놓을 기인처럼 생각했고 자신의 왕위를 찬탈할 위험한 인물로 생각한다. 청이 소현세자를 소군으로 부르고 인정한 점 등도 인조에게는 그러한 인물로 비추어진 것이다. 이후 소현세자는 고국에서 2달 만에 병을 얻게 되고 침을 맞고 죽게 된다. 인조실록에는 소현세자의 부인인 강 씨의 친척이 소현세자의 주검을 보고 7개의 혈에서 출혈이 있었다고 기록되어 있어 소현세자가 타살된 것이 역사적 사실로 인정되고 있다.

또한 알프레드 히치콕의 〈새〉라는 영화를 보면 소현세자의 역사적 사실과 더불어 우리가 이직을 어떻게 해야 하는가에 대한 팁(tip)을 얻을 수 있다.

이 영화에서 새들이 자신들의 영역에 새를 들여온 사람을 공격하여 사망에 이르게 한다. 새들은 그들의 기존의 영역을 지키고 생존하기 위해서 자신의 영역에 들어온 존재를 공격한다. 동물이나 사람이나 자기가 있는 새로운 영역에 타인이 들어올 때 그 조직의 사람들은 생존하기 위해서 그들의 영역을 사수한다.

그래서 새로운 조직에 들어갈 때 그 조직의 사람들은 어떤 사람들인가, 그리고 조직문화는 어떤가를 먼저 파악해야 한다. 그리고 자신이 들어가는 새로운 조직에서 살아남을 수 있는지 없는지에 대해서 판단해야 한다. 만약 새로운 조직에서 살아남기 어렵다고 판단된다면 이직을 포기해야 한다. 그래서 이직 시에는 새로운 조직에 대해서 자신이 직접 정보를 파악하고 판단해야 한다.

- 자신의 리더는 어떠한 사람인가?
- 이직하는 회사의 조직문화는 어떠한가?
- 그 조직에 이직해서 충분히 나의 가치를 창출할 수 있을 것인가?

첫째, 리더에 대해서 이직하는 회사의 최고 경영자가 인재 육성에 대한 확실한 철학을 갖고 있는 사람인가를 파악한다.

삼성의 이건희 회장의 인재론 중에서 메기론이 있다. 어항에 메기를 넣으면 다른 물고기들이 메기에게 잡혀 먹히지 않기 위해서 더욱 강해진다는 이론이다. 그래서 조직을 활성화시키고 더욱 강하게 만들기 위해서 메기를 넣는다는 것이다. 강한 회사는 외부의 인재를 받아들이는데 개방되어 있다. 다른 물고기가 메기를 잡아먹지 않도록 최고 경영자가 메기를 보호해 준다. 반면 폐쇄된 회사는 잡아온 메기를 보호하지 않는다. 다른 물고기가 메기를 헐뜯을 때 최고 경영자는 메기를 보호하지 않는다. 이것은 암암리에 최고 경영자의 권한을 침범하는 것을 거부하고 다른 물고기와 함께 어항 속의 메기를 버리게 되는 것이다. 이건희 회장은 삼성이 지금이 최대의 위기시대로 10년 내에 삼성도 없어질 수 있음으로 회사의 모든 관습을 버려야 한다고 주문했다. 관습을 버려야 한다는 것은 최고 경영자가 본인의 사심과 이익을 위해서 관습을 버리고 회사를 위한 가치체계를 새롭게 혁신하라는 의미이다. 언제나 조직을 개방하라는 뜻으로도 이해된다.

회사를 이직할 때 첫째로 최고 경영자가 인재를 소중히 존중하는가 하는 면을 가장 먼저 살펴야 한다. 둘째로 조직문화를 파악해야 한다.

인조와 소현세자의 비극을 통해서 두 개의 문화가 충돌해서 어떤 결과를 가져오는지를 알 수 있다. 소현세자에 의해 수입된 선진문물은 그 시대 조선의 주자학에 의해 철저히 배척받는다. 이러한 사실은 시대와 시간을 초월하여 조직에서 언제나 나타날 수 있는 현상이다.

셋째, 소현세자처럼 조직에서 자신의 가치를 창출하지 못한다고 생각하면 그 회사로 이직하는 것을 포기하는 것이 좋다. 인조도 자신의 존립을 위해서 소현세자의 선진문물을 받아들이지 않았기 때문이다.

어떤 면에서 이직을 결혼에 비유할 수 있다. 결혼할 배우자를 자신이 결정하는 것처럼 이직하는 회사의 정보를 스스로 파악하고 그 회사에 이직할 것인가를 결정해야 한다. 헤드헌터로부터 정보를 전적으로 믿고 이직을 결정하게 된다면 본인이 생각한 것과 다른 회사로 이직하여 불행을 초래할 수 있다. 그러므로 성공적으로 이직을 하기 위해서는 이직하는 회사의 여러 정보를 스스로 파악하고 결정해야 한다.

새로운 조직에서 진화하면 살아남고 진화하지 못하면 살아남지 못한다

이데아의 개념을 처음 도입한 철학자는 플라톤이다. 이데아는 사물의 원형으로 이상적인 모습이다. 플라톤은 이데아(idea)를 사물의 본질적인 원형으로 보았으며, 구체적인 현실의 사물은 단지 이데아의 모사에 지나지 않는다고 설명했다. 이데아는 이상理想이라는 의미로 가장 완벽한 실체를 의미하며 육안으로 파악하는 것이 아니라 마음의 눈으로 통찰되는 사물의 순수하고 완전한 형태를 의미한다. 그래서 이데아는 우리가 인식하고 느끼는 현실적 사물에 대한 원형으로 모든 존재와 인식의 근거가 되는 항구적이며 초월적인 실재이다. 현실에서 존재하는 사물은 끊임없이 변화하며 일시적인 속성을 지니지만, 이데아는 불변하며 항구적인 속성을 지닌다. 그래서 사물의 실체를 파악하려면 가시적인 사물의 세계가 아닌 사물의 본성과 원형을 인식해야 한다. 이것이 플라톤의 형이상학 이론의 근간이다.

이러한 플라톤의 형이상학적 관점과는 반대로 진화론의 창시자 다윈은 이데아의 개념이 없다. 이데아의 모사에 의해 현실의 사물이 일어나고 존재한다는 개념을 부정하며 어떠한 사물도 원형의 존재가 없다. 따라서 형이상학의 개념도 없다. 사물의 변화는 이데아를 추구하여 나아가는 것이 아니고 환경에 적응하여 생존하기 위한 것이다. 사물의 변화는 정상적인 것이고 그 자체가 창조와 가능태를 만드는 것이다. 다윈의 진화론은 플라톤의 이데아의 초월적, 이상세계와 형이상학과는 정반대의 개념이다. 다윈의 진화론은 고양이들은 고양이임을 추구하는 것이 아니다. 고양이들은 그들의 상황에 적응하면서 생김새를 끊임없이 고쳐나가는 즉 진화의 과정에서 삶의 형태를 찾아간다. 고양이는 진화의 과정에서 다른 종으로 변화할 수 있다. 생태계의 현실에서 자신을 창조하고 발전시키는 것이 생존의 섭리이다. 다윈의 진화론은 종種이 시간을 두고 변하는 것이 존재의 과정이다. 다윈의 진화론은 자연은 스스로 자신을 무작위로 재조합하는 것과 같은 방식으로 혁신해 나간다는 것이다.

이러한 이론은 새의 조상이 공룡이라는 학설이 과학계의 연구결과로 증명됐다. 공룡이 참새로 진화하기까지 5,000만 년 동안 열두 번 골격 변화가 일어나 몸의 크기가 작아졌고 이를 통해 새로 진화했음이 밝혀졌다.

이직은 자신이 새로운 노동 생태계로 자신의 노동 환경을 이동하는 것이다. 새로운 조직에서 살아남기 위해서는 자신이 진화해야 한다. 진화하지 않으면 새로운 생태계에서 도태한다. 다윈의 진화론처럼 자신은 생존하기 위해서 생태계의 변화를 받아들이고 진화해야 한다. 이직해서 생존해서 살아남기 위해서는 자신이 새로운 조직문화와 리더의 리더십에 적응해야 한다. 그리고 변해야 한다. 조직이 먼저 변화하기를 기대해서는 안 된다.

이직해서 살아남지 못한 많은 경우가 자신이 진화해서 조직에 적응하지 못하기 때문이다. 더구나 퇴사했던 회사보다 열악한 조직문화로 전직했을 때는 더욱 진화하여 적응하는 것이 어렵다. 수천만 년 공룡이 진화해서 새로 진화했듯이 살아남기 위해서는 자신이 변화하고 진화하는 수밖에 없다. 그리고 자신이 변화하지 못할 경우는 자신이 적응할 수 있는 환경으로 끊임없이 이직을 시도해야 한다. 그리고 자신이 생존할 수 있는 가장 최적의 노동 환경을 찾고 적응해야 한다. 그러므로 이직 시 성공할 수 있는 세 번째 요건은 자신이 새로운 환경에서 살아남을 수 있는가를 명철하게 판단해야 한다. 플라톤의 이데아적인 자신의 경력에 대한 이상을 갖고 있으면서 살아남기 위한 생존 기술을 동시에 확보해야 한다. 대부분 이직해서 새로운 조직에서 생존하지 못하는 경우는 진화론적인 태도를 갖지 못하기 때문이다. 자신의 경력의 이상은 이데아를 추구하되 자신의 태도는 조직문화와 리더의 리더십에 순응하는 이원적인 생존 모델을 유지해야 한다. 이것이 이직해서 살아남고 성공할 수 있는 전략이다. 자신이 생존하기 위해서 경험하는 당분간의 생태계는 잠시 자신이 거쳐 가는 기간이기 때문이다.

이직기간 관리

어떤 사람은 이직을 쉽게 하고 어떤 사람의 경우 이직을 어렵게 한다. 같은 경력 기간이고 이직한 횟수도 같지만 어떤 사람은 이직이 가능한 반면 어떤 사람은 이직이 불가능한 경우가 있다. 경력기간과 이직 간의 관계에 대해서 살펴보자.

〈사례 1〉

두 후보자의 경력기간은 10년이며 현재까지 세 개 회사에서 근무한 경력을 갖고 있다.

첫 번째 후보자는 삼류 회사에서 이류 회사로 그리고 지금은 일류 회사에 재직하고 있다. 그리고 지금 이직을 진행 중이다. 지금 지원하는 회사는 일류의 회사이다. 이 사람은 이직에 성공할 수 있을까?

두 번째 후보자는 일류 회사에서 이류 회사로 그리고 지금 삼류의 회사에 재직하고 있다. 그리고 지금 이직을 진행 중이다. 지금 지원하는 회사는 일류의 회사이다. 이 사람은 이직에 성공할 수 있을까?

첫 번째 경우의 지원자는 성공할 수 있는 가능성이 두 번째 경우보다 높다. 재직하는 회사가 보다 나은 회사로 경력이 성장하고 있기 때문이다. 더 나은 회사로 이직하여 경력개발을 해야 한다.

〈사례 2〉

다음의 경우를 생각해 보자. A와 B는 똑같이 6년의 경력을 갖고 있다.

A는 첫 번째 회사에서 1년, 두 번째 회사에서 1년, 그리고 세 번째 회사에서 4년을 근무하고 있다. 그리고 이직을 준비하고 있다.

B의 경우는 첫 번째 회사에서 2년, 두 번째 회사에서 2년, 그리고 세 번째 회사에서 2년을 근무하고 있다. 그리고 이직을 준비하고 있다.

두 사람의 경우에 있어서 A가 B보다 이직할 수 있는 가능성이 더 높다. 똑같은 경력을 갖고 있지만 최종 회사의 재직기간이 A는 4년으로 B의 2년보다 길다. B는 철새와 같은 타입의 경력자다. 이직할 때 전체적인 경력도 중요하지만 마지막 회사에서의 재직기간이 가장 중요하다. 현재 회사의 재직기간은 이직 시에 가장 중요한 평가요소이다. 만약 B가 총 6년의 경력기간에서 3년씩 두 회사에 재직했다면 좋은 경력이 될 수도 있다. 그러나 2년간의 경력으로 세 회사를 다닌 경력은 채용하는 기업의 입장에서는 선호하는 경력이 아니다.

이상의 두 가지의 경우에서 살펴보았듯이 경력은 더 나은 회사로의 이직이 바람직하다. 그리고 현재 재직하는 회사의 경력이 기 퇴직한 회사의 경력보다 길은 것이 더 좋다. 이직하는 회사의 경력 기간이 기 퇴직한 회사의 경력보다 점점 짧아진다면 결국 어느 회사에도 이직을 못하게 되는 경력이 될 수 있다.

경력관리의 핵심은 전체적인 총 경력에서 이직을 할 시점의 근속 기간을 잘 관리하는 것이다. 그리고 본인이 마지막으로 재직할 회사를 결정하고 그 회사에 입사하면 더 이상 퇴직을 하지 않는 것이 바람직하다. 이러한 자신이 목표로 하는 회사와 이직 기간을 관리하는 것이 경력관리에서 중요한 핵심이다.

이직할 때의 태도

이직자의 이직 사유는 다양하다. 그중에서 가장 많은 사유는 급여 불만족, 직무불만족 그리고 대인관계의 갈등이다. 이직자는 회사를 떠날 때 그동안 갖고 있던 불만들을 표출하고 떠나는 경우가 있다. 무단결근을 하거나 상사와 갈등을 유발하거나 담당한 프로젝트를 소홀히 하여 회사에 손해를 끼치는 행위를 하기도 한다. 그런데 이러한 이직시의 행동이 과연 바람직할까? 이직자는 이직할 때 어떤 모습을 보여주고 이직하는 것이 바람직할까?

이러한 질문에 아래의 사례는 우리가 이직할 때 어떤 모습으로 떠나야 하는가에 대한 답을 준다.

모 외국계 인사담당 임원은 전직할 때 본인을 괴롭힌 상사에게 메일로 그동안의 불만을 표출하고 이직했다. 그리고 이직한 외국계 회사에서 재직을 하고 있다. 그리고 몇 년의 시간이 흐른 후 본사의 상사로부터 권고사직을 통보받는다. 사유는 본인이 전 직장에서 퇴직할 때 담당한 상사가 현재 회사 본사의 인사담당 임원으로 부임하게 된 것이다. 세상은 좁다. 이직할 경우 동일한 산업의 범위에서 이직하는 경우가 많으므로 우리는 전 직장의 사람들을 다시 만나는 경우가 흔히 있다. 또한 같은 직무에서 일하는 사람들은 멀고도 가까운 동료이기도 하다. 이 경우는 매우 드문 경우지만 우리가 이직을 할 때 어떠한 모습으로 이직을 해야 하는가에 대한 답을 준다.

생각하면 전 직장의 지인은 본인의 가장 가까운 고객이다. 특히 영업을 하게 된다면 전 직장이 가장 중요한 고객일 수 있다. 이 사례가 보여주듯 한 순간의 경솔한 행동이 공들인 탑을 무너뜨리게 되는 경우가 있다.

우리 속담에 유종지미有終之美라는 말이 있듯이 일을 시작하는 것보다 더 중요한 것이 끝맺음을 잘하는 것이다. 회사가 아무리 싫어서 이직할 경우라도 관계를 맺었던 사람들은 잃지 말아야 한다. 인간관계는 나의 중요한 자산이기 때문이다.

이직할 때의 태도를 정리하면 다음과 같다.

- ○ 재직하는 회사의 동료, 상사와 좋은 관계를 유지하고 이직한다. 그들은 장래에 자신의 중요한 인적 자산이기 때문이다.
- ○ 업무기밀을 누설하거나 상사 험담은 하지 않는다. 문제만 잔뜩 일으킨 뒤 인적 자산을 포기하면서까지 직장을 옮기게 되면 얻는 것보다 잃는 것이 더 많다. 직장 상사와 퇴사로 인해 문제가 불거지더라도 절대 싸워서는 안 된다. 흥분하거나 감정이 격해서 서로 원수처럼 헤어지지 말아야 한다. 그리고 동료와 남아있는 앙금은 풀고 떠나라. 전 직장 동료들과 관계가 유지될 수 있도록 행동한다. 우리나라 인간관계는 두세 명만 건너면 다 아는 사이이다. 돈독한 사이로 남아있는 전 직장 동료는 나의 자산이다. 시비를 거는 사람이 있어도 참고 좋은 관계를 유지하라.
- ○ 직장을 옮기게 될 때는 반드시 충분한 기간을 갖고 준비하고, 결정되기 전에는 발설하지 않는다. 새로 입사할 회사의 입사일은 여유 있게 잡고 퇴직 일자를 현 직장에 통보한다. 희망 퇴사일을 기준으로 최소 한 달 전에 퇴직 의사 밝힌다. 갑작스런 퇴사 통보는 업무의 공백을 가져올 수 있다.

- 업무 인수인계는 깔끔히 마무리해야 퇴사하는 직장의 동료들과 마찰이 없다. 이직이 확정이 되고 나면, 최소한 한 달 전에는 직속 상사에게 퇴직의사를 밝혀서 후임자를 물색할 수 있도록 한다. 떠나는 직장에 성심성의를 다해서 자신의 공백으로 인해서 문제가 발생하지 않도록 한다. 이직 시 이직하는 회사가 평판관리를 할 수 있으니 현재회사에 최선을 다해 업무 인수인계를 한다.
- 마지막으로 솔직하게 상사에게 이직사유를 털어놓는다. 그리고 단호하게 확실한 결심과 태도를 밝히고 흔들리지 않는다. 상사가 끝까지 반대하면 먼저 이직 후 메일 등으로 양해를 구하고 퇴사한다.

연구 과제

1. 자신의 경력관리 로드 맵을 설계해 보자. 그리고 자신의 경력계획을 모니터링해 줄 수 있는 그룹을 구성해 보자. 그들에게 자신의 경력개발 계획을 설명하고 평가를 요청해 보자. 자신이 구상한 경력개발과 모니터링 그룹이 제안한 계획과의 차이를 분석하고 자신의 경력개발 계획의 단점을 보완하자.
2. 자신의 이직 계획을 설계해 보자. 이직이 필요한 사유를 나열하고 그 이직이 자신의 경력개발에 긍정적 영향을 미칠지, 부정적 영향을 미칠지에 대해서 평가해 보자.
3. 실직기간에 해야 할 일들을 계획해 보자.
4. 이직을 할 때 어떠한 방법으로 할지에 대해서 계획해 보자. 어떻게 이직 회사를 찾고 이직하는 회사에서 어떻게 생존할 것인지를 계획해 보자.
5. 이직할 때 자신의 평판조회를 요청할 사람의 리스트를 작성해 보자. 자신을 긍정적으로 평가해 줄 사람과 부정적으로 평가해 줄 사람을 분류해 보자. 그리고 그들이 자신을 긍정적 그리고 부정적으로 평가하는 사유에 대해서 분석해 보고 현재 회사에서의 자신의 태도를 반성해 보자.
6. 이직할 회사를 선정해 보자. 그리고 이직할 회사의 분석할 요소를 나열해 보자. 그 요소 중 가장 중요한 순으로 우선순위를 설정하고 자신이 재직하고 있는 회사와 그 요소들을 비교해 보자. 현재 회사는 이직할 회사보다 장점의 요소를 더 많이 갖고 있는지 단점 요소가 더 많은지 평가해 보자.

\+

Appendix

고사성어로 본 경력관리

\+

知之者는 不如好之者, 好之者는 不如樂之者(지지자는 불여호지자, 호지자는 불여락지자)

논어에서 나오는 글귀이다. "천재는 노력하는 자를 이기지 못하고, 노력하는 자는 즐기는 자를 이기지 못한다." 성공하려면 본인이 좋아하는 일을 해야 한다. 자신이 가장 하고 싶은 일을 찾고 다음으로 가장 잘할 수 있기 위한 역량이 무엇인가를 인식하여 그 역량을 개발해야 한다.

堀井九 以不及泉 猶爲棄井也(굴정구인 이불급천 유위기정야)

맹자에 나오는 글귀로 "깊이 팠는데도 물이 안 나온다고 해서 우물파기를 포기하지 마라."는 뜻이다. 그러니 한 가지 일에 전념하면 반드시 성과가 난다는 뜻으로 무엇이든 중도에 포기하지 말아야 한다. 취업이 어렵다고 중도에서 포기하지 마라. Never give up.

伏久者飛必高(복구자비필고)

움츠렸던 자는 반드시 높이 난다는 뜻이다. 다른 꽃보다 앞서 피는 꽃은 지는 것도 빠르다. 한때의 좌절에 포기해서는 안 된다. 인고의 기간은 더 높이 날기 위한 충전의 기간이다. 이런 원리를 터득한다면 도중에서 포기하지 않게 될 것이며 일정 기간의 실직으로 직장을 잃었다 해도 그것은 다시 날 수 있는 힘을 얻을 수 있다. 높이 날기 위해서 포기하지 말고 내부의 힘을 축적해야 한다.

磨礪當如百煉之金 急就者非邃養(마려당여백련지금 급취자비수양)

채근담에 나오는 글귀이다. "자신을 단련할 때는 금을 정련하듯 해야 한다."는 뜻으로 속성으로 해서는 뜻하는 바를 얻지 못한다. 자신의 목표를 세우고 한 걸음 한 걸음 작은 것부터 연마하면 이윽고 최고의 경지에 이를 수 있다. 자신을 연마하는데 게을리 하지 말고 꾸준히 정진해야 한다.

良賈深藏若虛(양고심장약허)

사기에 나오는 글귀로 좋은 상품은 진열장에 내놓지 않고 깊숙이 감춰둔다는 의미이다. 현명한 상인은 좋은 상품일수록 진열장에 내놓지 않고 깊숙이 넣어 두었다가 그 진가를 아는 사람에게 내어 놓는다. 자신의 비기를 함부로 노출하지 말고 기회가 왔을 때 그것을 사용해야 한다. 자신의 무기를 충실히 갈고 닦아 기회가 올 때를 기다려야 한다.

直木先伐 甘井先竭(직목선벌 감정선갈)

장자에 나오는 글귀이다. "곧은 나무는 먼저 베어지고 물맛이 좋은 우물은 먼저 마른다."는 뜻으로 일찍 성공하는 사람은 남으로부터 시기를 많이 받아서 쉽게 정상에서 내려올 수가 있다. 성공할수록 타인으로부터 시기를 받지 않도록 처신을 잘 해야 한다.

寧爲鷄口 無爲牛後(영위계구 무위우후)

사기에 나오는 글귀로 "소의 꼬리가 되기보다는 닭의 주둥이가 되어라."는 뜻이다. 소의 꼬리로 직장생활을 은퇴하기보다 작은 조직으로라도 리더가 돼서 자신의 웅비를 펼쳐야 한다. 그리고 그 조직에서 위대한 기업으로 성장시키는 비전을 가져야 한다. 자신이 조직에서 어떻게 경력개발을 해야 하는지에 대한 교훈을 준다.

望之似木鷄(망지사목계)

장자에 나오는 글귀이다. "살펴보니 마치 나무닭과 같습니다." 임금은 10일이 지나서 닭이 훈련이 다 됐는가라고 물었지만 닭을 훈련시키는 기성자는 40일이 되어서야 대답했다. 최고의 투계가 되기 위해서는 그만큼의 시간이 필요했던 것이다. 높은 덕과 훌륭한 계모計謀와 능력은 단기간에 이루어지는 것이 아니다. 그리고 높은 경지에 올라가 있으면 잠자코 있어도 남이 나를 얕보지 못하게 된다.

亢龍有悔(항룡유회)

역경에 나오는 글귀로 "올라갈 데까지 올라간 용은 후회가 있을 뿐이다."라는 뜻이다. "가득 차면 오래가지 못한다."는 말과 상통한다. 항룡이란 올라갈 데까지 오른 용이다. 최고의 지위에 올라갔을 때 명예롭게 내려올 수 있어야 하고 높이 올라갈수록 자만하지 말아야 한다.

呑舟之魚不游支流(탄주지어불유지류)

"배를 한입에 삼킬 만한 큰 물고기는 강의 지류에서 헤엄치지 않는다." 이처럼 큰 물고기는 강의 지류에서 노는 일이 없다. 큰 물고기는 큰 강에서 논다는 원리로 자신을 연마하면 큰 물고기로 도약할 수 있고 그러면 저절로 큰 강으로 나아가 자신의 대의를 펼칠 수 있으니 꾸준히 자신을 연마해야 한다.

無遠慮必有近憂(무원려 필유근우)

논어의 위령공편에서 나온 말로 "먼 훗일을 걱정하지 않으면 반드시 가까운 장래에 근심이 생긴다." 라는 뜻으로 "군자는 먼 후의 일을 걱정하고 소인은 눈앞의 일을 따른다."는 의미와 상통한다. 원려는 십 년 정도의 시간이다. 십 년 후의 자신의 경력에 대한 계획을 세우고 미래를 준비해야 한다.

疑勿用, 用勿疑(의물용, 용물의)

통속편에 나오는 글귀이다. "의심스러우면 쓰지 말고, 썼으면 의심하지 마라." 한번 믿으면 끝까지 믿어야 하고 또한 믿으면 신의를 저버리지 않는다. 인사의 제1원칙이다.

大道以多岐亡羊(대도이다기망양)

"큰 길은 갈래가 많기에 양을 잃어버린다."라는 뜻이다. 길이 많으니 많은 양을 통제하기에 한계가 있어 양이 여러 길로 갈라져 길을 헤매다 잃어버리게 된다. 조직도 커지면 각자의 생각이 다를 수 있고 비전과 목표를 공유하기가 어려워진다. 그리고 경력은 다채로운 경력을 개발하기보다는 한 분야의 전문가가 되어야 한다.

泰山不壤土壤 故能成其大(태산불양토양 고능성기대)

"태산은 토양을 조금도 헛되어 버리는 일이 없기에 그토록 웅대한 모습을 자랑하고 있다." "타국 출신이라도 적극적으로 받아들여야만 나라를 부강하게 만들 수 있다." 라는 뜻이다. 기업이나 국가가 인재를 채용할 때 그 사람의 학력, 학교, 출생, 국적을 가리지 말고 오직 역량에 의해서 인재를 채용해야 한다. 그래야 위대한 기업과 부강한 나라로 발전할 수 있다.

處變當堅百忍以圖成(처변당견백인이도성)

"난관에 부딪쳤을 때에는 인내로써 초지일관한다."라는 뜻이다. 당나라 고종 때 장공예長公藝란 인물이 있었는데 이 사람의 집은 '구세동거九世同居', 즉 대가족이 한집에서 모여 살았다. 이 소문을 들은 고종이 그 집을 방문하여 그 비결을 물었던 바, 장공예는 묵묵히 '참을 인'자를 백 개나 써서 올렸다고 한다. 대가족이 화목하게 사는 비결은 참고 사는 수밖에 없다는 뜻으로 큰 조직이 화목하게 유지되기 위해서는 인화人和가 중요하다.